U0524992

本书受中共重庆市委党校（重庆行政学院）出版资助

生态环境行政执法与刑事司法衔接机制研究

蒋云飞 ◎ 著

中国社会科学出版社

图书在版编目(CIP)数据

生态环境行政执法与刑事司法衔接机制研究／蒋云飞著.
-- 北京：中国社会科学出版社，2024.8
　ISBN 978-7-5227-3671-6

　Ⅰ.①生…　Ⅱ.①蒋…　Ⅲ.①生态环境—环境保护—行政执法—研究—中国　Ⅳ.①D922.680.4

　中国国家版本馆 CIP 数据核字(2024)第 110735 号

出 版 人	赵剑英
责任编辑	梁剑琴
责任校对	王佳玉
责任印制	郝美娜

出　　版	中国社会科学出版社
社　　址	北京鼓楼西大街甲 158 号
邮　　编	100720
网　　址	http：//www.csspw.cn
发 行 部	010-84083685
门 市 部	010-84029450
经　　销	新华书店及其他书店
印刷装订	北京君升印刷有限公司
版　　次	2024 年 8 月第 1 版
印　　次	2024 年 8 月第 1 次印刷
开　　本	710×1000　1/16
印　　张	14
插　　页	2
字　　数	237 千字
定　　价	88.00 元

凡购买中国社会科学出版社图书，如有质量问题请与本社营销中心联系调换
电话：010-84083683
版权所有　侵权必究

目　录

前言 ……………………………………………………………… (1)
 一　选题缘起 ……………………………………………………… (1)
 二　研究综述 ……………………………………………………… (5)
 三　研究方法 ……………………………………………………… (19)
 四　研究创新 ……………………………………………………… (23)

第一章　生态环境"行刑衔接"机制的基本意蕴 …………………… (27)
 第一节　核心概念界定 …………………………………………… (27)
  一　环境行政执法 ……………………………………………… (27)
  二　环境刑事司法 ……………………………………………… (28)
  三　"行刑衔接"机制 ………………………………………… (30)
 第二节　生态环境"行刑衔接"机制的构建动因 ……………… (34)
  一　生态环境"行刑衔接"难题 ……………………………… (34)
  二　对生态环境"行刑衔接"难题的回应 …………………… (43)
 第三节　生态环境"行刑衔接"机制的主要构成 ……………… (50)
  一　案件移送机制 ……………………………………………… (50)
  二　证据转化机制 ……………………………………………… (53)
  三　检察监督机制 ……………………………………………… (55)
  四　其他配套机制 ……………………………………………… (58)

第二章　生态环境"行刑衔接"机制的理论基础 …………………… (62)
 第一节　权力制衡理论 …………………………………………… (62)
  一　权力制衡理论简述 ………………………………………… (62)
  二　权力制衡理论与生态环境"行刑衔接"机制 …………… (67)
 第二节　行政犯罪理论 …………………………………………… (70)
  一　行政犯罪理论简述 ………………………………………… (70)
  二　行政犯罪理论与生态环境"行刑衔接"机制 …………… (74)

第三节　协同治理理论…………………………………………（76）
　　一　协同治理理论简述……………………………………（76）
　　二　协同治理理论与生态环境"行刑衔接"机制…………（82）
第四节　整体性治理理论………………………………………（86）
　　一　整体性治理理论简述…………………………………（86）
　　二　整体性治理理论与生态环境"行刑衔接"机制………（89）

第三章　生态环境"行刑衔接"中的案件移送机制……………（94）

第一节　生态环境"行刑衔接"中案件移送机制的内容………（94）
　　一　生态环境部门向公安机关移送案件…………………（94）
　　二　刑事司法机关向生态环境部门移送案件……………（96）
第二节　生态环境"行刑衔接"中案件移送机制的检讨………（98）
　　一　案件移送与承接程序复杂……………………………（98）
　　二　案件移送与承接标准不明……………………………（100）
　　三　不依法移接案件追责乏力……………………………（102）
　　四　案件反向移送机制的缺失……………………………（104）
第三节　生态环境"行刑衔接"中案件移送原则之反思………（107）
　　一　案件移送原则的适用争议……………………………（107）
　　二　同步协调原则的证成与适用…………………………（113）
第四节　生态环境"行刑衔接"中案件移送机制的完善………（116）
　　一　精简程序：环保警察制度的引入与适用……………（116）
　　二　标准对接：调适案件移送与承接的标准……………（119）
　　三　强化追责：明确不依法移接案件的后果……………（123）
　　四　案件倒流：构建案件反向移送程序机制……………（125）

第四章　生态环境"行刑衔接"中的证据转化机制……………（130）

第一节　生态环境"行刑衔接"中证据转化机制的内容………（130）
　　一　环境行政证据向刑事证据转化………………………（130）
　　二　刑事证据向环境行政证据转化………………………（135）
第二节　生态环境"行刑衔接"中证据转化的实践困境………（137）
　　一　取证主体的外延稍显模糊……………………………（137）
　　二　可转化证据的范围较狭窄……………………………（139）
　　三　证据反向转化规则的分歧……………………………（145）
　　四　证据转化审查机制不健全……………………………（148）

第三节 生态环境"行刑衔接"中证据转化机制的健全……（150）
  一 取证主体外延之适度扩张……………………………（150）
  二 明晰可以转化证据的种类与范围……………………（154）
  三 证据反向转化的证成与规则建构……………………（157）
  四 健全证据转化审查的标准与程序……………………（164）

第五章 生态环境"行刑衔接"中的检察监督机制……（168）
第一节 生态环境"行刑衔接"中的检察监督机制概述……（168）
  一 检察监督机制的法律依据……………………………（168）
  二 检察监督机制的基本内容……………………………（169）

第二节 生态环境"行刑衔接"中检察监督的现实困境……（173）
  一 移案监督缺乏法律授权………………………………（173）
  二 检察监督信息渠道不畅………………………………（175）
  三 检察监督手段缺乏刚性………………………………（176）
  四 提前介入界限较为模糊………………………………（179）
  五 检察机关与监察机关办案衔接困难…………………（182）

第三节 生态环境"行刑衔接"中检察权性质之定位……（183）
  一 检察权性质的理论争议………………………………（183）
  二 生态环境"行刑衔接"中检察权性质之应然定位……（186）

第四节 基于"检察权属于法律监督权说"重塑检察监督
    机制………………………………………………………（188）
  一 法律赋予检察机关之移案监督权……………………（188）
  二 拓宽检察监督信息渠道………………………………（190）
  三 强化违反检察监督的法律责任………………………（193）
  四 明晰检察机关提前介入的范围与边界………………（194）
  五 建立健全检察机关与监察机关办案衔接机制………（200）

第六章 结论与展望……………………………………………（202）
  一 主要结论………………………………………………（202）
  二 展望……………………………………………………（204）

参考文献…………………………………………………………（207）
后记………………………………………………………………（219）

前　　言

一　选题缘起

行政执法与刑事司法是国家对环境违法行为进行追责的两种重要方式，前者针对的是不构成犯罪的轻微环境违法行为，后者针对的是涉嫌犯罪的严重环境违法行为。因此，单从字面意义上看，环境行政执法与环境刑事司法之间"泾渭分明"，不应产生衔接问题。但是，当同一环境违法行为既违反环境行政法律规范需要予以行政处罚，又因"情节严重"触犯刑法且需要移送公安机关立案侦查并追究刑事责任时，生态环境"行刑"[①] 之间必然需要衔接与配合，如此才能确保所有涉嫌环境犯罪的行为都能得到依法惩处，才能为公众健康维护和生态文明建设提供强有力的法治保障，才能有效贯彻落实习近平总书记提出的"用最严密法治保护生态环境"治理观。从近些年我国环境行政执法实践看，由于大多数地方的生态环境"行刑"之间缺乏常态化的沟通和事务性工作的对接，加之受环境违法与环境犯罪的界限模糊、环境行政执法不严、检察监督不力、信息共享低效等诸多因素的叠加影响，生态环境"行刑衔接"并不顺畅甚至存在脱节之处，不少涉嫌环境犯罪的案件或线索都未能被依法移送至刑事司法机关。另外，由于环境违法案件反向移送机制并未得到有效建构，刑事司法机关经审查后发现需要予以行政处罚的案件或线索也难以移送生态环境部门，导致"有案不移、以罚代刑、以刑代罚"等问题在当前我国生态环境

[①] 关于"行政执法与刑事司法衔接"之简称，理论上主要有"行刑衔接""两法衔接"两种表述。本书认为，"两法衔接"中"两法"意指行政执法与刑事司法中的两个"法"字，如此表述较为简洁明了、"接地气"，但是"两法"的表述容易让读者误解为"两部法律"。相较而言，"行刑衔接"的表述具有浓厚的学术味道，其中的"行刑"二字是"行政执法与刑事司法"的简称，表达更为通俗易懂、内涵明了，也更容易得到读者的认可。为行文简洁，本书采用"行刑衔接"的表述，并将其用于本书的一级标题、二级标题、三级标题、正文以及注释之中。

法治实践中仍一定程度存在，严重影响环境违法犯罪的惩治效果。

以上问题引起了中央高层的高度重视。自 2007 年以来，国家生态环境主管部门联合其他部委制定了一系列针对环境违法犯罪案件"行刑衔接"的规范性文件，旨在规范环境违法犯罪案件的有序移送、承接与后续处理。2007 年 5 月 17 日，国家环保总局联合公安部、最高人民检察院（以下简称最高检）发布《关于环境保护行政主管部门移送涉嫌环境犯罪案件的若干规定》（环发〔2007〕78 号，以下简称 2007 年《若干规定》），该规定首次要求生态环境部门、公安机关与检察机关在移送涉嫌环境犯罪案件方面加强配合，防止"以罚代刑"；2013 年 11 月 4 日，环境保护部与公安部联合出台《关于加强环境保护与公安部门执法衔接配合工作的意见》（环发〔2013〕126 号，以下简称 2013 年《工作意见》），该意见要求生态环境部门与公安机关就移送涉嫌环境犯罪案件方面加强配合，同时明确了这两个部门的职责边界与协作事项。2017 年 1 月 25 日，环境保护部、公安部与最高检联合制发《环境保护行政执法与刑事司法衔接工作办法》（环环监〔2017〕17 号，以下简称 2017 年《工作办法》），该办法进一步明确了生态环境部门与刑事司法机关[①]在案件移送中的职能职责，并对案件移送主体、内容、标准、期限、救济、法律责任、证据转化、信息共享等作了系统规定，为环境违法犯罪案件移送和承接提供了较为清晰的规范指引。

在国家决策层面，生态环境"行刑衔接"机制建设亦得到了党和政府的密切关注、高度重视。自党的十八届三中全会明确提出"完善行政执法与刑事司法衔接机制"以来，[②] 2015 年 4 月，中共中央、国务院印发

[①] 关于生态环境"行刑衔接"机制中公安机关、检察机关与法院之简称，有学者称之为司法机关，有学者则称之为刑事司法机关。参见周佑勇、刘艳红《行政执法与刑事司法相衔接的程序机制研究》，《东南大学学报》（哲学社会科学版）2008 年第 1 期。本书认为，公安机关并不属于广义上的司法机关，但在侦办涉嫌犯罪案件时却属于刑事司法机关，故以司法机关指代公安机关、检察机关与法院可能不太妥当，对比而言，将其简称为刑事司法机关更为合理，本书也采用这一简称。

[②] 2013 年 11 月 12 日，党的十八届三中全会审议通过的《中共中央关于全面深化改革若干重大问题的决定》将"完善行政执法与刑事司法衔接机制"作为深化改革的重大问题之一；2014 年 10 月 23 日，党的十八届四中全会审议通过的《中共中央关于全面推进依法治国若干重大问题的决定》规定"健全行政执法和刑事司法衔接机制，完善案件移送标准和程序，建立行政执法机关、公安机关、检察机关、审判机关信息共享、案情通报、案件移送制度，坚决克服有案不移、有案难移、以罚代刑现象，实现行政处罚和刑事处罚无缝对接"。

的《关于加快推进生态文明建设的意见》作出积极响应,明确要求在生态文明建设过程中"健全行政执法与刑事司法的衔接机制"。紧接着,2015年9月,中共中央、国务院印发的《生态文明体制改革总体方案》重申了"完善行政执法和环境司法的衔接机制",将生态环境"行刑衔接"机制建设纳入生态文明体制改革的总体规划之中。2016年11月,国务院印发的《"十三五"生态环境保护规划》再次强调"健全行政执法和环境司法的衔接机制,完善程序衔接、案件移送等方面的规定"。2018年7月10日,第十三届全国人民代表大会第四次会议通过的《关于全面加强生态环境保护 依法推动打好污染防治攻坚战的决议》提出"加快建立健全生态环境保护行政执法和刑事司法衔接机制"。2018年12月4日,中共中央办公厅、国务院办公厅印发的《关于深化生态环境保护综合行政执法改革的指导意见》提出要"健全行政执法与司法衔接机制,完善案件移送标准和程序"。2020年3月3日,中共中央办公厅、国务院办公厅印发的《关于构建现代环境治理体系的指导意见》强调"健全行政执法与刑事司法衔接机制"。2022年10月27日,生态环境部、发展改革委、公安部等18个部门印发的《关于推动职能部门做好生态环境保护工作的意见》提出"加强行政执法与刑事司法的衔接配合,确保破坏生态环境涉嫌违法犯罪案件及时移送、立案、侦查、起诉、审判,依法追究刑事责任"。2023年12月27日,中共中央、国务院《关于全面推进美丽中国建设的意见》将"加强行政执法与司法协同合作"作为改革完善生态文明建设体制机制的重要内容。

由此可见,在过去20年中,党和国家在加强生态环境"行刑衔接"方面不懈努力,但现实中生态环境"行刑衔接"依旧不够严密,"有案不移""移案不接""以罚代刑"等问题在生态环境法治实践中仍一定程度存在,甚至在部分地区较为凸显,成为目前我国生态环境法治建设亟待解决的难题之一,我们从近些年官方表态中亦可窥见该问题的严峻性和重要性。2014年1月7日,习近平总书记在中央政法工作会议上明确指出,"现在有一种现象,就是在环境保护、食品安全、劳动保障等领域,行政执法和刑事司法存在某些脱节,一些涉嫌犯罪的案件止步于行政执法环节"[①]。据此言

[①] 中共中央文献研究室编:《十八大以来重要文献选编》(上),中央文献出版社2014年版,第722—723页。

之，习近平总书记重点强调了生态环境领域的"行刑衔接"问题，并要求构建完善的"行刑衔接"机制以解决上述问题。2017 年 2 月 14 日，环境保护部环境监察局局长在"2017 年《工作办法》答记者问"上用"四个迫切需要"[①] 详细介绍了该《工作办法》的出台背景，同时指出"中西部地区普遍存在案件数量偏少、办案质量偏低、衔接配合不畅等问题"，以及"仍存在环保部门有案不移、公安机关对移送案件该接不接的问题"。2017 年 3 月 9 日，环境保护部部长就"加强生态环境保护答中外记者问"时就"行刑衔接"难题的原因进行了分析，其认为"行政执法采用的很多证据跟刑事证据接不上，很难把它作为刑事案件来处理"[②]。由此，建立健全生态环境"行刑衔接"机制以解决"有案不移""以罚代刑"等问题已刻不容缓。

基于以上分析，我们不难发现，尽管国家层面已发布多部针对生态环境"行刑衔接"的规范性文件，但生态环境"行刑衔接"难题依旧悬而未决，如何建立健全生态环境"行刑衔接"机制，如何通过制度设计形成打击环境违法犯罪的强劲合力，不仅是摆在立法者面前的一道重要难题，亦是摆在理论研究者面前的一项重要课题。

理论意义方面，有助于丰富与拓展生态环境"行刑衔接"机制的基础理论研究，具体表现在以下三个方面：

第一，系统阐明"行刑衔接"中环境行政权、公安侦查权、检察权、审判权之间的合作及制衡原理，为生态环境"行刑衔接"机制的构建与实施提供理论支撑。本书运用权力制衡理论、行政犯罪理论、协同治理理论、整体性治理理论论证了生态环境"行刑衔接"机制的正当性与合理性基础，明晰"行刑衔接"中各项公权力协作与制衡的基本原理。第二，证成刑事证据向环境行政证据转化使用，以消弭刑事证据反向转化论争，并以此为突破点助推生态环境"行刑反向衔接"。第三，明确生态环境

[①] "四个迫切需要"是指：是贯彻执行新"两高"司法解释的迫切需要，是解决当前"两法"衔接问题的迫切需要，是指导环保和司法机关衔接配合和高效办案的迫切需要，是统一办案尺度和法律适用的迫切需要。参见生态环境部《环境保护部环境监察局负责人就〈环境保护行政执法与刑事司法衔接工作办法〉答记者问》，https://www.mee.gov.cn/gkml/sthjbgw/qt/201702/t20170214_395836.htm，2023 年 12 月 5 日。

[②] 陈吉宁：《撸起袖子把工作抓实抓细抓好——陈吉宁部长在十二届全国人大五次会议记者会上答记者问实录》，《中国环境报》2017 年 3 月 10 日第 2 版。

"行刑衔接"中检察机关行使权力的性质,为检察机关实施法律监督奠定理论基础。本书提出,生态环境"行刑衔接"中的检察权并非学理上所论争的行政权、司法权或行政与司法双重属性权,而应立足于检察机关在生态环境"行刑衔接"中的具体职能职责,将检察权定位为法律监督权,如此才能更好地发挥检察机关对生态环境部门移送与公安机关立案的法律监督作用。

实践意义方面,有助于构建一套行之有效的生态环境"行刑衔接"机制,形成打击环境违法犯罪的强劲合力,具体表现在以下三个方面:

第一,理顺生态环境"行刑衔接"中案件双向移送与承接程序,促进"有案不移、以罚代刑、以刑代罚"问题的有效解决。本书认为,应当基于"同步协调"原则构建案件双向移送与承接程序,尤其是建立案件倒流机制,明确案件反向移送的条件、程序和标准。第二,明晰生态环境"行刑衔接"中的证据双向转化及其审查规则,填补因证据链不充分导致环境违法犯罪者难以被追责或被乱追责的漏洞。应当立足"审判中心主义"构建证据双向转化使用及其审查规则,明晰"以审判为中心的刑事诉讼制度改革"下环境行政证据与刑事证据双向转化的种类范围、方式和审查机制,尤其是要构建刑事证据向环境行政证据转化使用及其审查的规则体系。第三,廓清生态环境"行刑衔接"中检察机关的职能职责,确保检察机关对生态环境部门移送与公安机关立案实施精准法律监督。应当基于"检察权属法律监督权学说"重塑检察监督机制,明确生态环境"行刑衔接"中检察监督的启动条件、方式、信息渠道、与监察监督衔接路径,完善检察机关提前介入机制。

二 研究综述

自20世纪90年代以来,以陈兴良、汪永清、周佑勇、刘艳红、刘远、练育强为代表的学者对"行刑衔接"问题展开了大量卓有成效的研究,取得了不少研究成果,但理论界对生态环境保护领域"行刑衔接"问题的研究则起步较晚,直到2006年才有相关研究成果问世。以"环境行政执法与刑事司法衔接"或"环境两法衔接"或"环境行刑衔接"为关键词,通过CNKI中国知网、万方、维普三大中文期刊数据库进行精确检索,检索的时间跨度为2006年1月至2023年12月,共检索到130余篇相关研究文献。① 同时，根据既有研究文献中的引证资料进行二次检索，初步掌握了十余年来有关生态环境"行刑衔接"机制理论研究的基本概况。归纳而言，我国生态环境"行刑衔接"机制理论研究大致可划分为如下两个阶段：

第一，"零星研究"阶段（2006—2012年）。在此期间，学界发表的相关文献仅11篇，零散分布于各年份。在寥寥数篇文献之中，最具理论价值的莫过于李清宇和蔡秉坤②、刘晓莉和孔艳③等学者直接以"环境行政执法与刑事司法衔接"为主题开展的专项研究，以及赵微和郭芝④、徐平⑤等学者在研究"环境行政执法或环境刑事司法"时所涉及的"行刑衔接"问题。考察现有研究文献，不难发现，生态环境"行刑衔接"难题首先由环保实务界人士发现，在此基础上进行了相关探索性研究。早在2006年，辽宁省营口开发区环保局执法人员卢秉天就撰文指出，环保部门在界定环境污染行为的性质及适用法律时存在一定困难，提出"应及时邀请公安机关、检察院参与案件的讨论与侦查，并应积极配合，实现环境行政执法与环境司法的衔接"⑥。尽管生态环境"行刑衔接"问题已被提出，但并未得到学界以及实务界的充分关注，很少有人对此问题展开深入探讨。总体而言，"零星研究"阶段取得的成果较少，仅有的成果以宏观阐述或知识介绍为主，在研究方式上，大多采取规范研究方法探索生态环境"行刑"之间的关联与衔接路径。

第二，"密集研究"阶段（2013—2023年）。随着国家高层对生态环境司法保护与生态环境"行刑衔接"问题的日益重视，生态环境"行刑衔接"机制研究转瞬间成为环境法理论界研究的热点与前沿问题，相关研究成果呈现"井喷"态势，并形成了一些具有含金量的研究成果，主

---

① 文献检索范围包括期刊论文、会议论文和学位论文。
② 李清宇、蔡秉坤：《我国环境行政执法与司法衔接研究》，《甘肃社会科学》2012年第3期。
③ 刘晓莉、孔艳：《草原行政执法与刑事司法衔接问题的若干思考》，《当代法学》2010年第4期。
④ 赵微、郭芝：《我国海洋环境污染犯罪的刑事司法障碍及其对策》，《学习与探索》2006年第6期。
⑤ 徐平：《环境刑法研究》，中国法制出版社2007年版，第9页。
⑥ 卢秉天：《加强环境监察力度有效进行环境行政执法与环境司法的衔接》，载《中国环境科学学会2006年学术年会优秀论文集》（中卷）。

要包含论文和专著。2013年1月至2023年12月，学界围绕生态环境"行刑衔接"机制问题及其相关问题共发表了130余篇文章。在"密集研究"阶段，学者们开始重点反思生态环境"行刑衔接"难题的表现及形成原因、案件移送程序的冲突与调适、证据转化规则的构建与完善、衔接中的检察监督机制与信息共享机制、衔接机制完善等问题。在研究方法上，已有学者们运用实证调研、个案解剖、比较分析等方法展开研究。总体上看，在"密集研究"阶段，生态环境"行刑衔接"机制理论研究的深度、广度、厚度与力度均得到质的提升。

就研究内容而言，国内学界对生态环境"行刑衔接"机制研究的重点主要包括以下五个方面：

第一，有关生态环境"行刑衔接"难题的表现及成因研究。就生态环境"行刑衔接"难题之表现，有研究指出，生态环境"行刑衔接"问题直接表现为"有案不移、有罪不究"[①]；也有研究指出，"行政执法人员在实践中难以区分环境行政违法案件与环境犯罪案件，趋利避害的心理又导致很多案件不被移送，最终导致环境行政权挤压司法权，'以罚代刑'现象严重"[②]，换句话说，生态环境"行刑衔接"难题常常表现为"以罚代刑"；还有研究指出，"环保部门仍然存在应该移送公安机关侦查而未移送的问题，且比例不低；公安机关仍然存在应立案而不立案的问题，比例也不低"[③]，即"环保部门有案不移和公安机关有案不立"也是生态环境"行刑衔接"难的体现。就生态环境"行刑衔接"难的成因，学者们亦进行了深入探究，大致有如下观点：其一，环境犯罪的行政从属性。董邦俊认为，"环境刑法的从属性，使得环境犯罪与违法上有时出现了界域区分上的模糊和以罚代刑现象"[④]。但也有学者对环境犯罪行政从属性说进行了驳斥，赵星认为，"对某些突发的公共环境犯罪案件，公安机关可以直接立案，不需经过环境行政执法和行政管理部门的先行处理和移送，行政从属性论说易助长行政权排斥司法权的风气，并容易催生环境刑事手

---

① 董邦俊：《论我国环境行政执法与刑事司法之衔接》，《中国地质大学学报》（社会科学版）2013年第6期。
② 吴家明、朱远军：《环境刑事司法之现状分析与对策》，《人民司法》2014年第21期。
③ 赵旭光：《"两法衔接"中的有效监督机制——从环境犯罪行政执法与刑事司法切入》，《政法论坛》2015年第6期。
④ 董邦俊：《环境法与环境刑法衔接问题思考》，《法学论坛》2014年第2期。

段被架空的巨大危险"①。其二,生态环境"行刑衔接"程序较为复杂。王树义和冯汝认为,"行政机关移送案件时,先要向公安机关移交案件,再由公安机关将案件移交检察院起诉,由于增加一个启动诉讼的环节,程序复杂,导致很多案件由于行政执法的滞后,而出现有案不能移、有案不移、有案移不动的现象"②。其三,监督机制失灵或缺位。赵旭光在实证分析的基础上指出,生态环境"行刑衔接"难的重要原因在于监督机关"对行政执法向刑事司法的移送监督失灵,对环境犯罪的刑事司法追诉同样监督失灵"③。除此之外,还有学者将生态环境"行刑衔接"难题归因于"规范性文件政策性较强,位阶过低,权威性不够"④ "缺乏健全的信息共享与交互机制"⑤ 等,各观点不一而足。

第二,有关生态环境"行刑衔接"的程序问题研究。生态环境"行刑衔接"的程序既包括对涉嫌环境犯罪案件或线索的移送、接受与处理,也包括对环境行政执法证据的收集、固定与转换。学者们对"行刑衔接"程序的研究主要聚焦于分析案件移送、证据转换过程中存在的问题及对策。针对案件移送不力问题,董邦俊主张从法律和实践两方面加以解决,"从法律层面而言,就是通过立法强调环境司法机关的主动性,包括介入环境污染事件,强化对环境执法的监督职能;从实践层面而言,主要是通过对典型环境犯罪案例(判例)的分析解读,引导刑事司法机关办理相关环境犯罪案件"⑥,冀望通过强化检察监督这一"外力"来督促生态环境部门移送案件。有学者认为,"应当细化移送条件判断标准"⑦ 或"移

---

① 赵星:《环境犯罪的行政从属性之批判》,《法学评论》2012年第5期。
② 王树义、冯汝:《我国环境刑事司法的困境及其对策》,《法学评论》2014年第3期。
③ 赵旭光:《"两法衔接"中的有效监督机制——从环境犯罪行政执法与刑事司法切入》,《政法论坛》2015年第6期。
④ 四川省人民检察院"两法"衔接课题组、郭彦:《促进行政执法与刑事司法有效衔接须由全国人大常委会立法解决》,《中国检察官》2011年第21期。
⑤ 蒋云飞:《生态环境保护行政执法与刑事司法衔接机制实证研究》,《中南林业科技大学学报》(社会科学版)2021年第2期。
⑥ 董邦俊:《论我国环境行政执法与刑事司法之衔接》,《中国地质大学学报》(社会科学版)2013年第6期。
⑦ 何爱群:《环境行政执法与刑事司法如何链接?》,《中国环境监察》2015年第1期。

案标准适当低于立案标准"①，该主张则是通过明确移送标准这一"内力"来实现案件的有序移交。除了以上观点外，还有学者认为应通过"有序实行环境警察制度，减少衔接程序"②。针对证据收集与转换问题，赵旭光认为，为增强环境行政执法证据的刑事诉讼能力，应"打破集中式侦查权配置的格局，赋予行政执法机关以部分刑事侦查权，同时在取证规范上做出修改"③。需要注意的是，在"密集研究"阶段，已有学者开始关注生态环境"行刑反向衔接"程序问题，如有学者对"刑事证据向行政证据转化使用问题"④进行了分析。但总体而言，现有研究对生态环境"行刑反向衔接"程序问题的研究严重偏少。

第三，有关生态环境"行刑衔接"中的监督机制研究。学界普遍认为，监督缺位或监督权羸弱是造成生态环境"行刑衔接"难题的重要原因，因而必须完善生态环境"行刑衔接"监督机制，以督促生态环境部门依法移送涉嫌犯罪的案件或线索以及督促公安机关依法受理案件并及时处理。在监督机制的完善路径上，赵旭东提出，应当"借助行政监察，建立和恢复在环境执法到司法移送环节的监督；赋予检察机关实质意义上的监督权，做实环境犯罪追诉环节的监督；构建检察监督与人大监督的衔接机制，回归民主监督"⑤。尽管生态环境"行刑衔接"中的监督机制众多，但学者们普遍注重检察监督机制的研究。譬如有学者认为，检察监督的强化是健全生态环境"行刑衔接"机制的必由之路，应当"将移案监督制度化与常态化以及创设重特大污染环境案提前介入制度"⑥。有学者提出，为避免检察机关在监督中"耳目失聪"，"检察院可以通过主导建立环境行政执法与刑事司法信息共享平台作为其介入环境行政执法与刑事

---

① 康慧强：《我国环境行政执法与刑事司法衔接的困境与出路》，《郑州大学学报》（哲学社会科学版）2017年第1期。

② 王树义、冯汝：《我国环境刑事司法的困境及其对策》，《法学评论》2014年第3期。

③ 赵旭光：《环境执法与刑事司法衔接中的取证资格问题》，《湘潭大学学报》（哲学社会科学版）2017年第5期。

④ 蒋云飞、向立：《刑事证据向行政证据转化的理论分析与制度建构》，《重庆理工大学学报（社会科学）》2022年第11期。

⑤ 赵旭光：《"两法衔接"中的有效监督机制——从环境犯罪行政执法与刑事司法切入》，《政法论坛》2015年第6期。

⑥ 蒋云飞：《论环境行政执法与刑事司法衔接中检察监督之完善——以最高检挂牌督办4起腾格里沙漠污染环境案为例》，《环境保护》2016年第7期。

司法衔接机制的切入点，充分发挥环境行政执法与刑事司法信息共享平台的作用"①。还有学者提出："检察机关内部确立专门机构负责立案侦查监督和行政执法监督。"② 归纳而言，既有研究普遍主张通过强化监督来破解生态环境"行刑衔接"难题，尤其是冀望完善检察监督机制来督促生态环境部门移送案件与公安机关立案。

第四，有关生态环境"行刑衔接"机制的完善研究。学者们对生态环境"行刑衔接"机制的完善研究，主要集中于立法完善、程序机制完善、监督机制完善与配套机制完善四个方面，其中程序机制完善与监督机制完善在上文中已经得到较为充分的分析，在此不再一一赘述。关于生态环境"行刑衔接"机制的立法完善，主要存在"全国人大立法解决论"与"地方人大立法解决论"两种代表性观点。其中，"全国人大立法解决论"认为，"促进行政执法与刑事司法有效衔接须由全国人大常委会立法解决"③，明显旨在透过国家层面立法来提升立法位阶及其普遍适用效力。与"全国人大立法解决论"相对应的观点是"地方人大立法解决论"，该观点认为，"应充分发挥地方人大的作用，制定省一级或市一级的行政执法与刑事司法衔接地方性法规，明确检察机关作为两法衔接的枢纽，分门别类地破解两法衔接难题"④，该观点旨在提升生态环境"行刑衔接"立法的针对性以及对地方省市的适用性。关于生态环境"行刑衔接"机制的配套机制完善，学者们大多从信息共享平台建设、环境警察制度、联席会议机制、公安机关与检察机关提前介入制度、线索通报制度、案件咨询机制等方面展开论述，譬如有学者提出，"应当透过立法、政策或发布移案指南等方式明确信息共享范围、录入标准、录入时限、互动要求等，为案件信息共享提供具体、可操作性的实施标准"⑤。另外，还有学者呼吁构建公安机关与生态环境部门联合执法制度，以期有效化解生态环境

---

① 沈晓军：《我国环境行政执法与刑事司法衔接机制研究——以行为主体的利益选择为视角》，《河南财经政法大学学报》2017 年第 2 期。

② 周兆进：《环境行政执法与刑事司法衔接的法律省思》，《法学论坛》2020 年第 1 期。

③ 四川省人民检察院"两法"衔接课题组、郭彦：《促进行政执法与刑事司法有效衔接须由全国人大常委会立法解决》，《中国检察官》2011 年第 21 期。

④ 吕敬美、苏喆：《两法衔接难题：宜地方人大立法分类破解——以环保行政执法与刑事司法衔接为例的分析》，《河北法学》2016 年第 10 期。

⑤ 蒋云飞：《论生态文明视域下的环境"两法"衔接机制》，《西南政法大学学报》2018 年第 1 期。

"行刑衔接"中的案件移送难题与证据转化难题。

第五，有关"行刑衔接"机制的理论研究。"行刑衔接"难题不仅存在于生态环境保护领域，该问题在税务稽查、烟草、医疗、药监、市场监管、海关、农业、城管、食品安全、国土、住建、知识产权、劳动保障等领域亦广泛存在，学者们针对这些领域"行刑衔接"问题的研究亦取得了极为丰硕的成果。这些成果对本书研究有一定的借鉴或参考价值，但由于相关文献多达数千篇，难以进行全面梳理，只能选择部分有价值的文献进行分析。关于"行刑衔接"机制的理论分析，学者们主要反思了"刑事优先"原则、"行政优先"原则、"一事不再罚"原则在"行刑衔接"中的适用以及检察权性质在"行刑衔接"中的定位。以陈兴良、周佑勇、刘艳红为代表的大多数学者认为，"在对行政犯罪实行双重处罚时，应当优先追究其刑事责任，在追究刑事责任以后，除刑事处罚吸收行政处罚的情形外，可以再行由行政机关予以行政处罚"①，这意味着"行刑衔接"机制建设务必要坚持"刑事优先"原则；也有学者主张"行刑衔接刑事优先适用是一般原则，但应当允许有例外"②。不过，也有学者对"刑事优先"原则在"行刑衔接"中的适用提出了质疑，谢治东认为，"将'刑事优先原则'适用于行政处罚与刑罚处罚的案件中，是对'刑事优先原则'错误理解和不适当的滥用"③。练育强在反思他人研究的基础上提出了"有限的刑事优先原则"④，即"行刑衔接"并非为"优先追究刑事责任"，行政机关在移送后仍能作出行为罚与申诫罚。此外，练育强还在反思"行刑衔接"中"一事不再罚"原则的基础上提出了"有限的一事不再罚"原则，⑤ 即涉及财产罚应当严格遵循"一事不再罚"原则，对于其他性质的处罚则综合权衡后决定。关于检察权的性质，学界主要有司法权说、行政权说、行政与司法双重属性权说、法律监督权说四种观点。有学者认为，"检察机关的法律监督职能主要属于司法监督，监督的方式主要

---

① 陈兴良：《论行政处罚与刑罚处罚的关系》，《中国法学》1992年第4期。
② 蒋兰香：《论行刑衔接刑事优先原则及其在环保领域的适用与例外》，《时代法学》2020年第4期。
③ 谢治东：《行政执法与刑事司法衔接机制中若干问题理论探究》，《浙江社会科学》2011年第4期。
④ 练育强：《行刑衔接中的行政执法边界研究》，《中国法学》2016年第2期。
⑤ 参见练育强《行刑衔接视野下的一事不再罚原则反思》，《政治与法律》2017年第3期。

是通过诉讼的途径"①，该主张显然将"行刑衔接"中的检察监督定位为诉讼监督，相应的检察权即为司法权。练育强在反思既有研究的基础上提出，"行刑衔接"中检察机关行使权力的性质定位应当"立足于法律监督权说，通过《人民检察院组织法》的修改，赋予人民检察院具有一般的法律监督权，从而监督行政执法机关及时移送涉嫌犯罪的案件"②。值得注意的是，2021年修订《行政处罚法》第27条③明确规定"行刑双向衔接"制度。在此背景下，一些学者将研究视角聚焦于"行刑双向衔接"问题，以周佑勇、练育强、张红为代表的学者对"行刑衔接"中的内在逻辑机理、案件反向移送、证据反向转化以及检察机关监督等问题进行了深入探究，并形成了一些研究成果，这些研究成果也为本书研究生态环境领域"行刑反向衔接"机制提供了方向指引。

就国外而言，生态环境"行刑衔接"难题也在一定程度上存在，国外学者对此展开了相关研究。早在1979年，美国前助理总检察长James Moorman就指出了环境犯罪治理中加强环保署与司法部配合的重要性，他认为，"没有环保署的协作配合，司法部在打击环境犯罪上的作用就显得极为有限"④。基于此，1981年美国联邦司法部与环保署制定了一个合作计划，旨在促进环境犯罪案件的立案、交付与起诉；为更有效地对环境污染犯罪案件侦查取证，美国于1989年成立了环境犯罪突击队（The Environmental Crime Strike Fore），该突击队由总检察长办公室与环境事务执法办公室协调管理。为加强地方政府部门的协作配合以及共享环境执法信息，国家要求设置由地方、州和联邦环境执法部门代表共同组成的环境执法合作委员会。⑤ 不难看出，美国设立的环境执法合作委员会与我国的生态环境"行刑衔接"联席会议制度颇为类似，均旨在互通案件信息与共

---

① 陈国庆：《检察制度原理》，法律出版社2009年版，第106页。
② 练育强：《"两法"衔接视野下检察权性质的定位》，《探索与争鸣》2014年第2期。
③ 2021年《行政处罚法》第27条规定："违法行为涉嫌犯罪的，行政机关应当及时将案件移送司法机关，依法追究刑事责任。对依法不需要追究刑事责任或者免予刑事处罚，但应当给予行政处罚的，司法机关应当及时将案件移送有关行政机关。"
④ Judson W. Starr, "Turbulent Times at Justice and EPA: the Origins of Environmental Criminal Prosecutions and the Word that Remains", *George Washington Law Reeview*, Vol. 59, No. 4, 1991, p. 912.
⑤ 参见栗相恩《环境犯罪的严厉执法：美国经验及其启示》，《周口师范学院学报》2015年第1期。

享办案资源以助力于环境案件移送,但不同的是,美国设立的环境执法合作委员会是一个常设机构,专门负责环境违法犯罪信息的互通有无,而我国的生态环境"行刑衔接"联席会议是一个临时性机构。另外,美国环保署内部还设置了刑法实施办公室,专门负责环境犯罪案件的调查与移交。显而易见,美国在打击环境违法犯罪时注重在环保署与司法部内部设立专业对接部门,专门负责环境犯罪案件的调查、取证、移送与交接,同时要求建立环境执法合作委员会以实现信息共享,这对我国生态环境"行刑衔接"机制建设而言不无借鉴意义。

相较于美国,俄罗斯在打击环境违法犯罪上的独特与有效经验是设立环境警察制度。从环境执法实践看,环境警察在侦办环境违法案件时比环境行政执法人员更具优势。具体而言,一来可以提升对环境违法犯罪案件的调查与取证效率;二来可以有效减少案件移送环节以及破除案件移送中的地方保护主义与部门保护主义。有学者研究指出:"俄罗斯环境警察成立的头3年,查处的环境违法案件65万起,其中477起被移交至环境检察院起诉,100多人被追究刑事责任"[①]。从现实绩效看,环境警察制度的设立一定程度上提升了俄罗斯环保部门移送案件的效果以及环境刑事司法保护的力度。与俄罗斯一样,德国同样面临环保部门移送案件不畅问题以及移送后行政责任与刑事责任如何协调问题。针对案件移送不力问题,德国在《警察法》中规定了环境警察制度,环境警察专门负责对环境违法犯罪的侦查取证以及配合环保部门开展执法。德国各州的警察队伍由行政部门直接控制,隶属于内政部,设立环保警察旨在对环境犯罪行为作出及时有效反应,对是否构成环境犯罪以及谁是犯罪者进行专业甄别。针对行政处罚与刑事处罚在适用上的协调问题,德国的经验是规定环保部门移送案件后不停止行政处罚,即行政处罚措施与刑事处罚措施可以同步实施、同时运用,并通过制度安排使行政处罚与刑事处罚在适用上保持协调。[②]

除了以上研究外,学者 Michael G. Faure 和 Katarina Svatikova 从执法成本视角分析了环境行政执法、环境刑事司法以及二者衔接配合情况下的成本收益问题。他们认为,"西欧国家环境执法机构的预算是相对固定的,执法者有权选择单一或多重执法方式(刑事司法或行政执法)来督

---

① 王国琦:《俄罗斯环境警察》,《人民公安》2007年第19期。
② Michael Faure and Gunter Heine, "Criminal Enforcement of Environmental Law in the European Union", *European Environmental Law Review*, Vol. 16, No. 12, 2007, p. 3.

促当事人履行环境保护义务,但由于行政执法不如刑事司法程序严格和正式,因此环境行政执法的成本更低、更符合执法者的理性选择,不过立足于环境执法社会成本的考量以及环境执法威慑性的发挥,应当将行政执法与刑事司法结合使用并使二者密切衔接、相互补充,而不是选择单一执法方式(刑事司法或行政执法)"①。换句话说,加强生态环境"行刑衔接"尽管加大了执法成本,却锐减了社会总成本,也有助于震慑潜在的环境违法犯罪者,从而实现收益的最大化。另外,Jale Tosun 从环境监测数据转化为刑事证据视角研究了部分欧洲国家生态环境"行刑衔接"的必要性及可行性问题,他认为,"环境监测数据是司法部门认定环境犯罪的重要依据,但这些数据均由环保机构及其附属的监测机构提供,因此要想将这些环境监测数据作为刑事定案依据,必须加强环保部门与司法部门、警察部门与司法部门的办案协作配合,有效共享环境监测数据并将其作为监管排污者的一大利器"②。

总体上看,域外国家也一定程度上存在生态环境"行刑衔接"问题,环保部门与司法机关之间的衔接配合不够顺畅,影响了环境违法犯罪的打击效果。但囿于相关资料收集的困难性,本书能够收集到的相关资料较为有限,加之国外环保体制及侦检体制与我国存在较大差异,因此域外生态环境"行刑衔接"机制可为我国直接借鉴的经验有限。但从收集到的相关研究资料看,美国、俄罗斯、德国等国家在打击环境违法犯罪上的部分有益经验可资我国借鉴,譬如美国在环保署与司法机关之间设立专业的对接部门以及建立常设性的环境执法合作委员会,对破解案件移送难题有所裨益。

以上国内外研究基本反映了学界与实务界对生态环境"行刑衔接"机制研究的进展、内容与未来趋势。毋庸讳言,上述研究为本书开展生态环境"行刑衔接"机制研究奠定了坚实基础,既提供了较为翔实的资料,也提供了诸多思考的灵感与思想的火花。但既有生态环境"行刑衔接"机制研究还存在明显不足,主要表现在以下三个方面:

第一,问题意识不足。所谓"问题意识",是指"作者必须发现现实

---

① Michael Faure and Katarina Svatikova, "Criminal or Administrative Law to Protect the Environment? Evidence from Western Europe", *Journal of Environmental Law*, Vol. 24, No. 2, 2012, p. 280.

② Jale Tosun, "Environmental Monitoring and Enforcement in Europe: A Review of Empirical Research", *Environmental Policy and Governance*, Vol. 22, No. 6, 2012, p. 438.

中存在的问题（question），从中提炼出一个学术上的话题（problem），然后给出自己的命题（thesis）并加以论证"①。树立问题意识是避免学术研究盲从、低水平重复的必由之路。从既有研究成果看，学者们关注的重点主要集中于分析生态环境"行刑衔接"问题的形成原因、衔接中的案件移送程序设计、证据转化规则建设、法律监督机制建设以及衔接机制的宏观构建等内容。然而，生态环境"行刑衔接"机制究竟存在什么样的问题？如何提炼出有价值的学术命题并加以论证？既有理论研究对上述问题并未予以充分回应。本书认为，既有研究的"问题意识不足"主要体现在以下三个方面：一是缺乏对现有问题的深度"发掘"。针对生态环境"行刑衔接"难题，学者们大多不假思索地套用2013年《中共中央关于全面推进依法治国若干重大问题的决定》中指出的"有案不移、有案难移、以罚代刑"问题，但生态环境领域的"行刑衔接"是否真正存在这些问题？若存在，具体又表现为什么问题？若不存在，生态环境"行刑衔接"难题究竟是什么？二是缺乏对学术命题的精准"提炼"。学者们在研究生态环境"行刑衔接"机制时大多从案件移送、检察监督、信息共享等视角切入与展开，但大多数研究都缺乏一个贯穿始终的中心命题，即所谓的"有论域而无论题"②，无法围绕论题展开深入论述。譬如，对环境案件移送程序与承接程序如何衔接、生态环境部门移案标准与公安机关立案标准如何对接、环境行政执法证据如何转化为刑事证据、刑事证据如何转化为环境行政证据、检察监督的内容与方式为何、检察机关提前介入的限度如何界清、检察机关与监察机关在案件办理上如何配合等问题却未得到应有关注。三是缺乏对新问题的上下"求索"。2021年《行政处罚法》第27条在原有"行刑正向衔接"的基础上增加了"行刑反向衔接"规定，且生态环境"行刑衔接"实践中也可能出现"行刑反向衔接"的情形。在"行刑反向衔接"的背景下，司法机关（含公安机关、检察机关、法院）如何将案件移送生态环境部门？刑事证据如何有效转化为环境行政证据使用？这些问题均未得到学界广泛而深入的研究。

第二，理论反思不足。尽管自"密集研究"阶段以来，已有个别学者开始反思生态环境"行刑衔接"机制的目的、理论基础、检察权性质

---

① 何海波：《法学论文写作》，北京大学出版社2014年版，第20—21页。
② 尤陈俊：《作为问题的"问题意识"——从法学论文写作中的命题缺失现象切入》，《探索与争鸣》2017年第5期。

等基本理论问题，但还是远远不够。一方面体现在，对生态环境"行刑衔接"机制的实施目的反思不够。当前，学者们普遍主张将"优先追究刑责"作为生态环境"行刑衔接"机制的实施目的，即一旦发现涉嫌环境犯罪的案件或线索，就必须首先移送至刑事司法机关，待刑事处罚完毕后再考虑是否进行行政处罚，这明显遵循的是"刑事优先"原则。然而，刑事处罚是否必然优于行政处罚？刑事处罚是否更有利于遏制环境违法犯罪行为？刑事处罚与行政处罚竞合时究竟该如何协调？学者们对这些问题的反思远远不够。另一方面，学界对生态环境"行刑衔接"机制的理论基础反思不足。生态环境"行刑衔接"机制"涉及行政法与刑法、行政权与司法权、行政责任与刑事责任三重关系，因而在制度建构时须有充实的理论依据"[①]。在对其他领域的"行刑衔接"机制研究中，学者们就"行刑衔接"机制之理论基础如国家权力学说、行政刑法理论、法律责任竞合理论、职权分工与协作理论、职权主义理论等展开了充分论析。对比而言，学者们对生态环境"行刑衔接"机制的理论基础研究则不够重视，鲜有学者从权力制衡理论、行政犯罪理论、协同治理理论、法律责任竞合理论等层面论述生态环境"行刑衔接"机制的正当性与合理性。此外，学界对生态环境"行刑衔接"中检察权的性质定位缺乏关注。毋庸讳言，检察权的不同定位（譬如行政权说、司法权说、行政与司法双重属性权说与法律监督权说）将直接影响检察机关在生态环境"行刑衔接"中的价值与功能，但已有研究对此问题关注不够，鲜有学者对此展开深入探究以揭示检察权在生态环境"行刑衔接"中的应然样貌。

第三，实证分析不足。生态环境"行刑衔接"机制研究是一个"来源于实践且需要用实践的思维去探索"的课题，但既有研究远远不足以发现乃至解决实践中存在的法律问题。主要表现在：其一，在"零星研究"阶段，实务界对生态环境"行刑衔接"机制缺乏应有关注。在此期间，为解决"行刑衔接"难题，实务界联合学界曾先后举办了"2005年行政执法与刑事司法衔接机制理论研讨会""2006年全国行政执法与刑事司法衔接工作座谈会""2012年行政执法与刑事司法衔接的理论与实践研讨会"等多场研讨会或座谈会，但从会议主题以及会议收录的论文看，

---

① 蒋云飞：《环境行政执法与刑事司法衔接研究之检视》，《河南财经政法大学学报》2017年第6期。

极少有人关注生态环境领域的"行刑衔接"问题,① 相关研究文献的阙如即是明证。其二,在"密集研究"阶段,生态环境"行刑衔接"机制的理论与实证对接不够。自2013年以来,除了少数学者如赵旭光以实证分析方式研究生态环境"行刑衔接"机制外,绝大多数学者仅注重对衔接机制的理论分析,在研究内容上,多数研究要么是对既有法律法规与规范性文件的详细注解,要么是对相关基本理论的简单重述,要么是为生态环境"行刑衔接"机制的构建摇旗呐喊,对解决生态环境"行刑衔接"问题的实质性贡献不大。因此,理论研究应当有的放矢、精准"把脉",找准生态环境"行刑衔接"问题的症结并予以有效解决。其三,学者们对生态环境"行刑衔接"机制的地方经验总结不足。事实上,以江苏、上海、重庆、广东、浙江为代表的地方省市在实施生态环境"行刑衔接"机制过程中积累了成功经验,其中的部分成熟经验完全可资其他省市借鉴乃至在全国范围内推广,但遗憾的是,目前学界尚无人对此展开研究。

本书认为,既有生态环境"行刑衔接"机制研究在"问题意识、理论反思、实证分析"上的不足归根结底可归咎为"研究内容的不足",申言之,既有研究没能准确研判生态环境"行刑衔接"难题,没能充分论证生态环境"行刑衔接"机制的理论基础,没能完整揭示生态环境"行刑衔接"机制的基本构成及其工作原理,没能系统梳理生态环境"行刑衔接"机制(如案件移送机制、证据转化机制、检察监督机制)的现存困境,以及没能提出完善生态环境"行刑衔接"机制的具体建议,这不免成为生态环境"行刑衔接"机制在理论研究方面的缺憾。概言之,既有生态环境"行刑衔接"机制研究的不足具体体现在如下方面:

首先,既有研究没能立足于实证资料,准确研判生态环境"行刑衔接"难题。"行刑衔接"难题是构建生态环境"行刑衔接"机制的直接动因,但从现有研究看,大部分学者想当然地将"有案不移""有罪不究""以罚代刑""降格处理"等作为生态环境"行刑衔接"问题之表现,但现实中是否真正存在这些问题?如果存在,具体表现形式是什么?如果不完全存在,是否又出现什么样的新问题?针对以上疑问,尚未有学者加以详细研究并予以准确解答。事实上,"有案不移""有罪不究""降格处

---

① 参见蒋云飞《环境行政执法与刑事司法衔接研究之检视》,《河南财经政法大学学报》2017年第6期。

理""以罚代刑"等问题均属于生态环境部门移送案件层面的问题，若将这些问题等同于生态环境"行刑衔接"难题，那么无疑意味着生态环境部门是阻碍生态环境"行刑衔接"的根本因素甚至是唯一因素，这显然既不现实也不合理，毕竟公安机关（譬如公安机关有案不接）与检察机关（譬如检察机关监督乏力）也可能成为影响生态环境"行刑衔接"的重要因素。总之，在未准确研判与梳理生态环境"行刑衔接"难题之前，就贸然提出完善生态环境"行刑衔接"机制的对策建议，其合理性与可行性难免令人怀疑。

其次，既有研究没能充分论证生态环境"行刑衔接"机制的理论基础。论证生态环境"行刑衔接"机制的理论基础，就是从理论层面来揭示生态环境"行刑衔接"机制的正当性与合理性，为衔接机制的构建与完善寻找理论依据。国内学者大多从行政刑法理论、行政犯罪理论、法律责任竞合理论、"刑事优先"原则、法治主义理论、依法行政理论、职权法定主义理论、职能分工与协作理论、禁止双重危险理论（即"一事不再罚原则"）等理论来论证"行刑衔接"机制的正当性与合理性。毋庸讳言，只要言之有理、言之有据，运用上述理论作为生态环境"行刑衔接"机制的理论基础也并无不妥，客观上也可进一步丰富生态环境"行刑衔接"机制理论研究。然而，学者们在运用上述理论论证生态环境"行刑衔接"机制时多为寥寥数语，理论分析不甚严谨和全面，论证不太充分且未成体系，不少学者在论证时未能准确抓住所用理论与生态环境"行刑衔接"机制的关联之处。基于此，即便学者们运用不少经典理论"大书特书"，终究难以为生态环境"行刑衔接"机制建设提供强有力的理论支撑。

再次，既有研究没能完整揭示生态环境"行刑衔接"机制的组成部分、功能及工作原理。生态环境"行刑衔接"机制作为一项应对"案件移送难""证据转化难""检察监督难""信息共享难"等问题的办案协作机制，该项机制究竟由哪些部分（机制）组成？各项机制是如何运作的？各机制的工作原理是什么？各机制的功能是什么？各机制之间有何内在关联？针对以上问题，国外学者仅粗略描述了生态环境部门与刑事司法机关在案件交接与信息共享上的协作，但究竟如何移送与交接案件、如何共享案件信息以及如何共同侦办环境犯罪，既有相关研究虽然有所涉及，但未成体系，不少研究均流于表面。国内学者在研究生态环境"行刑衔接"机制时,重在论述案件侦办中检察监督机制、信息共享机制等机制的建设,对案件移送机制与证据转化机制的关注不多,对以上各项机制的基本功能以及运作机理的研究既不深入,也未能充分立足于现行法律规范与实证资料展开深入分析。总而言之,无论是国外学者还是国内学者,都未能完整揭示生态环境"行刑衔接"机制的基本构成、内在功能及工作原理。

复次,既有研究没能准确梳理生态环境"行刑衔接"机制的现存困境以及提出完善生态环境"行刑衔接"机制的建议。国内学者大多从宏观层面描述生态环境"行刑衔接"机制现存的问题,分析问题背后的原因,进而提出完善生态环境"行刑衔接"机制的立法建议或政策建议。生态环境"行刑衔接"机制主要由案件移送机制、证据转化机制、检察监督机制与信息共享机制构成,这些机制究竟是如何运作的?在理论层面有何争议之处?在制度规范层面有何问题?在实践运作中又存在什么问题?造成前述理论困境与实践困境背后的原因究竟是什么?如何立足于现行法律法规以及规范性文件解决这些问题?针对这些问题,学者们在研究生态环境"行刑衔接"机制时或多或少均有涉及,但针对以上具体问题的研究还不够透彻与深入,尤其是对各项机制的实践困境及其成因分析不到位。若不能找准生态环境"行刑衔接"机制的现存问题,学者们提出的完善建议往往难以让人信服,也难以真正解决生态环境"行刑衔接"难题。

最后,既有研究缺乏对生态环境"行刑衔接"机制中核心问题的精细化分析。在"行刑双向衔接"大背景下,生态环境"行刑双向衔接"中的诸多理论和实践问题需要回应,尤其是反向衔接视角下刑事司法机关如何将案件或线索移交生态环境部门,移交的材料范围、程序和标准是什么?再者,刑事司法机关收集和认定的各类刑事证据能否作为环境行政处罚的依据,对此生态环境部门是否需要"一概接受",应当采取何种证据审查标准?检察机关如何在生态环境"行刑衔接"中实施精准监督,如何运用提前介入方式提升检察监督的效果?概言之,生态环境"行刑衔接"中案件倒流机制如何设计?刑事证据如何转化为环境行政证据使用?检察机关如何提前介入监督?诸如此类问题均未得到精细化分析和论证。

三 研究方法

立足于对既有研究之反思,本书研究生态环境"行刑衔接"机制的基本思路如下：第一，回答为何要构建生态环境"行刑衔接"机制；第二，阐明生态环境"行刑衔接"机制的理论基础；第三，揭示生态环境"行刑衔接"机制的基本架构（由案件移送机制、证据转化机制、检察监督机制和信息共享机制构成）；第四，梳理生态环境"行刑衔接"机制的现存困境并提出完善建议。在具体进路上，力求言之有用（即有观点）、言之有据（即有论据）、言之成理（即有论证），避免陷入"空对空"式研究，诚如苏力所言，"必须从实际出发，必须用眼睛看现实，从现实中提出问题，而不能只接受流行的命题"[①]。为将上述研究思路展开，本书将生态环境"行刑衔接"机制研究大致分为以下七个部分：

第一部分，导论。本部分介绍了本书的选题背景与研究意义、国内外研究现状、基本思路与研究方法、创新之处。

第二部分（第一章），生态环境"行刑衔接"机制的基本意蕴。本部分以实证分析为基础，将生态环境"行刑衔接"难题界定为案件移送难、证据转化难与检察监督难之"三大难题"，并从立法、法律实施视角剖析上述难题的形成原因。在此基础上提出，构建生态环境"行刑衔接"机制是回应生态环境"行刑衔接"难题的必然选择，也是实现生态环境部门、公安机关、检察机关与法院合力打击环境违法犯罪的有力保障。申言之，生态环境"行刑衔接"机制的构建，使得环境违法犯罪案件在执法与司法两大领域有序移送以及精准追究相关责任人员的法律责任均可得到稳定、长效的机制保障。立足于生态环境"行刑衔接"难题，本部分还完整揭示了生态环境"行刑衔接"机制的基本构成，将案件移送机制、证据转化机制、检察监督机制等作为衔接机制的主要构成机制，为下文明确研究对象。

第三部分（第二章），生态环境"行刑衔接"机制的理论基础。本部分运用权力制衡理论、行政犯罪理论、协同治理理论和整体性治理理论论证了生态环境"行刑衔接"机制的正当性与合理性。生态环境"行刑衔接"机制要求生态环境部门、公安机关和检察机关在案件移送中加强衔接配合，其本质上体现了行政权、司法权、检察权之间的衔接配合；同时又强调检察机关对生态环境部门移送与公安机关立案的法律监督，体现了"以权力制约权力"的理念。生态环境"行刑衔接"的主要对象为环境行

[①] 苏力：《制度是如何形成的》（增订版），北京大学出版社2007年版，第189页。

政犯罪案件，由于行政犯罪具有行政违法与刑事违法双重属性，这决定了既要追究行政责任也要追究刑事责任。生态环境"行刑衔接"机制的构建为精准追究环境行政犯罪的双重违法责任提供了机制保障。生态环境"行刑衔接"机制是一项异常复杂的系统工程，需要从系统论和整体主义的视角，立足于环境违法犯罪惩治的共同目标，明确生态环境部门、公安机关、检察机关、监察机关、法院等职能部门（机构）在衔接中的功能定位与协作事项，以发挥打击环境违法犯罪的协同效应。

第四部分（第三章），生态环境"行刑衔接"中的案件移送机制。本部分分析了生态环境"行刑衔接"中案件移送机制的双向构造、基本原则、现存困境以及完善对策。生态环境"行刑衔接"中的案件移送机制是一种"双向互动"机制，既包含生态环境部门向刑事司法机关的"正向移送"案件，也包含刑事司法机关向生态环境部门的"反向移送"案件。此外，本书还反思了生态环境"行刑衔接"中案件移送的适用原则，提出"刑事优先"原则、"行政优先"原则与"刑事相对优先"原则均无法作为生态环境"行刑衔接"中案件移送的适用原则，而应确立"同步协调"原则；同时，分析了案件移送的实施困境（即移送标准与立案标准难对接、案件反向移送程序缺失），进而提出调适移送标准与立案标准以及建立案件倒流机制（即明确刑事司法机关向生态环境部门移送的条件、程序与标准）等对策建议。

第五部分（第四章），生态环境"行刑衔接"中的证据转化机制。本部分首先分析了生态环境"行刑衔接"中证据转化机制的基本内容与立法演进，揭示了行政执法证据转化从"严格禁止转化"到"适当放开转化"再到"原则允许转化"的演变过程；其次，结合2018年《刑事诉讼法》第54条第2款之规定，分析了生态环境"行刑衔接"中证据转化范围界定、证据反向转化（即刑事证据转化为环境行政证据）、证据转化审查机制等方面所存在的问题；最后，提出立足于生态环境"行刑衔接"机制完善视角，通过明晰可转化环境行政证据的范围、证成刑事证据可以转为环境行政证据，确保生态环境"行刑衔接"中行政证据与刑事证据的双向转化使用。同时也指出，为排除非法证据，应当构建环境行政证据与刑事证据双向转化的审查机制，明晰审查的主体、内容与标准。

第六部分（第五章），生态环境"行刑衔接"中的检察监督机制。本部分主要研究了生态环境"行刑衔接"中检察监督机制的主要内容、规范依据、检察权定位、现存问题与解决对策。生态环境"行刑衔接"中检察监督主要包含对生态环境部门移送的监督、对公安机关立案的监督、提供专业咨询意见以及与监察机关办案衔接等，以上检察监督除移送监督外均具有宪法、法律、行政法规、司法解释等法律依据。就检察权的性质而言，生态环境"行刑衔接"中的检察权不应为行政权、司法权或行政与司法双重属性权，而应立足于生态环境"行刑衔接"中的检察监督职责，将检察权定位为法律监督权。最后，在深入检视生态环境"行刑衔接"中检察监督机制现存问题的基础上，提出了完善检察监督机制的建议，以期强化检察机关对生态环境部门移送与公安机关立案的监督。

第七部分（第六章），结论与展望。本部分主要对第二章至第六章的主要研究观点进行归纳和总结，同时对未来生态环境"行刑衔接"机制研究的内容、方法和思路进行展望。

金瑞林曾言："方法就是世界。"① 法学是一种方法论的学问，研究方法的选择对法学研究至为重要。关于研究方法的重要性，美国联邦最高法院大法官卡多佐同样指出："方法论给予的并不是一把钥匙，而是一条线索，一条值得我们探索和开发，从而提取其本质和精华的线索。"② 本书对以上观点深以为然，并认为，若将法学研究视为"进京赶考"，方法就是"进京赶考"的路径，路径的选择将直接影响"进京赶考"的进度甚至成败，因此法学研究应当特别注意对研究方法的选择与运用，提升理论研究的质量。对于生态环境"行刑衔接"机制研究，本书主要采用了如下两种研究方法：

一是规范分析方法。规范分析方法是法学特有的方法。③ 该研究方法严格遵循法律规范本身，以价值判断为基础并提供一定的法律评价标准，主要解决"应当是什么"之价值判断问题。由于生态环境"行刑衔接"机制研究广泛涉及《宪法》、《刑法》、《行政处罚法》、《行政强制法》、《刑事诉讼法》、《人民检察院组织法》、《环境保护法》、《监察法》、《行政执法机关移送涉嫌犯罪案件的规定》、2017 年《工作办法》等法律法规以及相关的司法解释、部门规章和规范性文件。运用规范分析方法，本书

---

① 汪劲：《方法就是世界——金瑞林教授的治学观》，《中国审判》2008 年第 12 期。

② [美] 本杰明·N. 卡多佐：《法律的成长》，李红勃、李璐怡译，北京大学出版社 2014 年版，第 13 页。

③ 参见谢晖《论规范分析方法》，《中国法学》2009 年第 2 期。

系统解读了以上法律文本中有关"行刑衔接"的规定及其背后的价值诉求,借此描绘出生态环境"行刑衔接"机制的应然内容与运行逻辑,以检视其与生态环境"行刑衔接"机制实然状态的差异及其深层次原因。

二是实证分析方法。实证分析方法是指"按照一定程序性的规范进行经验研究、量化分析的研究"①,该研究方法以事实判断为基础,主要解决"实际是什么"之事实判断问题。利用实证分析方法,可以有效检验现行法律规范的立法意图或价值目标是否得以实现。基于实证分析对本书研究的重要性,本书试图穷尽一切方式收集有关生态环境"行刑衔接"的实证材料,但基于资料收集能力有限以及相关数据资料的不完全公开,本书能够收集到的素材主要来源于《全国环境统计公报》、生态环境部公布的"《环境保护法》配套办法执行情况以及各地生态环境部门与司法机关联动情况"、"两高"或生态环境部发布的环境犯罪典型案例以及中国裁判文书网公布的有关生态环境"行刑衔接"的裁判文书等,这些资料为本书研究生态环境"行刑衔接"机制提供了分析素材。

四 研究创新

本书在研究生态环境"行刑衔接"机制方面的主要创新之处在于:

第一,揭示了生态环境"行刑衔接"难题。运用实证分析方法,通过对近些年生态环境部门移送案件与司法机关受理案件数据的分析,以及对环境犯罪判决书和裁定书中有关"行刑衔接"的分析,将生态环境"行刑衔接"难题归纳为案件移送难、证据转化难、检察监督难之"三大难题",有助于避免学者们陷入"生态环境'行刑衔接'难题即等同于'有案不移、有案难移、以罚代刑'"之认识误区,同时也有助于避免陷入"生态环境部门是阻碍生态环境'行刑衔接'的罪魁祸首"之认识偏差。事实上,除却生态环境部门外,公安机关与检察机关也是阻碍生态环境"行刑衔接"的重要因素,因此在构建生态环境"行刑衔接"机制时,应当厘清生态环境部门、公安机关、检察机关在案件移交与证据转化中的职责边界与协作事项,使各职能部门形成打击环境违法犯罪的强劲合力。此外,生态环境"行刑衔接"难题的明确为生态环境"行刑衔接"机制的构建与完善指明了方向。申言之,生态环境"行刑衔接"机制应重点

---

① 白建军:《论法律实证分析》,《中国法学》2000年第4期。

突出案件移送机制、证据转化机制和检察监督机制建设,在有效解决"三大难题"的基础上真正实现生态环境"行刑"的顺利衔接。

第二,论证了生态环境"行刑衔接"机制的理论基础。运用权力制衡理论、行政犯罪理论、协同治理理论、整体性治理理论论证了生态环境"行刑衔接"机制的正当性及合理性。生态环境"行刑衔接"机制表面上看是生态环境部门、公安机关与检察机关在案件移送上的衔接配合,实质上是行政权、司法权与检察权(或法律监督权)在相互制衡基础上的协作配合。生态环境"行刑衔接"机制涉及行政权与司法权、行政权与检察权、司法权与检察权这三组权力关系的监督制衡,而非学界所普遍认为的行政权与司法权的监督制衡。生态环境"行刑衔接"的主要对象是环境犯罪案件,环境犯罪本质上属于具有双重违法性的行政犯罪,需要同时追究行政责任与刑事责任,决定了需要构建生态环境"行刑衔接"机制以有效追究环境违法犯罪者的双重责任。从系统论角度看,生态环境"行刑衔接"机制是一个由生态环境部门、公安机关、检察机关构成的复杂系统,每个系统要素(即各职能部门)需要保持协同配合与各司其职,才能有效移送案件以及追究环境违法犯罪者的法律责任。

第三,明晰了生态环境"行刑衔接"机制中的案件移送原则以及检察机关行使权力的性质。立足于既有研究之反思,首先指出,"刑事优先"原则、"行政优先"原则与"刑事相对优先"原则均无法作为生态环境"行刑衔接"中案件移送的适用原则,而应确立"同步协调"原则。即生态环境部门一旦发现涉罪案件,应当先立案、先调查取证、先行政强制、先行政处罚并及时移送刑事司法机关,而不是一味地"优先追究刑事责任"或"优先追究行政责任",如此可避免生态环境部门一旦发现涉罪案件就移送刑事司法机关(即"优先追究刑事责任")。确立"同步协调"原则意味着,生态环境部门向刑事司法机关移送案件后不停止行政处罚,刑事司法机关在立案侦查时也可根据需要建议生态环境部门作出行政处罚,换言之,行政处罚与刑事处罚可合并适用与同步进行。其次,提出生态环境"行刑衔接"中检察权性质并非行政权、司法权或行政与司法双重属性权,应立足于检察机关在生态环境"行刑衔接"中的具体职能,将其定位为法律监督权,以充分发挥检察机关对生态环境部门移送与公安机关立案的监督职能。

第四,提出了生态环境"行刑衔接"机制中案件倒流的程序与规则。

尽管2021年《行政处罚法》第27条新增了"案件反向移送"内容，但由于该条款规定较为原则且缺乏配套规则，案件反向转化存在巨大障碍。本书提出，亟须科学评估已有的"行刑正向衔接"程序能否适用于"行刑反向衔接"中，如不能适用，应尽快建立符合打击环境违法犯罪需要的反向衔接程序。生态环境"行刑反向衔接"程序的构建，应当着力明确刑事司法机关向生态环境部门移送案件的条件、程序与标准。

第五，提出了生态环境"行刑衔接"中证据双向转化及其审查规则。在环境行政证据向刑事证据转化方面，基于"等"字扩大解释路径，将"书证、物证、视听资料、电子数据"之外的实物证据和言词证据均纳入可转化证据的范畴，同时明晰联合执法证据、公安机关初查证据的性质与转化规则。在刑事证据向环境行政证据转化方面，基于环境污染证据的不可复制性、证据提取的时效性和取证标准的严苛性，刑事司法机关收集的证据可以在环境行政执法中使用。在环境行政证据与刑事证据双向转化的审查方面，主张强化证据审查，明确证据审查的主体、内容与标准。

本书对生态环境"行刑衔接"机制的研究仅涉及该机制的构建动因、理论基础、现存困境以及如何完善等基本问题，对其作了一个"全景式"展示，但在研究内容和研究方法上仍然存在诸多不足之处，主要体现在以下三个方面：

其一，对生态环境"行刑衔接"机制的实证分析不够。为考察生态环境"行刑衔接"机制的现实绩效，本书结合生态环境部、各地方省市生态环境部门移送涉罪案件以及刑事司法机关立案侦查的实证资料，运用大数据分析方式，宏观展现了生态环境"行刑衔接"机制的实际运行效果。但是，对生态环境"行刑衔接"实证数据和典型案例的收集、消化和运用上仍显不足，难以精准"挖掘"出生态环境"行刑衔接"中的真问题和核心问题。譬如，案件移送的最大阻力是什么？证据收集与转换究竟难在何处？如何发挥检察机关提前介入的功能？如何利用信息共享平台移送案件？这些问题均需要借助实证资料展开分析。

其二，对域外生态环境"行刑衔接"机制的研究不足。尽管英国、美国、俄罗斯、法国、德国等国家在环境行政执法与刑事司法制度上有别于我国，但这些国家在环境违法犯罪案件移送、侦办与惩处上无疑也积累了一定经验（如美国在环境案件移送与侦办中的经验是在环保署与检察机关内部设立专门部门负责交接案件，同时设立环境执法合作委员会负责案件信息收集与共享),借鉴这些成熟经验,可避免我国在生态环境"行刑衔接"机制建设上走弯路。由于受外文资料收集能力限制,本书对域外生态环境"行刑衔接"机制建设经验的归纳与梳理存在明显短板,对美国、日本、德国、法国等国家生态环境"行刑衔接"制度建设与实施经验借鉴不够。

其三,对生态环境"行刑衔接"立法问题分析不充分。陈慈阳曾指出:"环境立法已不再是量的比较,而是如何更精致地在质上的追求。"① 按照陈慈阳之言,环境立法不应追究数量与速度,而应追究质量与效果,这也要求国家在立法之前应当作出周严与科学的评估,在立法过程中进行精细化立法,使其更具操作性和可行性。目前,我国可用于规范生态环境"行刑衔接"机制的法律法规以及规范性文件不可谓不多,但"可用""好用""能用"的法律法规并不多,因此如何实现这些立法从"量"到"质"的转变具有重要的现实意义。本书对生态环境"行刑衔接"机制的研究侧重于程序衔接(如案件移送程序、证据转化程序、检察监督程序等),对如何加强"行刑衔接"立法的分析却着墨甚少。未来生态环境"行刑衔接"机制研究应当着眼于"行刑衔接"立法分析,探究如何通过立法完善来提升生态环境"行刑衔接"机制的实际运行效果。更重要的是,如何在环境法典编纂及《行政处罚法》《刑事诉讼法》《人民检察院组织法》等法律法规中回应生态环境"行刑双向衔接"问题,促进相关法律的更新与优化。

---

① 陈慈阳:《环境法总论》(修订三版),元照出版公司2011年版,第1页。

第一章　生态环境"行刑衔接"机制的基本意蕴

第一节　核心概念界定

新分析实证主义法学派的代表人物哈特认为:"有时一个词语的定义可以提供这样的地图:它可以使导引我们使用该词语的原则变得清晰,并且同时可以展示出我们应用词语于其上的现象类型和其他现象间的关系。"① 为此,本书研究生态环境"行刑衔接"机制,首先在于明确环境行政执法、环境刑事司法、"行刑衔接"机制这三个核心概念的基本内涵。

一　环境行政执法

环境行政执法属于行政执法的具体范畴,主要是指环境法律规范在行政执法领域的适用。关于环境行政执法的概念,学界存在不同定义。其中,朴光洙认为,环境行政执法是指"国家环境保护行政机关的执法机构以环境相关法律法规为依据,为保证实现环境保护目标,保护生态环境以及公众健康而实施的监督检查、行政处罚以及行政强制等一系列行政行为"②。王灿发认为:"环境行政执法是指有关行政管理机关执行环境法律规范的活动。环境行政执法又可分为环境保护主管部门的执法和环境保护行政相关部门的执法。"③ 对比而言,以上两位学者对环境行政执法之认

---

① [英]哈特:《法律的概念》(第二版),许家馨、李冠宜译,法律出版社2011年版,第13页。
② 朴光洙、刘定慧、马品懿编著:《环境法与环境执法》,中国环境科学出版社2002年版,第1页。
③ 王灿发主编:《中国环境行政执法手册》,中国人民大学出版社2008年版,第3页。

识较为相似，区别在于王灿发将环境行政执法划分为环境行政主管部门（即生态环境部门）执法与环境行政相关部门（即草原、森林、水利、农业、国土资源等部门）执法，而朴光洙将环境行政执法统称为环境行政执法机关的执法，即从广义上理解环境行政执法的内涵。

随着环境保护部的撤销以及生态环境部的组建，环境行政执法的内涵也发生了变化。2018年3月，第十三届全国人民代表大会第一次会议批准了国务院机构改革方案，该方案在"一、关于国务院组成部门调整"中明确规定"组建生态环境部，不再保留环境保护部"。国务院机构改革方案将国家发展改革委、国土资源部、水利部、农业部、国家海洋局等部门涉及环境治污领域的职责整合到生态环境部手中，有助于避免环境污染治理的多头管理与职责交叉重叠，防止出现"该管的不管，不该管的瞎管"的问题，从而提升生态环境治理的效果。新组建的生态环境部统一行使环境行政执法权。据此言之，环境保护执法应当是指生态环境部门以生态环境法律规范为依据，为保护生态环境与维护公众健康而实施的监督检查、行政处罚以及行政强制等一系列行政行为，其权力主体为生态环境部门。基于此，生态环境"行刑衔接"中的环境行政执法是指生态环境保护部门根据生态环境法律规范对涉嫌环境犯罪案件实施调查取证以及移送的行为。

就本书而言，由于生态环境保护部门的外延较为宽泛，既包含生态环境保护主管部门，又包含环境保护行政相关部门，因此不宜作为生态环境"行刑衔接"中环境行政执法的主体。值得一提的是，2017年《工作办法》将环境行政执法的主体限定为环境保护行政主管部门，明显将其他环境保护行政部门（如水利、农业、林业、国土资源等部门）排除在生态环境"行刑衔接"机制建设之外。加之国务院机构改革确立了生态环境部，因此本书中的环境行政执法主体应当界定为生态环境部门，而非环境保护部门以及其他负有环境保护一定职责的相关部门。基于此，本书所称的"生态环境行政执法"是指"各级生态环境部门执行环境法律法规过程中发现的涉嫌环境犯罪的案件或线索，依法移送刑事司法机关的行为"。

二　环境刑事司法

环境行政执法与环境刑事司法都属于执行法律的行为，本质上均是

"执法行为",但两者最大的区别在于执法主体的差异。环境行政执法的主体是环境行政执法机关及法律法规授权的组织,而环境刑事司法则指"拥有刑事司法权的国家机关依法查处刑事犯罪案件、追究刑事责任的专门活动,其主体主要包括公安机关、人民法院和人民检察院"①。除了执法主体上的差异,二者在执法依据上也存在差别。环境行政执法依据的是环境行政法律规范,环境刑事司法依据的是刑事法律规范以及刑事诉讼法规范。基于执法依据上的差异,有学者将环境刑事司法定义为"司法机关对于环境犯罪行为进行预防和打击的行为,其所依据的是《刑法》及相关司法解释"②。对比而言,以上两种定义存在细微不同之处,前者将环境刑事司法的主体限定为"公安机关、检察机关和人民法院",后者将环境刑事司法的主体笼统称呼为"司法机关"。按照刑事诉讼法规定,司法机关并不完全等同于公安机关、检察机关与人民法院。尽管在定义上有所差异,但是均大致揭示了环境刑事司法的基本内涵,即刑事司法机关依据刑事法律规范及诉讼法律规范对环境犯罪进行预防和打击的行为。

显而易见,以上对环境刑事司法的定义均是立足于环境犯罪追诉全过程作出的,但若立足于生态环境"行刑衔接"过程,不难发现,上述两种对环境刑事司法的定义均有不妥之处。生态环境"行刑衔接"属于环境犯罪追诉的过程之一,而非犯罪追诉的全部过程,其具有明显的起点与终点。③ 由于生态环境"行刑衔接"是一项"双向互动衔接"机制,因

---

① 刘艳红、周佑勇:《行政刑法的一般理论》,北京大学出版社 2008 年版,第 175 页。

② 曾粤兴、周兆进:《论环境行政执法与刑事司法的衔接》,《青海社会科学》2015 年第 1 期。

③ 关于生态环境"行刑衔接"的起点与终点,理论界主要存在如下三种观点:第一种观点认为,生态环境"行刑衔接"的起点是生态环境部门将涉罪行为从执法中分离出来,终点是汇入刑事审判;第二种观点认为,生态环境"行刑衔接"的起点是生态环境部门向外移送案件,即向公安机关移送涉嫌环境犯罪案件,终点是以法院受理检察机关起诉材料为标准;第三种观点认为,生态环境"行刑衔接"的起点是生态环境部门的移送行为,终点是司法机关接收后决定转入刑事司法程序的行为。参见侯艳芳《中国环境资源犯罪的治理模式:当下选择与理性调适》,《法制与社会发展》2016 年第 5 期。本书认为,以上观点均立足于生态环境"行刑正向衔接"情形,而未考虑"行刑反向衔接"情形。在"行刑正向衔接"情形下,生态环境"行刑衔接"应当"始于"生态环境部门移送涉罪案件,"终于"刑事司法机关接收案件后启动立案侦查程序;在"行刑反向衔接"情形下,生态环境"行刑衔接"应当"始于"刑事司法机关向生态环境部门移送,"终于"生态环境部门接收案件后启动立案调查程序。

此在"正向衔接"和"反向衔接"情况下,其衔接的起点和终点存在差异。在"正向衔接"情况下,生态环境"行刑衔接"的起点应当以生态环境部门移送案件或线索为标志,其终点应是刑事司法机关(包含公安机关与检察机关)接收案件并立案侦查。因此,生态环境"行刑衔接"中的环境刑事司法是指刑事司法机关启动追责程序,而不至于延伸至人民法院的审判环节。公安机关或检察机关接收移送案件并作出处理决定,就标志着生态环境"行刑衔接"的顺利完成。在"反向衔接"情形下,生态环境"行刑衔接"的起点是刑事司法机关向生态环境部门移送案件,终点是生态环境部门接收移送案件后开展立案调查。基于以上分析和判断,本书所称的"环境刑事司法"是指公安机关或检察机关依法受理移送涉罪案件或线索并启动刑事追究程序的行为,以及将不需要追究刑事责任但需要予以行政处罚的案件移送生态环境部门的行为。

三 "行刑衔接"机制

要准确界定"行刑衔接"机制,首先应当明确何谓"机制",其内涵及外延究竟是什么,毕竟"机制"是本书的核心研究对象,且该词组贯彻生态环境"行刑衔接"机制研究的始终。从应然层面看,生态环境"行刑衔接"机制是由一系列小型机制如案件移送机制、证据转化机制、检察监督机制、联席会议机制、信息共享机制、线索通报机制、案件咨询机制等组合而成。形象地说,若将生态环境"行刑衔接"机制视为一个机器,那么案件移送机制、证据转化机制等机制就是该机器的组成部件,机器与组成部件密不可分,前者往往要借助于后者的有序运转。有鉴于此,本书在研究生态环境"行刑衔接"机制时有必要明确"机制"的内涵与外延,以及"机制"一词在本书中的基本意涵。

关于"机制"的内涵,现有词义解释大同小异。《现代汉语词典》将"机制"界定为:"①机器的构造和工作原理;②有机体的构造、功能和相互关系;③指某些自然现象的物理、化学规律,也叫机理;④泛指一个工作系统的组织或部分之间相互作用的过程和方式"[①]。在《辞海》中,

---

[①] 中国社会科学院语言研究所词典编辑室编:《现代汉语词典》(第6版),商务印书馆2012年版,第597页。

"机制"是指"①用机器制造的;②有机体的构造、功能和相互关系;③一个工作系统的组成或部分之间相互作用的过程和方式"①。据此而言,"机制"在内涵上是指有机体的构造、功能、相互关系以及工作原理。从词源上看,"机制"属于工科领域的常用词汇,也最早运用于工科研究,用以解释机器的构造、组成与运作机理。由于"机制"一词较为形象地描述机器或某一事物的构造、功能和工作原理,因此该词逐渐被运用到社会科学研究领域,用以描述某一事物或某项制度的构成与工作原理。但实际运用中,"机制"一词难免会被滥用以及与"制度"混同。

准确理解"机制",还需明确其与"制度"的异同之处。"制度"的基本内涵有:"第一,要求大家共同遵守的办事规程或行动准则,如工作制度;第二,在一定历史条件下形成的政治、经济、文化等方面的系统,如社会主义制度;第三,规格或格局。"② 基于以上理解,"制度"更多强调的是行为人必须遵循的规则、规范或者长期形成的体系。在其发挥作用的情况下,"制度"作为规训人类行为的工具;在其不发挥作用的情况下,"制度"大多数处于"静态"状态,但同样具有引导和规范作用。对比而言,"机制"更多强调的是有机体的构造、组成部分、功能作用与运作原理,其大多数情况下处于"动态"或运转状态,这也是"机制"区别于"制度"的最明显特征。需要说明的是,"机制"与"制度"也存在紧密关联,"机制"的运转需要依据一定的规则、准则与流程,从这一点上看,"机制"运转以"制度"为载体,即"机制"的运作往往依赖于一定的"制度"规范体系,按照既定的"制度"规范进行运作。

关于"行刑衔接"机制的概念,③ 学界莫衷一是,主要观点有以下四种:第一,办案协作机制(制度)说。此说认为,"行刑衔接"机制是指"以刑事执法机关为中心,将行政执法机关进行行政处罚过程中的

---

① 夏征农、陈至立主编:《辞海》(第六版),上海辞书出版社2009年版,第1000页。
② 参见夏征农、陈至立主编《辞海》(第六版),上海辞书出版社2009年版,第2949页;中国社会科学院语言研究所词典编辑室:《现代汉语词典》(第6版),商务印书馆2012年版,第1678页。
③ 生态环境"行刑衔接"本质上属于某一具体领域的"行刑衔接",在界定生态环境"行刑衔接"机制概念时,本书将学界对"行刑衔接"机制概念的探讨引入本书分析之中,有助于理解生态环境"行刑衔接"机制的内涵。

涉罪行为依法吸纳到刑事司法程序中来的办案协作机制"①。第二，涉罪案件或线索移送的工作机制说。此说认为，"行刑衔接"机制是指"行政机关在依法查处违法行为的过程中，发现涉嫌犯罪的案件或案件线索，如何及时移送公安机关、检察机关进行刑事查处和公安司法部门在办理刑事案件过程中，对不构成犯罪或不需要处以刑罚，但应当给予行政处罚的案件，如何依法移送有关行政执法部门进行处理的一种工作机制"②。第三，涉罪案件移送的程序机制说。此说认为，"行刑衔接"机制是指"具有法定行政管理权限的机关或组织在行政执法过程中，将涉嫌构成犯罪的行为从行政执法过程中分离出来，自然过渡和转移到刑事执法程序之中，进而进行侦查、追诉并最终汇入刑事审判的机制"。第四，涉罪案件移送的实体衔接与程序衔接制度说。此说认为，"行刑衔接"机制"既包含行政执法机关将涉罪案件移送至刑事司法机关立案侦查，又包含刑事司法机关在认为不构成犯罪但需要给以行政处罚，依法移送行政执法机关处理的实体衔接制度规范③和程序衔接制度规范的总称"④。

比较而言，学者们对"行刑衔接"机制的定义大同小异，相同之处在于均认为是针对案件移送而形成的办案协作（工作）机制，相异之处在于有学者认为衔接机制应是针对涉罪案件的"双向移送"（包含行政执法机关向刑事司法机关"正向移送"+刑事司法机关向行政执法机关"反向移送"），而有学者认为是"单项移送"（即行政执法机关向刑事司法机关"正向移送"）。另外的相异之处在于，有学者认为衔接机制仅包含

---

① 参见刘远、汪雷、赵玮《行政执法与刑事执法衔接机制立法完善研究》，《政法论丛》2006年第5期；刘远《行政执法与刑事司法衔接机制研究》，《法学论坛》2009年第1期；廖剑聪、邬炼《检察监督视野下行政执法与刑事司法衔接中的问题及其完善》，《湖南警察学院学报》2011年第5期。

② 甄贞、申飞飞：《行政执法与刑事司法衔接机制刍议》，《人民检察》2011年第15期。

③ 所谓"行刑衔接"机制中的实体衔接，主要涉及行政执法机关如何判断违法行为是否已经构成犯罪，以及对违法犯罪行为在追究刑事责任时已经实施的行政处罚应如何折抵。参见练育强《证券行政处罚与刑事制裁衔接问题研究》，北京大学出版社2017年版，第245页。本书认为，此观点有待商榷，实体衔接不仅包含是否涉嫌犯罪的判断和行政责任与刑事责任的折抵，还包含移送标准与立案标准的对接、行政执法证据与刑事证据的衔接与转化等非程序性内容。

④ 闻志强：《"两法衔接"之功能与价值分析——基于法治中国建设全局视野下的考察》，《西南交通大学学报》（社会科学版）2016年第1期。

程序衔接，有学者认为衔接机制同时包含实体衔接与程序衔接。本书认为，将"行刑衔接"机制定位为"双向移送"机制较为妥当与合理，既符合违法犯罪案件办理的客观规律，也符合行政权与司法权相互制衡的客观需要，更是贯彻落实2021年《行政处罚法》第27条的应有之义。至于"行刑衔接"机制是否同时包含实体衔接与程序衔接，应当立足于衔接机制构建之需要分析。就生态环境"行刑衔接"机制而言，随着2016年"两高"《关于办理环境污染刑事案件适用法律若干问题的解释》（以下简称《解释》）①的出台，环境犯罪的判定标准已经得到较为明确的界定，但是有关案件移送的主体、标准、期限、救济以及证据收集与转换等程序方面却存在模糊甚至抵牾之处，故生态环境"行刑衔接"机制应当侧重于程序建设，②但同时也不能忽视实体衔接上的制度安排。换句话说，生态环境"行刑衔接"机制的内容应同时包含实体衔接与程序衔接，二者虽有所侧重，但缺一不可。

基于以上分析，在界定生态环境"行刑衔接"机制时应借鉴"办案协作机制说"与"实体衔接与程序衔接制度说"的合理成分，进而科学合理地定义衔接机制。具体而言，生态环境"行刑衔接"机制应是一种双向办案协作机制，既包含"行刑正向衔接"，也涵括"行刑反向衔接"，当前尤其要重视"行刑反向衔接"机制建设；在具体内容上，生态环境"行刑衔接"机制既包含实体方面的衔接，也应包含程序方面的衔接。有鉴于此，本书将"生态环境'行刑衔接'机制"界定为：生态环境部门将执法过程中发现的涉嫌环境犯罪的案件或线索依法移送至刑事司法机关立案侦查，以及刑事司法机关在审查后发现不构成犯罪或不需要追究刑事责任，但应当给予行政处罚的案件，依法移送给生态环境部门处理的双向办案协作机制。③

---

① 这个司法解释有2013年、2016年、2023年3个版本，本书结合具体文析的需要选择版本，一般情况下选择最新版本。

② 有学者指出："行刑衔接"问题很大程度上就是程序问题，缺乏一套细致与完善的程序规则，一切都是空谈，要想衔接工作顺利展开，首先就应当建立一套完备的程序规则。参见印仕柏主编《行政执法与刑事司法衔接实务大全》，湘潭大学出版社2013年版，第823页。

③ 需要说明的是，生态环境"行刑衔接"机制建立在一系列制度规范体系基础之上，因此从某种意义上看，生态环境"行刑衔接"机制亦可称为生态环境"行刑衔接"制度，本书之所以采用衔接"机制"的表述而非衔接"制度"，一来是为顺应党的十八届三中、四中全会文件所提出的"加强行政执法与刑事司法衔接机制"这一提法；二来"机制"一词更为形象地说明生态环境、公安、检察、法院等部门在涉罪案件移送及处理中的动态过程以及各部门的功能、相互关系等。

第二节　生态环境"行刑衔接"
机制的构建动因

一　生态环境"行刑衔接"难题

为何要构建生态环境"行刑衔接"机制？这是研究生态环境"行刑衔接"机制必须首先回答的问题。梳理既有研究发现，学者们普遍将"有案不移、有案难移、以罚代刑"① 等衔接难题作为生态环境"行刑衔接"机制的构建动因。不可否认，"有案不移""有案难移""以罚代刑"等问题曾频繁出现于前些年的官方文件或官媒报道之中，② 但这些问题是否真正存在于生态环境领域的行政执法之中？随着"两高"《解释》以及2014年修订的《环境保护法》及配套办法的出台，③ 生态环境"行刑衔接"已日趋严密，此时是否还存在以上学者们所说的问题？又出现什么新问题？具体表现为什么？换言之，生态环境"行刑衔接"究竟难在何

---

① 对生态环境"行刑衔接"问题的详细分析，具体参见董邦俊《论我国环境行政执法与刑事司法之衔接》，《中国地质大学学报》（社会科学版）2013年第6期；吴家明、朱远军《环境刑事司法之现状分析与对策》，《人民司法》2014年第21期；赵旭光《"两法衔接"中的有效监督机制——从环境犯罪行政执法与刑事司法切入》，《政法论坛》2015年第6期。

② 就官方文件或官方表态看，2007年《若干规定》开宗明义地指出，"为规范环境保护行政主管部门及时向公安机关和人民检察院移送涉嫌环境犯罪案件，依法惩罚污染环境的犯罪行为，防止以罚代刑"，明确将"防止以罚代刑"作为出台该项文件的直接目的；2013年《工作意见》在"二、加强组织领导，建立完善衔接配合工作机制"提出要"防止以罚代刑"；环境保护部监察局局长就"2017年《工作办法》答记者问"指出"要解决环保部门存在有案不移问题"。就媒体报道而言，《人民日报》2014年8月6日第18版刊登《"以罚代刑"不行了》一文，指出了生态环境"行刑衔接"存在"有案不立、有案不移与罚款了事"现象。

③ 为贯彻执行2014年《环境保护法》，环境保护部于2014年12月19日发布了四个配套办法，分别为《环境保护主管部门实施按日连续处罚办法》《环境保护主管部门实施查封、扣押办法》《环境保护主管部门实施限制生产、停产整治办法》与《企业事业单位环境信息公开办法》。

处？带着这个疑问，本书立足于现有相关实证资料的分析①，将生态环境"行刑衔接"难题归结为以下四个方面。

（一）案件移送难

所谓案件移送难，即涉嫌环境犯罪移送往往止步于环境行政执法环节，难以被有序移送至公安机关。立足于相关实证资料，本书所称的案件移送难主要表现在生态环境部门有案不移、生态环境部门以罚代刑、公安机关对移送案件该接不接三个方面。

第一，生态环境部门有案不移。顾名思义，有案不移是指生态环境部门在行政执法或查办案件中发现的涉嫌环境犯罪的案件或线索，未依法移送至刑事司法机关追究刑事责任的情形。从近些年《全国环境统计公报》（2006—2021年）公布的相关数据，以及结合生态环境部门公开的其他数据大体可以看出，我国环境行政执法中普遍存在有案不移问题。

表1-1 我国环境行政处罚与环境犯罪案件数据统计（2006—2021年）②

时间（年）	环境行政处罚案件数量（件）	既判刑事案件或移送公安机关案件数量（件）
2006	92404	4
2007	101325	3
2008	89820	4
2009	78788	5
2010	116820	11

---

① 这些实证资料主要来源于：第一，《全国环境统计公报》（2006—2021年）中有关环境行政处罚、环境犯罪案件的数据；第二，环境保护部自2015年起在其官网通报的"《环境保护法》配套办法执行情况"，其中涉及的涉嫌环境犯罪案件移送数据；第三，中国裁判文书网公布的环境污染犯罪及相关职务犯罪的判决书、裁定书，本书主要关注2012—2021年公布的裁判文书数据以及涉及案件移送、证据转化、检察监督等内容的裁判文书；第四，生态环境部、最高检等网站公布的官方数据。

② 表1-1中的数据主要来源于《全国环境统计公报》（2006—2014年）与中国裁判文书网，需要注意的是：第一，自2011年以后，《全国环境统计公报》就不再公布既判刑案的数量，其中的"既判刑案"指的是当年作出判决的污染环境罪案件，不包含涉环境保护的职务犯罪以及资源犯罪案件；第二，2013—2014年的既判刑案数据来源于中国裁判文书网，主要统计污染环境罪的一审裁判文书，尽管数据统计上并不十分精准，但大体反映了近些年的环境犯罪案件数量；第三，生态环境部自2015年起开始公布生态环境部门向公安机关移送涉嫌污染环境罪案件数量，2015—2021年的数据具体参见生态环境部信息公开告知书（环告知【2023】41号）。

续表

时间（年）	环境行政处罚案件数量（件）	既判刑事案件或移送公安机关案件数量（件）
2011	119333	不详
2012	117308	不详
2013	139059	38
2014	97084	855
2015	97461	1685
2016	124706	2023
2017	233167	2736
2018	186308	2580
2019	162818	1588
2020	126135	1223
2021	132818	1868

2006—2013年，我国环境行政处罚案件数年均高达106847件，但年均既判刑案数量仅有8.1件，[①] 既判刑案的数量仅占行政处罚案件数量的0.0075%，意味着仅有极少数涉罪案件被移送至刑事司法机关追究刑事责任，生态环境"行刑"之间明显存在脱节现象，大量涉嫌环境犯罪的案件没有进入刑事司法领域。诚如学者所言："行政处罚的案件与移交刑事处罚的案件相差如此之悬殊，固然有环境违法与环境犯罪构成要件客观上的差异性，但依然无法排除大量环境犯罪案件被行政化处理的可能性。"[②] 此外，另一组数据亦佐证了有案不移问题的普遍存在。根据环境保护部公布的"2014年第三季度环境行政处罚及移送涉嫌环境污染犯罪案件的情况"看，2014年前三季度，我国环境行政处罚案件数量有11114件，移送涉罪案件数量有371件，移送比例只有3.33%，[③] 从地区分布

---

① 由于2011年、2012年缺乏具体的既判刑事案件数据，因此在统计时并未将这两年的数据计算在内。
② 董邦俊：《环境法与环境刑法衔接问题思考》，《法学论坛》2014年第2期。
③ 参见环境保护部《环境保护部公布2014年第三季度环境行政处罚及移送涉嫌环境污染犯罪案件的情况》，http：www.mee.gov.cn/gkml/sthjbgw/qt/201412/t20141208_292592.htm，2023年12月30日。

看，竟有13个省市（如北京、天津、河北、广西等）移送涉嫌环境犯罪案件数量为0件。尤其在环境污染较为严峻的京津冀地区，环境犯罪案件"零移送率"与实际上可能存在的涉罪案件数量明显不成比例，这足以说明大量涉罪案件未被生态环境部门移送或者是被罚款了事，以至于刑罚在打击环境犯罪方面未发挥应有功能。

需要注意的是，环境保护部自2015年1月1日伊始就不定期通报"环境行政处罚案件与《环境保护法》配套办法执行情况"，里面有大量环境行政处罚、移送涉嫌污染环境罪案件数量的信息（见表1-1）。梳理2015—2021年环境行政处罚与涉罪案件移送数据发现，2014年之后，全国生态环境部门向公安机关移送涉嫌污染环境罪的案件数量上千件，相较于2014年之前的数据无疑有大幅提升。详言之，2015—2021年，我国环境行政处罚案件数年均多达151916件，相较于2006—2013年有大幅度提升，但需要注意的是，全国范围内生态环境部门每年向公安机关移送涉嫌污染环境犯罪案件数量为1957件，相较于2015—2021年已有"倍数级"增长。移送涉嫌环境犯罪数量之所以出现大幅度增长，关键原因是2013年"两高"出台的《解释》将污染环境罪的实体要件进行了细化，使得生态环境部门可以根据所掌握的证据判断环境污染行为是否涉嫌犯罪，以及是否移送公安机关追究刑事责任。在此情形下，生态环境部门向公安机关移送涉嫌环境犯罪案件时具有了相对明确的参考标准，移送涉嫌犯罪案件数量明显增加也就在情理之中了。

从表1-1中的数据看，2014年后生态环境部门移送涉嫌环境犯罪案件数量明显增加，表明生态环境部门"有案不移""有案难移""以罚代刑"问题已然得到初步化解，但这并不意味着"行刑衔接"问题得到根本解决。事实上，生态环境"行刑衔接"问题在全国范围内仍旧一定程度存在，并出现一些新变化、新问题和新趋势，如案件移送问题呈现明显的地区差异。具体而言，我国环境犯罪案件移送大体上呈现"东部地区案件移送数量多、比例高，中西部地区案件移送数量少、比例低"的分布规律。环境保护部公布的数据显示，2017年1月至2017年10月，江苏、浙江、山东、广东等地环保部门移送的涉嫌环境犯罪案件数分别为297件、440件、265件、347件，该数量分别占各省环境行政处罚案件总数的11%、14.1%、11.1%、14.9%，该比例大大高于中西部地区如山西的 2.5%、陕西的 1.3%、云南的 3.7%、青海的 2.6%，①足见有案不移现象呈现明显的地区差异性和不平衡性。另外一组数据也佐证了上述观点。2021 年 1 月至 2021 年 12 月，江苏、广东、山东、浙江、辽宁等地生态环境部门移送涉嫌环境犯罪案件数量分别为 366 件、341 件、160 件、195 件、142 件，该数量分别占各省环境行政处罚总数的 12.6%、16.8%、19.1%、16.6%、39.5%，该比例也远远高于中西部地区如云南的 3.5%、西藏的 0%、陕西的 1.1%、青海的 5%。②显而易见，全国生态环境部门在移送涉嫌环境犯罪案件方面呈现明显的地区差异性和不平衡性，江苏、浙江、广东、山东等东部地区开展打击环境犯罪工作成效明显，其案件数量和质量均高于全国平均水平，而中西部地区普遍存在案件数量偏少、办案质量偏低等问题，亟须统一全国生态环境部门和司法机关在涉嫌环境犯罪案件移送上的办案尺度。

第二，生态环境部门以罚代刑。以罚代刑是指生态环境部门在行政执法过程中发现涉嫌环境犯罪的案件，选择以行政处罚代替案件移送（即刑事处罚）的情形。准确理解以罚代刑，应注意以下两点：其一，以罚代刑中的"罚"是指罚款、按日计罚、查封扣押、限产停产、吊销营业执照等行政处罚措施，"刑"是指自由刑、财产刑等刑事处罚措施；其二，以罚代刑的本质是以行政处罚替代刑事处罚，违背了责罚相当原则，因而亟须在法律上予以规制。从近些年国家公布的相关数据看，以罚代刑现象虽有所缓解，但仍是阻碍生态环境"行刑衔接"的一大障碍。《全国环境统计公报》公布的数据显示，2001—2009 年这 9 年间，我国平均每年作出的环境行政处罚案件数为 88854 件，但法院结案或作出判决的环

---

① 环境保护部：《环境保护部通报 2017 年 1—10 月环保法配套办法执行情况区域分布表》，https://www.gov.cn/xinwen/2017-12/06/content_5244729.htm，2024 年 1 月 20 日。需要说明的是，第一，由于环境保护部公布的移送数据较为零散，本书难以精确统计近三年来各省市的案件移送情况，故只能选择某一期间且具有代表性的数据作为分析样本；第二，环境保护部统计的行政处罚类型仅包含按日连续处罚、查封与扣押、限产与停产、移送拘留四类，因此移送比例=移送数量÷（按日连续处罚+查封与扣押+限产与停产+移送拘留的数量）。

② 生态环境部：《生态环境部通报 2021 年 1—12 月环境行政处罚案件与〈环境保护法〉配套办法执行情况》，http：//www.gov.cn/xinwen/2022-01/24/content_5670106.htm，2024 年 1 月 25 日。

犯罪案件数不到 3 件，① 行政处罚与刑事处罚在数量上如此悬殊，我们完全有理由相信，大量涉嫌环境犯罪的案件可能被生态环境部门"一罚了事"，从而导致"行政处罚高发频发而刑事处罚阙如"这一不正常现象。以罚代刑违背了案件移送与责任追究的基本规律，亟须予以规制，确保环境违法犯罪的法律责任得到及时有效追究。

第三，公安机关对移送案件该接不接。这主要体现为，公安机关对生态环境部门移送而来的案件不依法受理或将案件频繁退回补充调查。梳理近些年环境案件移送数据与相关资料后发现，尽管有案不移与以罚代刑现象得到一定缓解，但部分案件移送后得不到公安机关的有效处理，即公安机关对移送案件该接不接。实践中经常出现的情况是，公安机关对部分移送案件不予受理或频繁退回生态环境部门补充调查。根据环境保护部通报的"行政处罚和环境犯罪案件移送情况"显示，2013—2014 年，全国环保部门移送案件数分别为 726 件、2180 件，公安机关受理案件数为 637 件、2080 件，受理率为 87.7%、95%，② 单纯从以上数据看，仍有 12.3% 与 5% 的案件未被公安机关受理。除了不受理部分案件外，环保部门移送案件后还可能被公安机关频繁退回补充调查。《中国环境报》曾撰文指出，"2014 年，晋江市环保部门共移送涉嫌环境犯罪案件 39 起，其中不少案件被公安机关退回要求补充调查取证，有些案件甚至被频繁退回"③。事实上，《中国环境报》指出的现象并非个例，根据已有的新闻报道，因证据问题而被公安机关退回补充调查的环境污染案例并不鲜见甚至普遍存在。④ 正因如此，2017 年《工作办法》第 7 条、第 8 条明确规定"对于环保部门移送的涉嫌环境犯罪的案件，公安机关应当依法接受，不得以材料不全为由不接受移送案件"，以强化公安机关的受案义务。这也从侧

---

① 《全国环境统计公报》中数据显示，2001—2009 年全国环保部门作出的环境行政处罚案件数分别为 71089 件、100103 件、92818 件、80079 件、93265 件、92404 件、101325 件、89820 件、78788 件，法院结案或作出判决的环境犯罪案件数为 5 件、4 件、1 件、2 件、2 件、4 件、3 件、2 件、3 件。

② 童克难：《通报去年行政处罚和环境犯罪案件移送情况》，《中国环境报》2015 年 4 月 15 日第 1 版。

③ 叶兴灿、李良：《晋江探索打击环境犯罪新举措》，《中国环境报》2015 年 5 月 6 日第 8 版。

④ 张昊：《"有案不移　有案难移　以罚代刑"现象如何破解》，《法制日报》2014 年 12 月 24 日第 4 版。

面反映出，当前生态环境"行刑衔接"中确实存在公安机关该接不接或者频繁退回现象，亟须引起学界与实务界的关注。

（二）证据转化难

所谓证据转化难，是指生态环境部门在行政执法与案件查办中收集的各类证据难以转化为刑事证据，从而导致生态环境"行刑"之间难以顺利对接。生态环境"行刑衔接"中的证据转化之所以如此重要，主要原因在于"行政执法证据是司法机关确定是否立案审查的重点，是追究行为人刑事责任的基础"[①]。可以说，环境行政执法证据能否与刑事证据相衔接与转化，直接决定着生态环境"行刑"之间能否顺利衔接，也决定着环境违法犯罪者能否被最终追究法律责任。正因证据转化如此重要，2018年《刑事诉讼法》、2016年"两高"《解释》与2017年《工作办法》均对行政执法证据的转化问题作了相应规定。2018年《刑事诉讼法》第54条第2款明确规定："行政机关在行政执法和查办案件过程中收集的物证、书证、视听资料、电子数据等证据材料，在刑事诉讼中可以作为证据使用"，由于该条款的立法位阶较高，故成为规范生态环境"行刑衔接"中证据转化的主要依据。

尽管《刑事诉讼法》对证据转化问题作了相应规定，但由于该项规定较为粗疏，且缺乏配套实施规则，使得该条款的适用存在巨大争议。这些争议在生态环境"行刑衔接"领域亦普遍存在，主要体现在如下三个方面：首先，《刑事诉讼法》规定"行政机关"收集的证据可以转化，但环境行政执法机关之外的主体如环境监察部门收集证据能否转化？其次，《刑事诉讼法》规定"等证据材料"可以转化，那么"等证据材料"的内涵与外延是什么？言词证据是否属于"等证据材料"？生态环境部门与公安机关联合执法中收集的证据的性质是什么，如何转化使用？最后，《刑事诉讼法》规定行政执法证据"可以"转化，但究竟哪些行政证据"可以"转化？哪些证据"不可以"转化？由谁判断"可以"？"可以"的标准是什么？这些问题放到具体的环境行政执法实践中将变得异常复杂，以至于阻碍生态环境"行刑衔接"。以环境监测报告的转化为例，环境监测报告转化为刑事证据往往受如下因素的影响：实施检查和采样的主

---

① 万尚庆：《论行政执法证据在刑事诉讼中的使用——以道路交通违法行为为视角》，《法学杂志》2015年第5期。

体是否合法、采样点位能否客观反映排污事实、采样器是否符合要求或受到污染、采样频率是否符合要求、样品数量是否符合要求、是否及时添加保存剂、样品是否封存并由当事人签字、监测方法是否符合规范、能否形成完整证据链,[①] 若其中一个环节出现问题,那么环境监测报告就难以顺利转化。

在实践层面,由于生态环境部门的取证意识、取证方式、取证标准与刑事司法的要求存在较大差异,不可避免出现对物证、书证等关键证据的提取固定不规范,对涉及罪与非罪等关键的鉴定意见没有聘请专门技术人员作出等问题,这些问题都会影响公安机关及时、准确打击环境犯罪。以重庆市为例,2015年1月至2020年6月,重庆市主城某区生态环境主管部门向区公安分局移送涉嫌环境污染犯罪的案件共22件(其中2015年2件,2016年3件,2017年2件,2018年9件,2019年4件,2020年2件),被退回的案件有3件,占13.6%。退回的主要原因是:环境行政取证不规范、证据证明力弱,无法作为认定环境犯罪的证明材料。除此之外,生态环境部门取证不及时,常常因时过境迁而导致证据证明力下降,甚至导致证据灭失。譬如,环境污染的种类和浓度可能因下一场大雨而发生重大变化。当发现涉嫌犯罪的案件移送公安司法机关时,公安司法机关再开始收集证据因时过境迁而失去最佳时机。[②] 由此可见,如何将生态环境部门收集认定的各类证据有效转化为刑事证据使用,是生态环境"行刑衔接"机制建设亟待解决的问题之一。

(三) 检察监督难

所谓检察监督难,是指检察机关难以对生态环境部门移送案件以及公安机关立案展开强有力的检察监督。生态环境"行刑衔接"不仅包含生态环境部门与公安机关在案件移送的衔接配合,也包含上述部门与检察机关的衔接配合,若检察机关无法将监督触角延伸至案件移送之中,那么生态环境"行刑"之间将无法实现顺利衔接。从这种意义上看,检察监督难也是生态环境"行刑衔接"难题的主要体现。概括而言,检察监督难主要体现在如下两个方面:

---

① 参见李加祥《如何提高监测报告的刑事证据能力——基于数据、判例和规范的实证分析》,http://ww-w.zhb.gov.cn/gzfw_13107/-hjtj/qghjtjgb/,2023年12月5日。

② 仝其宪:《环境安全"两法"有效衔接之构建》,《中南林业科技大学学报》(社会科学版)2018年第4期。

第一,检察机关对生态环境部门移送监督难。从宪法和法律规定看,检察机关实施移送监督并无明确的法律依据。2018年《宪法》第 134 条规定"人民检察院是国家的法律监督机关"。尽管国家的法律监督机关是检察机关的宪法定位,但 2018 年《人民检察院组织法》第 12 条并未规定检察机关的移送监督权。目前,规定检察机关移送监督的法律依据是《行政执法机关移送涉嫌犯罪案件的规定》,该规定第 14 条规定检察机关有权监督行政执法机关的移送行为。需要说明的是,该条规定与 2023 年《立法法》第 11 条的规定相冲突。① 申言之,检察机关的职能只能由法律进行规定,而《行政执法机关移送涉嫌犯罪案件的规定》属于行政法规,在未经法律明确授权的情况下,行政法规无权规定检察机关的移案监督职能,这也是法律保留的应有之义。由于移送监督无法律依据,检察机关将难以对生态环境部门的移送行为展开监督。

第二,检察机关难以对公安机关立案展开强有力监督。目前,检察意见与说明不立案的理由是检察机关实施监督的主要方式,但这两项监督方式对公安机关的拘束力较弱。就检察意见而言,检察意见的法律性质是什么?检察意见是否具有强制性?如何保障检察意见的实施?对于这些问题,现有规范依据并未明确回应,导致该检察监督方式难以发挥其应有监督功能。从现实绩效来看,检察意见的实施效果堪忧。中国裁判文书网公布了多份由检察机关提起的环境行政诉讼的判决书,② 分析这些判决书后发现,生态环境部门对检察机关提出的检察意见常常拖延执行、变相执行甚至不予理睬,对此检察机关也常常无可奈何。就说明不立案的理由而言,其同样存在着监督刚性不足的问题,主要表现在:检察机关要求公安机关说明不立案理由后,若公安机关拒不说明理由或延迟说明理由,检察机关对公安机关也无计可施,究其根源在于,说明不立案理由方式缺乏强有力的责任保障机制。

---

① 2023 年《立法法》第 11 条第 2 项规定:"下列事项只能制定法律:(二)各级人民代表大会、人民政府、人民法院和人民检察院的产生、组织和职权。"

② 参见清流县环境保护局环境保护行政管理(环保)一审行政判决书〔2015〕明行初字第 22 号、广州市从化区环境保护局环境保护行政管理(环保)一审行政判决书〔2017〕粤 7101 行初 250 号、广州市番禺区环境就保护局环境保护行政管理(环保)一审行政判决书〔2017〕粤 7101 行初 242 号、怀远县环境保护局环境保护行政管理(环保)一审行政判决书〔2017〕皖 0321 行初 1 号、日照市环境保护局岚山分局一审行政判决书〔2017〕鲁 1103 行初 14 号。

作为国家的法律监督机关，检察机关对生态环境部门移送案件和公安机关接收情况具有监督权。检察机关要想发挥其监督功效，关键在于精准掌握涉罪案件的移送、接收和处理情况。在生态环境保护"行刑衔接"实践中，由于生态环境部门和公安机关在案件移送时往往不主动通报检察机关（即未将案件移送和立案的决定书抄送检察机关），同时也不在"行刑衔接"信息共享平台上及时录入环境违法犯罪案件信息，导致生态环境部门、公安机关与检察机关之间形成一个巨大的"信息壁垒"，以至于检察机关无法有效获取有关涉罪案件移送的关键信息。以重庆市为例，主城某区人民检察院在过去三年中对全区生态环境保护"行刑衔接"实施法律监督的案件共有 6 件，其中 2018 年 2 件、2019 年 3 件、2020 年 1 件。相较于年均数百件的涉罪案件移送数量，检察机关实施法律监督的案件数量明显偏少，而信息获取困难是检察机关开展生态环境保护"行刑衔接"法律监督的最大障碍。由于检察机关在生态环境保护"行刑衔接"中容易形成"信息孤岛"效应，使其无法对生态环境部门移送和公安机关接收及处理形成强大的监督压力，从而影响生态环境保护"行刑衔接"工作的有序开展。另外，检察机关提前介入"行刑衔接"监督的界限不清，导致检察机关难以对生态环境部门和公安机关实施强有力监督。检察机关提前介入的实质是法律监督权在行政执法领域的适当延伸，有助于引导调查取证、督促案件移送与发现涉嫌职务犯罪线索。但目前来看，检察机关提前介入环境行政执法的范围、方式和时间节点均存在模糊之处，阻碍了检察监督职能的充分发挥。

二　对生态环境"行刑衔接"难题的回应

针对生态环境"行刑衔接"中的案件移送难、证据转化难、检察监督难等问题，现行立法不乏应对方案。法律方面，涉及"行刑衔接"的法律主要有《行政处罚法》《行政强制法》《刑法》《刑事诉讼法》等。1996 年第八届全国人民代表大会第四次会议通过了《行政处罚法》，该法第 7 条、第 22 条、第 38 条、第 61 条对行政机关移送案件及不移送案件的法律责任作了原则性规定。2015 年第十二届全国人民代表大会常务委员会第十六次会议修订了《刑法》，该法分则第 402 条规定"徇私舞弊不移交刑事案件罪"，该罪名针对的是不移交刑事案件的严重违法行为。2012 年修正的《刑事诉讼法》第 52 条第 2 款首次规定行政证据可以作为刑事证据使用,该规定对"行刑衔接"机制建设的意义重大。换言之,允许行政证据转化为刑事证据,无疑肯定了行政证据的刑事证据资格,一定程度上解决了长期制约"行刑"之间无缝衔接的证据衔接转化难题,为行政犯罪的刑事追诉提供了证据材料保障。2018年《刑事诉讼法》再次进行修正,该法第54条第2款保留了"行政证据可以作为刑事证据使用"之规定,足见立法者对证据衔接转化的重视以及强化"行刑衔接"的决心。在生态环境保护领域,2013年"两高"出台的《解释》第11条规定"县级以上环境保护部门及其所属监测机构出具的监测数据,经省级以上环境保护部门认可的,可以作为证据使用",明确环境监测数据的刑事证据资格。2016年,"两高"再次出台《解释》,该解释第12条①不仅降低了环境监测数据的转化使用标准,还明确了生态环境部门与公安机关联合执法收集的环境监测数据在刑事诉讼中的可转化使用资格。

在行政法规层面,国务院于2001年出台了《行政执法机关移送涉嫌犯罪案件的规定》,该行政法规明确了行政执法机关移送案件的具体标准、程序与法律责任,这对推进"行刑衔接"意义重大,以至于有学者认为"《移送规定》的制定在'两法'衔接制度发展的历程中具有里程碑意义"②。值得一提的是,为增强《行政执法机关移送涉嫌犯罪案件的规定》的适用性,国务院于2020年对其进行修订,在案件移送标准、监察机关参与等方面作了修改。然而,修订后的《行政执法机关移送涉嫌犯罪案件的规定》对案件移送标准的规定仅适用于知识产权领域的"行刑衔接",③缺乏对其他执法领域的适用,无疑大大限缩了"行刑衔接"的适用范围。

在规范性文件方面,国家层面先后出台了多部旨在规范"行刑衔接"的规范性文件。主要包括但不限于《关于在查办渎职案件中加强协调配合

---

① 2016年"两高"《解释》第12条规定:"环境保护主管部门及其所属监测机构在行政执法过程中收集的监测数据,在刑事诉讼中可以作为证据使用公安机关单独或者会同环境保护主管部门,提取污染物样品进行检测获取的数据,在刑事诉讼中可以作为证据使用。"

② 参见练育强《完善行政执法与刑事司法衔接机制之反思》,法律出版社2017年版,第7页。

③ 2020年《行政执法机关移送涉嫌犯罪案件的规定》第3条第2款规定:"知识产权领域的违法案件,行政执法机关根据调查收集的证据和查明的案件事实,认为存在犯罪的合理嫌疑,需要公安机关采取措施进一步获取证据以判断是否达到刑事案件立案追诉标准的,应当向公安机关移送。"

建立案件移送制度的意见》(1999)、《人民检察院办理行政执法机关移送涉嫌犯罪案件的规定》(2001)、《关于加强行政执法机关与公安机关、人民检察院工作联系的意见》(2004)、《关于在行政执法中及时移送涉嫌犯罪案件的意见》(2006)、《关于在农资打假中做好涉嫌犯罪案件移送工作的意见》(2007)、2007年《若干规定》、《关于加强行政执法与刑事司法衔接工作的意见》(2011)、2013年《工作意见》、《最高人民检察院关于推进行政执法与刑事司法衔接工作的规定》(2021)。以上规范性文件均是对法律法规中的"行刑衔接"程序条款进行细化和具体化，客观上有助于提升"行刑衔接"机制的可操作性和适用性。

梳理以上法律规范不难发现，有关"行刑衔接"的规范依据在数量上不可谓不多，在内容上不可谓不丰富，但在实际工作中，能发挥作用的规范依据并不多见，对解决生态环境"行刑衔接"问题的作用着实有限，究其原因还在于：既有规范依据的内容粗糙、零散且缺乏强有力的追责机制，使得生态环境部门、公安机关与检察机关在案件移送上难以衔接配合。正如学者评价的那样，"原则规定多，实务规定少"①。以涉嫌犯罪案件移送为例，首先，《行政处罚法》与《刑法》仅原则性地规定行政机关有移送义务，但案件移送的基本前提与具体程序是什么？如何追究不依法移送的法律责任？《行政处罚法》并未明确，《刑法》第402条虽然规定了"徇私舞弊不移交刑事案件罪"，但该罪的入罪标准较为模糊，实践中很难透过该罪名来追究不移送者的刑事责任；② 其次，《行政执法机关移送涉嫌犯罪案件的规定》对于移送的标准、期限、随附材料与接收主体的规定太过原则和模糊，生态环境部门在移送涉嫌犯罪案件时往往缺乏具体的规则指引；最后，关于案件移送中检察监督的内容与方式，相关法律法规之规定同样过于模糊，甚至部分内容之间还存在抵牾之处，以至于检

---

① 周腾：《行政执法与刑事执法相衔接工作机制初探》，《广西政法管理干部学院学报》2005年第2期。

② 通过对中国裁判文书网的精确检索，2012—2017年，全国范围内仅有三份涉及环境保护领域的"徇私舞弊不移交刑事案件罪"裁判文书，其中两份还属于同一案件，足见环保领域"徇私舞弊不移交刑事案件罪"的入罪率极低，换言之，该罪对环保部门移送案件的约束力极为有限。参见毛某某、高某某徇私舞弊不移交刑事案件罪、滥用职权罪等一审刑事判决书〔2016〕浙0481刑初654号，毛某某、高某某徇私舞弊不移交刑事案件、受贿二审刑事裁定书〔2016〕浙04刑终502号，朱某犯徇私舞弊不移交刑事案件罪、玩忽职守罪等一审刑事判决书〔2015〕嘉盐刑初字第461号。

察机关难以有效开展监督。可见，既有相关法律规定对解决生态环境"行刑衔接"问题的作用极为有限，亟须找寻应对此问题的良策。

　　本书认为，在法律层面系统构建生态环境"行刑衔接"机制无疑是国家苦苦寻求解决生态环境"行刑衔接"难题之良策，也是从根本上解决此难题的必然选择。在国家提出构建生态环境"行刑衔接"机制之前，应对"移案难题"的主要法律依据是《行政执法机关移送涉嫌犯罪案件的规定》。但追溯该规定的立法背景，国务院制定该规定的直接目的是解决市场经济领域执法的"有案不移、有罪不究、以罚代刑"问题，而不是解决环境保护领域的"行刑衔接"难题。具体而言，2001年国务院在开展整顿和规范社会主义市场经济秩序活动时发现，市场经济领域（即工商、税务、药品、食品、卫生、烟草等）行政执法中存在"四多四少"问题，该问题主要表现在：对破坏市场经济秩序的犯罪案件存在实际发生多、查处少；行政处理多、移送司法机关追究刑事责任少；查处一般犯罪分子多、追究幕后操作主犯少；判缓刑多、判实刑少。而为解决这些问题，2001年4月国务院印发的《关于整顿和规范市场经济秩序的决定》（国发〔2001〕11号）中首次在官方文件中提出"加强行政执法与刑事执法的衔接"。随后不久，2001年7月国务院第四十二次常务会议通过了《行政执法机关移送涉嫌犯罪案件的规定》，将"行刑衔接"以行政法规的形式固定下来。尽管《行政执法机关移送涉嫌犯罪案件的规定》于2020年进行修订，但有关案件移送标准的修订条款仅适用知识产权领域的"行刑衔接"，生态环境领域的"行刑衔接"则难以适用上述条款。

　　从某种意义上看，《行政执法机关移送涉嫌犯罪案件的规定》主要为回应市场经济领域执法的"四多四少"问题，是一种典型的"回应型"立法。但生态环境执法领域是否同样存在"四多四少"问题，这无疑有待商榷。诚然，生态环境行政执法领域也一定程度存在"四多四少"问题，但该问题并不是生态环境"行刑衔接"难题的全部样貌。若以《行政执法机关移送涉嫌犯罪案件的规定》来解决生态环境"行刑衔接"难题，显然缺乏针对性，实践中也很难达到法律因应效果。正因如此，国家环保总局、公安部、最高检联合印发的2007年《若干规定》，首次明确提出构建生态环境"行刑衔接"机制。环境保护部与公安部联合印发2013年《工作意见》，该意见对涉嫌环境犯罪案件的移送与承接做了更为细致的安排。以上两部规范性文件的陆续出台，一方面显示了国家对解决生态环境"行刑衔接"难题的重视以及解决此问题的决心；另一方面，也显示出国家应对生态环境"行刑衔接"难题思路的转变，即不再拘泥于现有的法律与国务院颁布的行政法规，而是出台更具针对性、操作性、指向性的国家层面的规范性文件。

为推进生态环境"行刑"的顺利对接，国家还注重解决行政执法证据如何转化为刑事证据问题。2013年"两高"出台的《解释》第11条第2款规定"县级以上环境保护部门及其所属监测机构出具的监测数据，经省级以上环境保护部门认可的，可以作为证据使用"，这在一定程度上解决了过去长期困扰生态环境部门的环境监测数据转化问题。然而，随着案件移送量的激增，2013年《解释》第11条的规定逐渐暴露出不足，主要表现在：由于环境监测数据的转化条件（即必须经生态环境厅或生态环境部的认可）过于苛刻，常常迟滞环境犯罪案件的侦办与审理。基于此，2016年"两高"出台的《解释》删除了2013年《解释》中"经省级以上环境保护部门认可的，可以作为证据使用"，规定"环境保护主管部门及其所属监测机构在行政执法过程中收集的监测数据，在刑事诉讼中可以作为证据使用"。可以说，2016年《解释》的颁布很大程度上解决了环境监测数据的转化难题，促进了生态环境"行刑"的顺利衔接。为进一步打击环境违法犯罪行为，2017年环境保护部、公安部与最高检联合出台《工作办法》，该办法对生态环境"行刑衔接"机制作了全面规定，旨在提高案件移送的质量和效率以及统一办案尺度与法律适用，充分回应了生态环境"行刑衔接"实践中亟须解决的案件移送难、证据转化难、检察监督难、信息共享难等问题。2018年，最高法、最高检、公安部、司法部、生态环境部在北京联合召开座谈会，印发《关于办理环境污染刑事案件有关问题座谈会纪要》，该纪要明确规定"生态环境部门及其所属监测机构委托第三方监测机构出具的监测报告，地方生态环境部门及其所属监测机构在行政执法过程中予以采用的，在刑事诉讼中可以作为证据使用"，有助于促进环境监测数据的转化使用。

回顾国家应对生态环境"行刑衔接"中"移案难题"的回应路径，大致呈现出两大特征：一是更具针对性，即不再完全寄望通过现行相关法律和《行政执法机关移送涉嫌犯罪案件的规定》来解决生态环境"行刑衔接"中存在的"移案难题"与"证据转化难题"，而是出台生态环境保护领域的"行刑衔接"规范性文件，以及通过司法解释的方式明确案件移送、证据转化规则，如"两高"先后于 2013 年、2016 年、2023 年出台《解释》即是明证；二是坚持"对症下药"，即从生态环境"行刑衔接"中"移案难题"的成因入手，提出相应的解决策略。譬如，对于生态环境"行刑衔接"实践中的"有案不移""以罚代刑""案件移送后立案率低""言词证据转化难""联合执法证据转化难"等疑难问题，无论是"两高"出台的司法解释，还是生态环境部联合公安部、最高检制定的规范性文件都予以了充分回应，为生态环境"行刑衔接"提供了较为清晰和明确的规则指引。比如，对于公安机关对移送案件该接不接的问题，2017 年《工作办法》第 7 条明确规定"对环保部门移送的涉嫌环境犯罪案件，公安机关应当依法接受"，如此规定可有效避免公安机关对移送案件该接不接。

值得一提的是，为有效推进生态环境"行刑衔接"以及落实 2017 年《工作办法》，地方政府先后制定一些规范性文件，对生态环境部门案件移送、公安机关立案、检察机关监督等内容予以细化。截至目前（2023 年 6 月 30 日），全国范围内（不含港澳台地区）已出台的省级生态环境"行刑衔接"规范性文件的数量多达 20 份，其中最早当数 2014 年《湖北省关于加强全省环境行政执法与刑事司法联席联动工作的实施意见》，其他绝大部分文件均在 2017 年之后出台，均旨在贯彻落实 2017 年《工作办法》。值得注意的是，已出台的生态环境"行刑衔接"工作规范性文件均为联合发文，发文部门主要包含生态环境、公安、检察三部门，而有些省市则将法院纳入生态环境"行刑衔接"工作范畴，如湖北、江西、重庆、河北、辽宁、甘肃等省市。在近些年出台的规范性文件中，有些甚至将司法行政、自然资源、林业、水利、财政等部门纳入生态环境"行刑衔接"工作的责任部门，极大地拓宽了生态环境"行刑衔接"工作的参与主体。毋庸讳言，地方性生态环境"行刑衔接"工作规范性文件的纷纷出台，有助于细化和落实 2017 年《工作办法》的规定，助力将地方生态环境"行刑衔接"工作纳入制度化和规范化轨道。

表 1-2　　生态环境"行刑衔接"工作规范性文件（省级）

序号	规范性文件名称	印发时间（年）	联合发文部门
1	《湖北省关于加强全省环境行政执法与刑事司法联席联动工作的实施意见》	2014	生态环境、公安、检察、法院
2	《河南省环保厅省公安厅关于切实加强环境行政执法和刑事司法衔接工作的通知》	2014	生态环境、公安

续表

序号	规范性文件名称	印发时间（年）	联合发文部门
3	《江西省关于加强环境保护行政执法与刑事司法衔接配合工作的实施意见》	2015	生态环境、公安、检察、法院
4	《重庆市环境保护行政执法与刑事司法衔接工作实施办法》	2016	生态环境、公安、检察、法院
5	《河北省关于加强环境保护行政执法与刑事司法衔接工作的实施意见》	2017	生态环境、公安、检察、法院
6	《湖南省环境保护行政执法与刑事司法衔接工作办法实施细则》	2017	生态环境、公安、检察
7	《贵州省关于进一步加强环境保护行政执法与刑事司法衔接工作的意见》	2017	生态环境、公安、检察
8	《辽宁省环境保护行政执法与刑事司法衔接工作实施办法》	2018	生态环境、公安、检察、法院
9	《江苏省生态环境行政执法与刑事司法衔接工作实施细则（试行）》	2018	生态环境、公安、检察、法院
10	《黑龙江省生态环境保护行政执法与刑事司法衔接工作办法实施细则》	2019	生态环境、公安、检察、法院、财政
11	《陕西省生态环境保护行政执法与刑事司法衔接工作办法》	2020	生态环境、公安、检察
12	《甘肃省生态环境行政执法与刑事司法衔接工作实施细则》	2020	生态环境、公安、检察、法院
13	《新疆维吾尔自治区生态环境保护综合行政执法与公安机关联动工作机制》	2021	生态环境、公安
14	《宁夏回族自治区关于加强环境保护行政执法与刑事司法衔接工作的实施意见》	2021	生态环境、公安、检察、法院
15	《山东省关于加强生态环境行政执法与刑事司法衔接工作机制的实施意见》	2021	生态环境、公安、检察、法院
16	《浙江省关于进一步完善生态环境和资源保护行政执法与司法协作机制的意见》	2021	生态环境、公安、检察、法院、司法行政、自然资源、水利、林业
17	《云南省生态环境保护行政执法与刑事司法衔接工作实施细则》	2022	生态环境、公安、检察
18	《广西壮族自治区关于加强生态环境保护行政执法与刑事司法衔接工作的意见》	2022	生态环境、公安、检察、法院、司法行政
19	《西藏自治区生态环境行政执法与刑事司法衔接工作办法实施细则》	2022	生态环境、公安、检察、法院
20	《内蒙古自治区关于加强生态环境行政执法与刑事司法衔接工作的意见》	2023	生态环境、公安、检察、法院

总之，国家和地方均侧重通过制定专门性法律法规和规范性文件的方式构建生态环境"行刑衔接"机制，有助于弥补现行《行政处罚法》《刑法》《行政强制法》《行政执法机关移送涉嫌犯罪案件的规定》等法律法规在应对生态环境"行刑衔接"问题上"针对性不足、可操作性弱"等内在缺陷，有助于界清生态环境、公安机关、检察机关、法院等部门在案件移送与证据转化中的职责边界与协作事项，有助于明晰案件移送的主体、标准、期限、救济、法律责任等程序性内容，从而促进生态环境"行刑衔接"难题之根本解决。

第三节 生态环境"行刑衔接"机制的主要构成

从应然层面看，生态环境"行刑衔接"机制应由案件移送机制、证据转化机制、检察监督机制、信息共享机制、联席会议机制、线索通报机制、重大案件联合督办机制、案件咨询机制等诸多机制构成。但是，立足于生态环境"行刑衔接"中主要存在的案件移送难、证据转化难、检察监督难问题以及解决这些难题之现实需要，生态环境"行刑衔接"机制应主要由案件移送机制、证据转化机制和检察监督机制以及其他配套机制构成，而以上三项子机制成为生态环境"行刑衔接"机制的"三大支柱"。

一 案件移送机制

所谓案件移送机制，是指生态环境部门将执法过程中发现的涉罪案件或线索移送给公安机关处理，以及刑事司法机关将发现的不需要追究刑事责任但需要予以行政处罚的案件移送生态环境部门处理的办案机制。本质上而言，生态环境"行刑衔接"中的案件移送机制是一项双向移送机制，既包括生态环境部门将涉罪案件或线索"正向移送"至公安机关，也包括司法机关（含公安机关、检察机关和法院）将案件"反向移送"给生态环境部门。其中，"正向移送"是案件移送的惯常形态，主要是指生态环境部门将行政执法中发现的涉罪案件或线索依法移送至刑事司法机关。不过，这也存在例外。若刑事司法机关在审查移送而来的案件后，发现该案件不构成犯罪或不需要追究刑事责任，但需要追究行政责任的，应将案件移送给生态环境部门处理，即环境违法案件的"反向移送"。在生态环境"行刑衔接"实践中,案件"反向移送"具体分为两种情形:第一,司法机关在接收移送案件并审查后,发现该案件不构成犯罪或不需要追究刑事责任,但需要追究行政责任的,应当移送生态环境部门处理;第二,司法机关受理公民、其他组织举报的涉罪案件后,发现该案件不构成犯罪或不需要追究刑事责任,但需要追究行政责任,同样应当移送生态环境部门处理,以有效追究行政责任。由此可见,生态环境"行刑衔接"中的案件移送机制是一项双向互动的移送机制,旨在依法追究环境违法犯罪者的法律责任。

从责任追究流程看,案件移送是追究环境违法犯罪者的前提与基础,如若缺少生态环境部门或司法机关的移送,国家就无法有效追究环境违法犯罪者的法律责任,因此生态环境"行刑衔接"机制建设应当注重对案件移送的制度安排,尤其注重加强生态环境部门与司法机关的协同配合。正如学者所言,"环境行政执法程序和环境刑事程序衔接与协调的核心是环境行政执法机关如何将涉嫌环境犯罪的案件移送给刑事司法机关,刑事司法机关如何受理并对案件进行处理,相关机关如何监督环境行政执法机关移送案件等问题"①。案件移送是生态环境"行刑衔接"的首要环节,唯有案件能够在行政与司法两大领域之间有序移送,才能有效追究环境违法者的法律责任,因此案件移送机制当为生态环境"行刑衔接"机制的核心内容。之所以将案件移送机制作为生态环境"行刑衔接"机制的重要构成,主要有以下三个方面的理由:

首先,从整体定位看,案件移送是生态环境"行刑衔接"的起点。有学者指出:"环境侵害查处有两个'漏斗式'过程:一个'漏斗式'过程是经由行政责任追究向刑事责任追究,另一个'漏斗式'过程是追究刑事责任的侦、诉、审程序。两个'漏斗式'过程有效衔接的关键是促进环境行政违法案件依法及时移送刑事立案,该过程的起点是环境保护主管部门的移送行为,终点是司法机关接受后决定转入刑事程序的行为。"② 按照该学者的观点,生态环境部门移送案件是刑事司法机关依法

---

① 曾粤兴、张勇:《论我国环境刑法与环境行政法之间的协调与衔接》,《河南财经政法大学学报》2013年第6期。

② 侯艳芳:《中国环境资源犯罪的治理模式:当下选择与理性调适》,《法制与社会发展》2016年第5期。

追究责任的前提条件,是司法机关启动侦、诉、审程序的首要环节,若无案件移送,生态环境"行刑衔接"也就无从谈起,若有案件移送,后续程序才能顺利启动。

其次,从生态环境"行刑衔接"机制的直接目的看,其旨在解决环境行政执法中的案件移送难题。如前所述,生态环境"行刑衔接"中存在生态环境部门有案不移、生态环境部门以罚代刑、公安机关对移送案件该接不接问题,这些问题严重阻碍了国家对环境犯罪的打击。在此情形之下,国家提出构建生态环境"行刑衔接"机制,旨在从制度层面明晰生态环境部门、公安机关与检察机关在案件移送中的权责、期限、随附材料、救济、法律责任等内容,以打通阻碍案件移送的程序环节,从根本上解决生态环境"行刑衔接"中的案件移送难题。正如2007年《若干规定》开宗明义宣示的那样,制定本规定的目的在于"为规范环境保护行政主管部门及时向公安机关和人民检察院移送涉嫌环境犯罪案件,依法惩罚污染环境的犯罪行为,防止以罚代刑"。依此可见,构建生态环境"行刑衔接"机制的直接目的就是确保从生态环境部门移送案件到刑事司法机关受理都能得到行之有效的法律机制保障。

最后,从生态环境"行刑衔接"机制中各职权部门的职责看,均旨在保障涉罪案件的有序移送。关于生态环境"行刑衔接"中各部门的角色定位,环境保护部环境监察局局长指出,生态环境"行刑衔接"中生态环境部门的主要职责在于"发现、查处、移送涉嫌犯罪的行为以及后续配合公安机关办案"[①]。作为移送案件的受理机关,公安机关的主要职责是"对违反治安管理规定的行为立案查处,对涉嫌环境犯罪的案件立案侦查,保障执法顺利进行"[②]。作为国家的法律监督机关,生态环境"行刑衔接"中检察机关的主要职责在于"对生态环境部门移送涉嫌环境犯罪案件活动和公安机关对移送案件的立案活动,依法实施法律监督"。由此可见,从生态环境"行刑衔接"机制中各职能部门的权责定位看,其共同目标均是为保障案件在行政与司法二元领域的有序移送,从而精准追究其违法犯罪责任。基于以上分析,案件移送机制毋庸置疑当为生态环

---

① 武卫政:《环保公安合力打击环境污染犯罪 污染犯罪不再"以罚代刑"》,《人民日报》2013年12月10日第2版。

② 武卫政:《环保公安合力打击环境污染犯罪 污染犯罪不再"以罚代刑"》,《人民日报》2013年12月10日第2版。

境"行刑衔接"机制的重要构成。

二 证据转化机制

所谓证据转化，是指生态环境部门在行政执法和查办案件过程中收集的物证、书证、视听资料、电子数据等证据材料转化为刑事司法证据，以及司法机关在侦办案件过程中收集的各类证据转化为环境行政证据，简言之，即环境行政证据与刑事证据的双向转化使用。准确理解证据转化的内涵，需明确以下几点：第一，证据转化是指行政证据向刑事证据的"双向转化"，既包含环境行政证据向刑事证据转化，也包含刑事证据向环境行政证据转化。第二，证据转化中的行政执法证据，应当是指生态环境部门在行政执法和案件查办过程中收集的证据，既包含生态环境部门单独收集的实物证据与言词证据，也包含生态环境部门与刑事司法机关联合执法中收集的各类证据，还包含公安机关对环境犯罪的初查证据。第三，证据转化仅意味着行政执法证据具有刑事证据资格，而不是指行政执法证据可以无条件转化为刑事证据，反之亦然。在环境行政证据向刑事证据转化过程中，刑事司法机关应当对取证主体、取证规范与证据形式等进行审查，避免大量行政证据无序转化为刑事证据，当然这也是排除非法证据之内在要求；在刑事证据向环境行政证据转化过程中，生态环境部门也有权对司法机关移送而来的刑事证据进行审查。

基于以上理解，我们不难描绘出证据转化机制的大致含义，即将生态环境部门行政执法与案件查办中收集的证据转化为刑事证据以及司法机关收集的刑事证据转化为环境行政证据的一项双向互动机制。在内容上，证据转化机制主要包含各类行政证据的转化机制（即实物证据转化机制、言词证据转化机制与联合执法证据转化机制），也包括刑事司法机关对证据转化的审查机制。在主体上，证据转化机制主要涉及生态环境部门、环境监测机构、环境监察机构、鉴定机构、公安机关、检察机关、法院等多个部门，各职能部门或技术部门在证据转化机制的运行中扮演不同的角色，其共同目标在于确保环境行政证据与刑事证据的双向衔接与转化，从而有效追究环境违法犯罪者的法律责任。由于证据转化在生态环境"行刑衔接"中发挥重要作用，因此证据转化机制是生态环境"行刑衔接"机制建设过程中不可回避的问题。之所以将证据转化机制作为生态环境"行刑衔接"机制的重要内容，主要基于以下几

个方面的缘由:

首先,证据转化是生态环境部门正向移送案件、司法机关反向移送案件以及追究法律责任的前提条件。生态环境"行刑衔接"基于同一案件事实而产生,因此"无论在行政执法还是刑事司法中,案件正确处理都以相应的事实认定为前提,而事实的认定必须以证据为基础"[①]。申言之,生态环境部门能否对某一环境违法行为是否"涉嫌犯罪"作出准确认定,取决于其收集的证据材料是否充分;刑事司法机关能否及时接收生态环境部门的移送,也取决于行政证据证明的案件事实是否达到刑事追诉标准;刑事司法机关作出的立案、不予立案、撤销案件的决定,亦取决于行政证据是否充分、翔实。从这种意义上看,证据转化决定着案件移送是否顺畅,决定着刑事司法机关能否及时有效地受理移送案件并立案侦查,决定着司法机关能否将需要行政处罚的案件顺利移送生态环境部门,还决定着违法犯罪行为最终能否被追究法律责任。由此可见,证据转化是生态环境"行刑衔接"机制的基础,若环境行政执法证据与刑事证据难以衔接,生态环境部门发现涉罪案件或线索也就难以顺畅移送至刑事司法领域,司法机关发现的需要予以行政处罚的案件也难以有序移送至环境行政执法领域,更遑论追究环境违法犯罪者的法律责任。

其次,从环境行政执法证据的特殊性看,刑事司法机关应当注重对行政执法证据的合理使用。环境污染证据的收集具有极强的专业性与时效性。就其专业性而言,环境污染证据的收集依靠先进设备与专业人才,这些专业设备或人才往往掌握在生态环境部门及其下属机构手中,而刑事司法机关则并不完全具备这些能力(譬如对排污物数量与浓度的检测、对危险废物的认定)。由于不具备或不完全具备收集环境污染证据的能力,刑事司法机关在追究刑事责任时需要依赖生态环境部门收集的证据,需要借助生态环境部门及其检测机构的专业判断。从其时效性看,环境污染证据往往需要及时、有效收集。由于环境犯罪通常属于行政犯罪,生态环境部门往往是涉罪案件或线索的"首位发现者",此时及时收集、固定与保存环境违法证据也是其职责所在。如果案件移送后公安机关重新搜集证据,不仅可能因已时过境迁而错过了取证的最佳时期,从而使得搜集证据

---

① 印仕柏主编:《行政执法与刑事司法衔接实务大全》,湘潭大学出版社 2013 年版,第 836 页。

变得不可能，而且会因一些案件涉及行政部门的专业性知识，仅凭公安机关搜集相关证据则十分困难。[①] 因此，生态环境"行刑衔接"机制建设应当特别注意对证据转化的制度设计。

最后，从打击环境违法犯罪的现实需要看，证据转化应成为生态环境"行刑衔接"机制建设考虑的基础性问题。环境犯罪案件常常由生态环境部门在行政执法过程中先行发现，然后再移送刑事司法机关，若生态环境部门收集与保存的证据不能转化为刑事证据，那么刑事司法机关很可能拒不受理生态环境部门移送的案件，对其追究刑事责任也就无从谈起。诚如某些学者所言，"如何实现行政证据向刑事证据的顺利转化，直接关系到对环境违法当事人的处罚界定，直接关系到《环境保护法》和《刑法》衔接的顺畅与否"[②]。同理，若司法机关收集的各类刑事证据无法转化为环境行政证据使用，那么对环境违法者的行政责任追究也会变得艰难。因此，从打击环境违法犯罪的角度看，应当重视生态环境部门在行政执法过程中的证据收集、固定与保存，注重证据转化的程序设计，以期充分发挥行政执法证据在打击环境犯罪中的作用。正因如此，证据转化机制应成为生态环境"行刑衔接"机制建设的重要内容。

三 检察监督机制

所谓检察监督机制，是指检察机关对生态环境部门移送以及公安机关立案实施检察监督的内容、功能及其工作原理。准确理解生态环境"行刑衔接"中检察监督机制的内涵，需明确监督主体、监督对象与监督方式。

从监督主体上看，检察监督的实施主体无疑是各级检察机关。在我国，检察机关是国家的法律监督机关，由同级人民代表大会产生，向人民代表大会负责并报告工作，人民检察院与人民政府、监察委、人民法院构成了"一府一委两院"的权力架构。根据《人民检察院组织法》的规定，检察机关主要有审查批准逮捕、决定起诉、提起公诉以及监督判决执行等职能。为维护国家法制的统一，国家实行检察机关一体化体制，即检察机

[①] 曾粤兴、周兆进：《论环境行政执法与刑事司法的衔接》，《青海社会科学》2015年第1期。

[②] 杜敬波、杜佳蓉：《环境行政证据如何向刑事证据转化?》，《中国环境报》2014年11月5日第8版。

关上下属于领导和被领导的关系，这种自上而下的权力安排有助于充分发挥检察机关的检察职能。应当注意的是，除了检察机关外，负有监督职责的主体还包括各级人大及人大常委会、行政监察机关、上级行政机关、媒体组织等，但就检察监督而言，有权实施监督的主体只能是具有"上命下从"特征的检察机关。

从监督对象上看，检察监督的监督对象主要是生态环境部门与公安机关。从国家公权力体系上看，生态环境部门、公安机关与检察机关均属于国家公权力机关，其中生态环境部门主要负责环境行政管理，公安机关主要负责对涉罪案件的侦查、取证与移交等，检察机关则负责对涉罪案件的立案侦查、提起公诉以及实施监督等。作为国家的法律监督机关，检察机关被宪法和法律赋予监督行政机关、公安机关与人民法院依法履行职责的权力，以确保行政权和审判权的规范行使。在生态环境"行刑衔接"过程中，检察机关的监督对象主要是生态环境部门与公安机关，监督其在调查取证与案件移交中是否依法行使职权。

从监督方式看，检察机关实施监督的方式有派员查询、调阅案卷、检察意见与要求说明不立案理由。对此，2017年《工作办法》作了明确规定，该办法第14条规定"人民检察院发现环保部门不移送涉嫌环境犯罪案件的，可以派员查询、调阅有关案件材料，认为涉嫌环境犯罪应当移送的，应当提出建议移送的检察意见"。从生态环境"行刑衔接"检察监督实践看，检察意见与要求说明不立案理由两种方式常常被检察机关使用，尤其是检察意见，该监督方式已成为检察机关对生态环境部门移送实施监督的重要方式。

基于以上分析，不难发现，检察监督机制应成为生态环境"行刑衔接"机制的重要内容，也是保障其他机制（如案件移送机制与证据转化机制）有序运行的坚强后盾。之所以将检察监督作为生态环境"行刑衔接"的保障机制，主要有如下缘由：

首先，从权力制衡视角看，检察机关可对生态环境部门是否移送与公安机关是否立案进行有效监督，即主要透过检察权①来制衡行政权。正如

---

① 检察机关究竟通过何种权力来制约行政权，理论上争论不休，主要有行政权说、司法权说、行政与司法双重属性权说、法律监督权说等观点，本书将在下节中予以详细分析。在此节中，本书遵循《宪法》第136条之规定（即人民检察院依照法律规定独立行使检察权），将检察机关行使的权力视为检察权，通过检察权来制衡行政权。

学者所言："衔接机制全部问题的症结在于，行政执法权处于强势，而法律监督权处于弱势，两种权力系统的强弱反差致使对行政执法权乃至整个行政权系统缺乏应有的监督。无数经验都已表明，解决权力异化的首要途径是以权力制约权力。"[1] 在生态环境"行刑衔接"过程中，生态环境部门移送与公安机关立案是一个相对封闭的系统，若生态环境部门与公安机关不主动公开移送信息，外界一般无法知晓涉罪案件是否移送、受理与立案，加之若缺乏强有力的监督机制，势必导致案件移送随意化，最终导致"有案不移与以罚代刑""案件移送后得不到有效处理"问题。检察监督的介入，就是为防止生态环境部门与公安机关在案件移接中滥用权力，以检察权来制约行政权或司法权。

其次，从案件移送视角看，检察机关行使法律监督权的作用不仅体现在对生态环境部门的移案监督与对公安机关的立案监督上，还体现在受理生态环境部门移送的职务犯罪案件或线索上。申言之，在环境污染犯罪案件的移送中，检察机关既要对生态环境部门是否移送、如何移送以及何时移送展开监督，也要对公安机关是否受理、何时受理以及是否立案进行监督，可以说，检察机关是环境犯罪案件移送中名副其实的监督者，是环境犯罪案件得以有序移送的有力保障者；在环境职务犯罪案件或线索的移送中，检察机关的作用在于受理这些移送而来的案件或线索，并进行立案侦查，在重大复杂疑难案件中，检察机关还可提前介入环境案件侦查，以有效打击环境职务犯罪。由此足见，检察机关在环境犯罪案件或线索移送中扮演极为关键的角色，有助于打破生态环境部门与公安机关在案件移接中的封闭系统，有助于及时查办环境职务犯罪。

最后，从证据转换视角看，检察机关实施监督的作用在于引导生态环境部门有效收集、固定与保存证据，从而助力于案件移送乃至生态环境"行刑衔接"。譬如，2017年《工作办法》第24条规定："环保部门、公安机关、人民检察院应当建立双向案件咨询制度。环保部门对重大疑难复杂案件，可以就刑事案件立案追诉标准、证据的固定和保全等问题咨询公安机关、人民检察院；公安机关、人民检察院可以就案件办理中的专业性问题咨询环保部门。受咨询的机关应当认真研究，及时答复；书面咨询的，应当在7日内书面答复。"从该条款的内容看，检察机关可以为生态

---

[1] 刘远：《行政执法与刑事司法衔接机制研究》，《法学论坛》2009年第1期。

环境部门收集与使用证据提供专业的咨询意见，防止因证据收集不及时或不规范而影响案件移送。值得一提的是，检察机关还可主动提前介入环境犯罪案件的侦办，积极引导生态环境部门调查取证与转化证据。依此可见，检察机关在环境行政证据收集与转化中亦发挥着重要作用。

基于以上分析，检察监督是生态环境"行刑衔接"机制中不可或缺的重要内容，正因如此，有学者将检察监督视为"衔接机制的核心或中心"①，足见检察监督在生态环境"行刑衔接"机制中的重要作用。从检察监督的目的看，其直接目的是监督生态环境部门移送与公安机关立案，防止有案不移、有案不立与以罚代刑，确保所有涉嫌环境犯罪的案件都能被依法移送，其根本目的是通过检察权来监督制约行政权与司法权，以确保权力运作的规范与顺畅。显然，检察机关在生态环境"行刑衔接"中主要扮演的是监督者角色，以督促案件移送并实现生态环境"行刑"无缝对接为己任。这也再次证明，检察监督当为生态环境"行刑衔接"机制的有力保障。

四 其他配套机制

除了案件移送机制、证据转化机制、检察监督机制外，其他机制如信息共享机制、联席会议机制、线索通报机制、重大案件联合督办机制、案件咨询机制等也是生态环境"行刑衔接"机制的组成部分。但由于这几项机制不具有法律机制的明显特征，因此本书将其归为"其他配套机制"的范畴，在生态环境"行刑衔接"机制研究中不作为重要内容讨论。

第一，信息共享机制。案件信息是生态环境"行刑衔接"的重要介质，也是检察机关能否对案件移交过程实施监督的重要因素。申言之，案件信息录入的及时性、准确性、全面性是"行刑衔接"信息共享平台有效运行的基础。环境犯罪案件的隐蔽性以及生态环境部门执法的非完全公开性，使得检察监督程序很难被启动，检察机关很难对生态环境部门移送以及公安机关立案展开强有力监督。因此，有必要建立健全生态环境"行刑衔接"中的信息共享机制，确保检察机关对涉嫌环境犯罪案件移交过程实施精准和有效监督。生态环境"行刑衔接"中的案件信息主要包

---

① 有学者指出："在行政执法与刑事司法衔接机制中，检察机关处于整个衔接机制结构的中心，同时又承担着重要的法律监督职能。"参见刘艳红、周佑勇《行政刑法的一般理论》，北京大学出版社2008年版，第186页。

括：生态环境部门收集固定与保存的证据、涉案当事人的情况、环境污染危害的情况、涉罪案件移送与交接负责人员的信息、案件办理进展情况等，这些信息是否得到公开与交互将直接影响生态环境"行刑"的顺利衔接，也直接影响检察机关能否及时介入展开监督。基于信息共享对案件侦办的重要性，2014年党的十八届四中全会通过的《中共中央关于全面推进依法治国若干重大问题的决定》明确规定"建立行政执法机关、公安机关、检察机关、审判机关信息共享制度"。在生态环境"行刑衔接"领域，中央出台的相关规范性文件对案件信息共享亦作了明确要求。其中，2013年《工作意见》提出"有条件的地区可借助电子化办公系统设置电子化环境保护、公安联合执法系统，实现环境违法案件信息互联互通，提高联动执法效率"，明确要求共享环境案件移送与处置信息。为实现"网上移送、网上受理和网上监督"之目标，2017年《工作办法》以专章方式规定了生态环境部门、公安机关、检察机关在案件信息共享中的各自职责以及信息共享平台建设的具体内容。

生态环境"行刑衔接"中案件信息的来源渠道主要有三：第一，生态环境部门调查取证后主动公开案件信息，此乃案件信息的主要来源；第二，公民、环保组织等向生态环境部门、公安机关、检察机关举报的环境违法犯罪信息，这也是案件信息的重要来源；第三，公安机关与检察机关在平常工作中主动发现的线索并顺藤摸瓜掌握的案件信息，但现实中由于公安机关与检察机关受人、财、物等因素所限，很难自行发现环境犯罪案件相关信息。显而易见，生态环境部门掌握着大量环境污染案件的执法信息，若其不主动公开或不全面公开所掌握的涉案信息，检察机关将难以对其实行监督，这也是导致生态环境"行刑衔接"不畅的重要因素。正因如此，国家在构建生态环境"行刑衔接"机制时明确要求建立完善的信息共享机制，确保生态环境部门、公安机关与检察机关共享案件信息，将生态环境部门移送案件与公安机关受理案件的全过程暴露在检察监督的阳光之下，防止生态环境部门有案不移与公安机关有案不接。除了方便检察机关监督外，案件信息共享还有另外一项功能：在信息共享平台上共享案件信息，可充分借助其他职能机构的专业优势来解决案件定性难、证据收集难与证据转化难等影响案件移送的问题，这对提升环境案件移送的效率与效果大有裨益。

第二，联席会议机制。所谓联席会议机制是指生态环境部门、公安机关、检察机关、人民法院等部门以定期或不定期形式共同召开的关于案情通报、会商重大案件以及提出解决方案的会议机制。从本质上看，召开联席会议也是信息共享的重要方式，有助于充分发挥各职能部门的专业优势，加强案件信息互通和工作协作，形成打击环境违法犯罪的合力。基于召开联席会议对打击环境违法犯罪的重要性，2017年《工作办法》第23条明确规定"确定牵头部门及联络人，定期召开联席会议，通报衔接工作情况，研究存在的问题，提出加强部门衔接的对策，协调解决环境执法问题，开展部门联合培训。联席会议应明确议定事项"。值得一提的是，地方省市也极为重视联席会议机制建设，譬如江苏省政府办公厅出台了《关于建立省环境执法联动工作联席会议制度的通知》（苏政办发〔2013〕136号），明晰了联席会议的成员单位、工作规则、联络员会议职责等内容，由此足见联席会议机制在生态环境"行刑衔接"中的作用。

第三，案件咨询机制。案件咨询机制是指生态环境部门、公安机关与检察机关针对环境犯罪案件移送中的法律适用、证据收集等专业性问题进行相互咨询的机制。之所以要构建案件咨询机制，主要原因在于：生态环境部门在环境行政执法中很难对立案追诉标准、法律适用、证据固定与保全等专业性问题予以准确把握，而公安机关与检察机关虽然是案件定性与法律适用问题的"专家"，但并不具备环境行政执法证据收集、固定与保存的能力，因此有必要建立案件双向咨询机制，充分借助其他部门的专业能力来弥补自身能力的不足，从而助力环境犯罪案件移送和后续的责任追究。基于此，2017年《工作办法》第24条[①]建立了双向案件咨询制度。在地方省市实践探索中，重庆市建立了相对完善的案件咨询机制。2014年9月16日，重庆市检察院联合市公安局、环保局等15个部门印发的《关于建立行政执法与刑事司法衔接案件咨询制度的意见》（渝检会〔2014〕10号），该意见对案件咨询的管辖、范围、方式、程序以及专业机构等内容作了详细规定，实践中该案件咨询机制也取得了显著成效。

第四，线索通报机制、重大案件联合会商督办机制等。涉罪线索是刑

---

① 2017年《工作办法》第24条规定："环保部门、公安机关、人民检察院应当建立双向案件咨询制度。环保部门对重大疑难复杂案件，可以就刑事案件立案追诉标准、证据的固定和保全等问题咨询公安机关、人民检察院；公安机关、人民检察院可以就案件办理中的专业性问题咨询环保部门。受咨询的机关应当认真研究，及时答复；书面咨询的，应当在7日内书面答复。"

事司法机关立案侦查的重要案件来源，对打击环境污染犯罪及其背后的失职渎职犯罪具有重要作用。生态环境部门在行政执法与案件查办过程中，一旦发现涉嫌环境污染犯罪或环境职务犯罪的线索，应当立即通报公安机关或检察机关，这也是生态环境"行刑衔接"机制应有的内容，也是精准打击环境违法犯罪的应有之义。除此之外，生态环境部门发现重特大、疑难、复杂、社会影响较大的环境污染案件时，可邀请公安机关与检察机关联合会商督办，开展联合执法并收集取证，这同样是生态环境"行刑衔接"的应有之义。构建线索通报机制与重大案件联合会商督办机制，有助于共享环境犯罪信息，有助于借助其他部门优势来解决案件移送的专业难题，最终实现生态环境"行刑"的有效对接。

诚然，信息共享机制、联席会议机制、案件咨询机制、线索通报机制、重大案件联合会商督办机制等机制均是生态环境"行刑衔接"机制的组成部分，对促进生态环境"行刑衔接"具有重要作用。但是归根结底，以上机制均非法律意义上的机制，或并不具备法律机制的明显特征。譬如，信息共享机制是一项偏"技术性"的机制，该机制可伴随着网络技术水平的进步而不断完善，而很少涉及相关的法律问题，因此不作详细讨论。

第二章 生态环境"行刑衔接"机制的理论基础

第一节 权力制衡理论

一 权力制衡理论简述

权力制衡理论是一种起源于古希腊和古罗马,发展于近现代英国、法国、美国等国家的治国理政学说,其核心思想在于通过分权与制衡实现国家公权力的合理分工与均衡运作。权力制衡理论最早可追溯至古希腊哲学家亚里士多德提出的权力监督思想,他从人性恶的视角出发,认为"人的天性是恶的""每个人都必须被假定成一个恶棍"。[1] 为防止执政者独裁,亚里士多德认为除了赋予公民对执政者的选举权外,还必须通过制定法律来监督执政者行使权力,并指出"法律是最优良的统治者"[2]。在亚里士多德看来,城邦统治者必须受到法律的监督并依法治理国家,这种"用法律监督执政者"的理念实质上体现了对权力的监督制约。亚里士多德提出的法律监督学说立基于人性恶理论,这种论证逻辑在当时的社会经济背景下具有一定合理性,毕竟人性具有自身弱点,需要通过外部力量加以规训。[3] 张恒山

---

[1] 英国经验派哲学家休谟认为,"必须假定每个人都是一个流氓,人生来只会为自己的利益考虑,自然地追求金钱、地位和权力"。参见休谟《人性论》(节选本),关文运译,商务印书馆2001年版,第171页。

[2] [古希腊]亚里士多德:《政治学》,吴寿彭译,商务印书馆1965年版,第171页。

[3] 通过外部因素(主要是选举制度)来防止人性弱点是资产阶级民主政治的典型特征。法国政治思想家托克维尔在《论美国的民主》中指出:"在美国,总统虽对国务有相当大的影响,但他并不主持国务,压倒一切的权力掌握在代表全国人民的议员之手。因此,能够改变政治准则的是全国人民,而不是总统个人。"参见[法]托克维尔《论美国的民主》(上卷),董果良译,商务印书馆2015年版,第160页。

在论证"义务先定，权利后生"这一命题时明确指出"人的天性是自由的"①，每个人都有恣意妄为的原始基因，义务性规范的产生就是对"自然人自由天性"的规训。《圣经》中所记载的"摩西十诫"也是对人性恶的有效防范，毕竟"旧道德哲学家所说的那种终极的目的和最高的善根本不存在。欲望终止的人，和感觉与映象停顿的人同样无法生活下去"②。此外，英国哲学家休谟在《人性论》中也深刻揭露了人性恶的一面，他认为，"你和我一样都有舍远而图近的倾向。因此，你也和我一样自然地容易犯非义的行为"③。立足于人性恶之预防，亚里士多德提出的"以法律监督统治者"思想颇具正当性与合理性。

除了古希腊的亚里士多德，古罗马的波里比阿也提到了制约、均衡与分权的理论，他指出罗马统治机构"把权力分为三个部分：人民（或人民大会）、元老院和执政官……他们可以相互支持与协助，也可以相互制约对方"④。相较于亚里士多德，波里比阿相对明确地提出了权力监督与制衡思想，因此这标志着权力制衡理论的最初萌芽。在波里比阿看来，国家权力应当"一分为三"（即分别归属于人民大会、元老院与执政官），使得各项权力之间保持相互牵制与监督，确保国家权力的平稳运行。尽管波里比阿提出的"权力三分"说并非真正意义上的"三权分立"，但其揭示了国家公权力之间的监督制衡规律，为洛克提出"三权分立"学说奠定了坚实基础。

及至17世纪的资产阶级革命时期，以洛克、孟德斯鸠为代表的资产阶级启蒙思想家明确提出了权力制衡理论。英国哲学家洛克在《政府论》中将"国家权力划分为立法权、行政权和对外权"⑤，意在通过权力的分解来实现对权力的约束，但由于对外权实质上从属于行政权，因此洛克的分权学说往往被理论界认为是"两权分立"⑥。孟德斯鸠发展了洛克的分

---

① 张恒山：《义务先定论》，山东人民出版社1999年版，第5页。
② [英]霍布斯：《利维坦》，黎思复、黎廷弼译，商务印书馆1985年版，第72页。
③ [英]休谟：《人性论》（下册），关文运译，商务印书馆1980年版，第572页。
④ 林建华、余莉霞：《西方权力制衡理论的历史溯源》，《黑龙江社会科学》2008年第2期。
⑤ [英]洛克：《政府论》（下篇），叶启芳、瞿菊农译，商务印书馆1964年版，第91页。
⑥ 学界普遍认为，由于洛克分权和制衡理论受到当时阶级权力斗争的影响，名义上将权力分为立法权、行政权和对外权，但实质上对外权从属于行政权，因此洛克提出的三权分立实际上"两权分立"。参见刘俊杰《要正确认识和评价西方国家权力制衡理论》，《中共福建省委党校学报》2013年第12期。

权学说，他在《论法的精神》中将国家公权力划分为立法权、行政权与司法权，较为完整地阐释了"三权分立"的内涵与原理。之所以提出"三权分立"，孟德斯鸠给出的理由是，"一切有权力的人都容易滥用权力，这是万古不易的一条经验。有权力的人们使用权力一直到遇到界限的地方才休止"①，因此"要防止滥用权力，就必须以权力制约权力"②。可以说，孟德斯鸠首次描绘了立法权、行政权、司法权相互监督与制衡的理想图景，也标志着权力制衡理论的发展成熟。

受洛克与孟德斯鸠分权学说的影响，美国启蒙思想家杰弗逊提出了适应本国政体的"横纵向分权"理论，进一步丰富与拓展了权力制衡理论。申言之，为防止美国执政者的独裁和暴政，杰弗逊主张将立法、行政与司法横向"三权分立"，即"立法、行政和司法部门应该独立，以至没有一个人能同时行使其中任何一个以上部门的权力"③。为防止中央权力的过度集中，杰弗逊还提出中央与地方应当进行"纵向分权"，在具体进路上，"主张把国防、对外关系和州际关系等权力委托给中央政府，各州掌握公民权利、法律、治安等事务，实行层层分权，这样使公民关系国家政务，能加强对政府的监督，防止政府的腐化和专制"④，进而实现中央和地方权力的制衡。

之所以要进行"横纵向分权"或进行权力制衡，正如美国著名政治学家汉密尔顿、杰伊与麦迪逊在其合著的《联邦党人文集》中解释的那样，"立法、行政和司法权置于同一人手中，不论是一个人、少数人或许多人，不论是世袭的、自己任命的或选举的，均可公正地断定是虐政"⑤。本质上而言，"横向分权"与"纵向分权"均体现了权力制衡之理念精髓，其出发点和落脚点均是为了实现国家公权力的合理分工与有效行使，最终有效保障了社会公共利益。美国"横纵向分权"的结果在于，中央

---

① [法]孟德斯鸠：《论法的精神》，许明龙译，商务印书馆2016年版，第128页。
② 张乃根：《西方法哲学史纲》（第四版），中国政法大学出版社1993年版，第128页。
③ [美]汉密尔顿、杰伊、麦迪逊：《联邦党人文集》，程逢如、在汉、舒逊译，商务印书馆1980年版，第254页。
④ 刘俊杰：《要正确认识和评价西方国家权力制衡理论》，《中共福建省委党校学报》2013年第12期。
⑤ [美]汉密尔顿、杰伊、麦迪逊：《联邦党人文集》，程逢如、在汉、舒逊译，商务印书馆1980年版，第283页。

权力部门之间与中央和地方之间的权力得到合理划分,① 各权力也得到了相互监督与牵制。

从亚里士多德提出的"用法律监督执政者"到洛克的"两权分立"与孟德斯鸠的"三权分立",再到杰弗逊的"横纵向分权",一方面可以清晰地看到西方法律思想上有关权力制衡理论的演变轨迹;另一方面也可以看出,各权力制衡学说中所强调的"分权"仅仅是一种手段,其核心要义还在于通过"分权"来实现国家公权力的相互制衡,而为有效实现"三权"的相互制衡,务必通过法律的形式将权力行使控制在一定的边界范围。诚如美国法理学者博登海默所言,"法律的进步作用之一乃是约束和限制权力,而不论这种权力是私人权力还是政府权力。在法律统治的地方,权力的自由行使受到规则的阻碍,这些规则迫使掌权者按一定的行为方式行事"②。由此可见,发轫于西方国家的权力制衡学说既是一项政治理论,也是一项法治理论,其核心要义在于加强对权力的制约和监督,建立结构合理、配置科学、程序严密、制约有效的权力制衡体系,从而真正实现国家公权力的平稳运行与有效制衡。

以洛克和孟德斯鸠为代表的启蒙思想家奠定了权力制衡理论的基石,但要准确把握权力制衡理论的思想精髓,还需明确权力制衡的内涵与运行原理。权力制衡由"权力"和"制衡"两词构成,"权力"在汉语言上有三层意涵:一是指政治上的强制力量,二是指职责范围内的支配力量,三是指一个人借以影响另一个人的能力。权力制衡中的"权力"应是政治学或者法学上的概念,专指国家公权力,普遍具有强制性、制约性、公共性、主权性特征,这有别于经济学或管理学中"权力"的内涵。所谓"制衡",是指通过相互制约以保持相对平衡的状态。从这一点上看,"制衡"在内涵上既有别于"监督",也区别于"制约"。因此,不难得出如

---

① 法国政治思想家托克维尔在《论美国的民主》中指出:"一般说来,各州政府在本境内是自主的。但是,它可能滥用这种独立,并因措施莽撞而危害全联邦的安全。在发生这种罕见的情况时,事先就有明文规定,准许联邦政府干预州的内部事务;为使联邦政府能够清偿其所负债务,赋予它以不受限制的征税权;加入联邦的各州虽有权修改或改订自己的立法,但不准制定追究既往的法律,不得在本州内组织贵族集团。"参见[法]托克维尔《论美国的民主》(上卷),董果良译,商务印书馆1989年版,第142—143页。

② [美] E. 博登海默:《法理学:法律哲学与法律方法》,邓正来译,中国政法大学出版社1999年版,第358页。

下结论：权力制衡既不等同于权力监督，也不等同于权力制约或权力限制，而是指通过分权、监督或制约等手段使权力保持总体平衡的一种理想状态。

从亚里士多德的权力制衡学说看，其更多是强调通过法律手段来钳制执政者的权力，以实现各阶层权力的均衡。对比而言，古罗马时期的波里比阿则"第一次明确地提出了三种国家权力机构（即人民大会、元老院和执政官）之间相互制衡的思想，认为三权不是彼此孤立的，三种因素之中没有任何一方在缺少其他双方时可以有所作为"①。从波里比阿的分权学说看，尽管未提出现代意义上的"三权分立"，但其提出以"权力（或权力机构）制约权力（或权力机构）"模式比亚里士多德提出的以"法律制约权力"模式更为切实可行，说明不同权力之间可以相互监督与制约，同时为孟德斯鸠提出的"三权分立"奠定了基础。在洛克和孟德斯鸠看来，权力之间可以制衡的前提和基础在于各权力主体分属于不同机构，且各权力之间"势均力敌"，可以通过权力主体间的相互监督和制约来实现国家权力运行的总体平衡。

梳理以上西方哲学家提出的分权制衡学说，不难发现，权力制衡的基本内涵有两层：第一，国家公权力（譬如立法权、行政权与司法权）需要进行合理安排，即需要明晰各职能部门行使权力的边界，确保国家职能部门既不能怠于行使专属公权力，也不能超越自身权限行使权力；第二，国家公权力的"天平"应当保持适度平衡，即立法权、行政权、司法权等公权力之间应相互牵制与平衡，避免其中的任何一项权力"一家独大"或不受监督，正所谓"任何权力运行过程都不是单纯权力意志的体现，而是权力限制权力，权力制约权力的互动过程"②，在此基础上实现各项公权力的相互配合，合力保障社会治理目标。权力制衡理论中的"分权"只是手段，"制衡"才是目的，"分权"要求明确职能部门行使权力的合理边界，"制衡"则要求加强对权力的制约和监督，使国家公权力平稳运行乃至相互配合，此乃权力制衡理论的核心精髓。需要特别注意的是，权力制衡不同于权力监督，权力制衡强调的是国家各项公权力的相互牵制、监督与协同，

---

① 林建华、余莉霞：《西方权力制衡理论的历史溯源》，《黑龙江社会科学》2008年第2期。

② 元明：《行政执法与刑事司法相衔接的理论与实践》，《人民检察》2011年第12期。

使权力运行都能得到监督,其制衡模式明显具有"双向性";权力监督更多强调的是监督机关对非监督机关的监督制约,其制衡模式明显具有"单向性"。

二 权力制衡理论与生态环境"行刑衔接"机制

权力制衡理论告诉我们,应当明确划分国家职能部门行使公权力的边界并确保权力之间得到相互牵制与监督,以防止权力"天平"失去平衡,最终实现国家公权力的平稳运行与协同配合。权力制衡所蕴含的理念精髓,为生态环境"行刑衔接"机制建设奠定了理论基础。

生态环境"行刑衔接"难题的根源在于环境行政权的运行缺乏有效监督。有学者曾一针见血地指出"'有案不移、有案难移、以罚代刑现象'表面上是'两法衔接'的表征,实际背后反映的是行政权力的'一家独大',反映的是行政权力对司法权力的无视甚至蔑视"①。本书对此亦深以为然,认为造成生态环境"行刑衔接"难题的原因有两方面:一方面,生态环境部门与公安机关行使权力的界限不清,譬如,生态环境部门移送案件的标准与公安机关接收案件的标准不甚清晰,使得难以对涉嫌环境犯罪案件进行顺利交接;另一方面,生态环境部门行使的行政权"一家独大",缺乏其他公权力的有效监督和制约,主要表现在检察机关或其他监督机关(如监察机关、上级职能部门)难以监督行政权的行使。生态环境"行刑衔接"机制就是既要明确生态环境、公安、检察三部门在案件移交与证据转化中的权责边界与合作事项,也要明晰检察机关对生态环境部门与公安机关的监督职责与监督边界。

从权力关系角度看,生态环境"行刑衔接"主要涉及行政权与司法权、行政权与检察权、司法权与检察权三组权力关系的监督制衡,故生态环境"行刑衔接"机制的构建必须确保以下三项权力的相互制衡。

第一,生态环境"行刑衔接"中行政权与检察权的相互制衡。根据我国宪法之规定,检察权由检察机关行使,行政权则掌握在行政机关手中。行政权是行使最频繁、与公民接触最多的权力,易产生腐败、滥用后果,必须予以制约与监督,而检察权的本质和核心是制约和监督行政权,

---

① 赵旭光:《"两法衔接"中的有效监督机制——从环境犯罪行政执法与刑事司法切入》,《政法论坛》2015 年第 6 期。

以权力制约权力，确保行政权法治化、规范化。显而易见，透过检察权来有效监督行政权的行使，符合权力制衡理论的内在要求。从法律依据上看，以检察权制约行政权也有充分的法律依据。根据我国 2018 年《宪法》第 134 条规定，"检察机关是通过启动法律监督程序而非通过行使实体性或终局性的裁决权来实现追诉犯罪，监督国家权力的正确行使，保障人权，维护社会的安宁和秩序，促进社会实现公平正义等功能的"[1]。在生态环境"行刑衔接"过程中，检察监督不仅包括对生态环境移送案件的监督，还包括对公安机关立案的监督，甚至允许检察机关提前介入刑事案件的侦查与取证。以上检察职权的行使，均体现了检察权制衡行政权之权力制衡理念，使生态环境部门的行政执法充分暴露在检察监督的阳光之下。

  第二，生态环境"行刑衔接"中行政权与司法权的相互制衡。行政权具有积极、主动的特质，而司法权则相对内敛与中立，由于涉及对违法犯罪者刑事责任的追究，故刑事司法机关必须贯彻谦抑性理念。生态环境"行刑衔接"机制实施过程中，为了监督生态环境部门依法行使权力，刑事司法机关在一定程度上可突破谦抑性的限制，积极介入环境违法犯罪案件的侦办中。譬如，在重特大、疑难复杂、社会影响较大的环境污染案件中，公安机关或检察机关均可提前介入侦办，以督促案件移送、引导调查取证，这有助于避免生态环境部门在部门保护主义与地方保护主义的影响下选择有案不移或以罚代刑。检察机关提前介入环境污染案件侦办，体现了以司法权制约行政权。不过，检察机关提前介入环境案件侦办也是有一定限度的，既不能超越自身权限实施立案侦查，同时也不能干预生态环境部门的正常执法，正如《重庆市关于检察机关提前介入引导取证工作办法（试行）》规定的那样，"检察官不得对案件处理结果发表意见、不得干预正常的环境执法活动"。除了司法权制衡行政权，生态环境"行刑衔接"也体现了行政权对司法权的制衡。若生态环境部门在移送涉罪案件后，发现公安机关不予立案或不及时立案的，可向公安机关申请复议或建议检察机关实施立案监督。从这一点上看，生态环境部门同样可以监督制约公安机关或检察机关，以避免司法权的恣意与滥用。

---

[1]　杨永华主编：《行政执法和刑事司法衔接的理论与实践》，中国检察出版社 2013 年版，第 168 页。

第三，生态环境"行刑衔接"中司法权与检察权的相互制衡。除行政权与检察权、行政权与司法权需要相互制衡外，生态环境"行刑衔接"机制建设必须考虑到司法权与检察权的相互制衡，这里的司法权主要是指公安机关行使的侦查权。在学理层面，公安机关侦查权的性质主要有行政权说与司法权说之争，其中行政权说认为，公安机关侦查"本身属于诉讼之外的职能，侦查权不是司法权力，而应定位为行政权"①。不过，有学者对此观点予以驳斥，其认为"将侦查权的性质归为行政权在理论上无法自圆其说，而在司法实践过程中，这种做法也是有害的"②，在此基础上，该学者提出将其定位为司法权。本书认为，以上观点均有道理，但对侦查权性质的界定应当立足于具体情境。在生态环境"行刑衔接"工作中，公安机关行使侦查权标志着刑事司法程序的启动，其目的在于追究行为人的刑事责任，因此宜将侦查权定位为司法权，该项司法权与行政权、检察权也存在监督制衡关系，其中司法权与检察权的相互制衡体现在：若公安机关不依法立案，检察机关可提出检察意见或要求其说明不立案的理由，从而有效督促公安机关立案侦查。反之，公安机关也可制衡检察机关，主要表现在：检察机关受理公安机关移送的案件后，应当将案件处理决定通知公安机关；公安机关不服检察机关作出的决定的，可向上一级检察机关提请复核。③ 于此可见，这体现了生态环境"行刑衔接"中司法权对检察权的制衡，这种公权力间的相互制衡有助于实现案件的有效移送与接收。

事实上，生态环境"行刑衔接"机制建设充分体现了权力制衡要求：第一是行政权对司法权的监督制衡，即生态环境部门将涉罪案件移送公安机关后，公安机关无论是否立案均应向生态环境部门告知处理情况，生态环境部门有异议的，可向公安机关申请复议或建议检察机关立

---

① 有学者认为，"公安机关侦查符合行政权行使的一般特征，且着眼于侦查权运作和功能等结构性因素，因此侦查权应属于行政权"。参见但伟、姜涛《论侦查权的性质》，《国家检察官学院学报》2003年第5期；毕惜茜《论我国侦查权的性质》，《江西公安专科学校学报》2004年第2期。

② 杨宗辉：《论我国侦查权的性质——驳"行政权本质说"》，《法学》2005年第9期。

③ 2018年《刑事诉讼法》第92条规定："公安机关对人民检察院不批准逮捕的决定，认为有错误的时候，可以要求复议，但是必须将被拘留的人立即释放。如果意见不被接受，可以向上一级人民检察院提请复核。上级人民检察院应当立即复核，作出是否变更的决定，通知下级人民检察院和公安机关执行。"

案监督，这体现了行政权对司法权的监督；第二是检察权对行政权的监督制衡，即检察机关依法对生态环境部门移送案件以及公安机关受理案件实施检察监督，既体现了检察权对行政权的监督，也显示了生态环境"行刑衔接"中权力制衡的核心；第三是行政权对司法权或检察权的监督制衡，即检察机关或公安机关立案侦查后发现违法行为未构成犯罪或不需要追究刑事责任，但应当给予行政处罚的，需将此案件移送至生态环境部门处理，这体现了行政权对司法权或检察权的监督。总之，生态环境"行刑衔接"机制建设标志着国家正式从权力运行机制层面，对生态环境部门、公安机关、检察机关在案件移送中的权力进行相互制衡，使行政权与司法权、行政权与检察权之间保持衔接配合。诚如学者所言："'两法衔接'机制有利于通过检察监督'以权力制约权力'，体现了权力制衡的思想价值。"① 基于以上分析，生态环境"行刑衔接"机制建设是确保行政权、司法权与检察权合理分工并相互制衡的必由之路。

第二节 行政犯罪理论

一 行政犯罪理论简述

学界对行政犯罪理论的关注始于对行政刑法学说的探讨。20世纪初期，行政部门的管理职能得到大幅加强，于是西方国家开始频繁制定行政法，以规范行政权的行使。但随之而来的是，违反行政法的现象也大量出现，这些违反行政法的行为被称为行政犯，与违反刑法之刑事犯相对应。就二者的关系看，行政犯与刑事犯的界限并不是十分清晰，前者有可能转化成后者。鉴于此，为有效区分行政犯与刑事犯并准确适用法律，有"行政刑法之父"之称的德国学者郭特希密特提出了"行政刑法"的概念。所谓"行政刑法"，按照张明楷之观点，是指"国家为了维护正常的行政管理目的，规定行政犯罪及其刑事责任的法律规范的总称"②。尽管"行政刑法"的概念已得到初步明晰，但究竟何谓行政刑法的法律性质，

---

① 古瑞华、吕桂楠：《环境保护行政执法与刑事司法衔接问题探微》，《信阳师范学院学报》（哲学社会科学版）2017年第6期。

② 张明楷：《行政刑法辨析》，《中国社会科学》1995年第3期。

国内外学界聚讼纷纭、莫衷一是，目前主要有"行政法说"①与"刑事法说"②之争论。由于行政刑法的法律性质在理论上存在较大争议，这也直接影响了行政机关与司法机关对行政犯罪行为的打击进度。就国内研究而言，周佑勇与刘艳红率先提出"行政刑法的科学定位，需要首先明确行政犯罪的概念及其性质"③。在此研究思路的指引下，国内学界关注的焦点逐渐由"行政刑法"转向"行政犯罪"。经过20余年的研究探索，目前已形成了一套行政犯罪理论学说，丰富了刑法基础理论。

关于行政犯罪的概念，学界主要有如下观点：（1）张明楷认为，"行政犯罪是违反行政法规，严重危害正常的行政管理活动，依照法律应当承担刑事责任的行为"④；（2）高铭暄等认为，"行政犯罪是违反行政法律法规，而被刑法规定为犯罪的行为"⑤；（3）赵秉志等认为，"行政犯罪是既违反刑法又违反行政法，是介于犯罪行为与行政不法行为之间的不纯正行政不法行为"⑥；（4）周佑勇和刘艳红认为，"行政犯罪应是指违反行政法规范，情节严重同时又触犯国家刑律的行为"⑦；（5）还有学者认为，"行政犯罪是指违反行政法规，危害正常的行政管理秩序，依照行政刑法应当承担刑事责任的行为"⑧。显然，以上学者对行政犯罪的定义莫衷一是，但在概念界定上也大同小异。学者们主张的相同之处在于均认为行政犯罪具有违反规范依据的双重性以及承担责任的双重性；不同之处在于认为行政犯罪法律性质有所差别。譬如，高铭暄将行政犯罪视为"犯罪行为"，赵秉志将行政犯罪视为"行政违法行为"（即"不纯正行政不

---

① 参见林山田《经济犯罪与经济刑法》（修订三版），三民书局1981年版，第114页；杨敦先、曹子丹主编《改革开放与刑法发展》，中国检察出版社1993年版，第113页。

② 参见张明楷《刑法的基础观念》，中国检察出版社1995年版，第307页。

③ 有学者认为，学界争论的根本分歧在于它们各自对于行政刑法界域的认识不一致，要给行政刑法的法律性质予以科学的定位，就必须先解决作为行政刑法界域的行政犯（或行政犯罪）的界定及其性质问题。参见周佑勇、刘艳红《行政刑法性质的科学定位（上）——从行政法与刑法的双重视野考察》，《法学评论》2002年第2期。

④ 张明楷：《行政刑法辨析》，《中国社会科学》1995年第3期。

⑤ 高铭暄、孙晓：《行政犯罪与行政违法行为的界分》，《人民检察》2008年第15期。

⑥ 赵秉志、郑延谱：《中国行政刑法的立法缺憾与改进》，《河北法学》2006年第8期。

⑦ 周佑勇、刘艳红：《行政刑法性质的科学定位（上）——从行政法与刑法的双重视野考察》，《法学评论》2002年第2期。

⑧ 黄河：《行政刑法比较研究》，中国方正出版社2001年版，第92页。

法行为"①），而以张明楷为代表的学者则将行政犯罪界定为"双重违法行为"。

尽管学者们对行政犯罪的定义不尽一致，但却大致勾勒出了行政犯罪的基本特征：一是违反规范依据的双重性，即同时违反行政法规范与刑法规范；二是规制主体的双重性，即行政执法机关与刑事司法机关均可进行规制；三是责任承担的双重性，即行政犯罪者需同时承担行政责任与刑事责任。学界对行政犯罪概念的界定有两重意义：第一，行政犯罪概念的提出，打破了行政违法与犯罪的二元区分，对二者之间的交叉违法行为进行了界定，即行政犯罪既不是单纯的行政违法行为又不是单纯的刑事犯罪行为，而是一种行政违法与刑事犯罪相交叉的严重违法行为；第二，行政犯罪概念和理论的提出，为国家打击严重行政违法行为创造了条件，申言之，要有效打击行政犯罪，势必要求行政执法机关、公安机关与检察机关在打击严重行政违法行为上加强配合，准确界清罪与非罪以及行政违法与行政犯罪的界限，从而及时将涉罪案件移送刑事司法机关并追究其双重违法责任。

除了界定行政犯罪的概念，学者们还揭示了行政犯罪的双重违法性，即行政违法性与刑事违法性（或曰行政不法与刑事不法②），这为有效打击行政犯罪行为奠定了坚实的理论基础。具体而言，行政犯罪的双重违法性主要体现在以下两个方面：

第一，行政犯罪之行政违法性。行政犯罪是行政机关在行政执法过程中发现并查处的行政违法行为，尽管其违法情节或危害后果较为严重，但其本质上仍属于行政违法行为。主要理由在于：首先，行政犯罪具有行政法上的可罚性，即行政机关一旦发现严重行政违法行为，便可对其进行行政处罚（如罚款、查封、扣押、限产、停产与移送拘留、吊销营业执照等），即便最终移送刑事司法机关也不妨碍行政机关追究违法者的行政责

---

① 英国历史法学创始人梅因认为，有一类行为（严重违法行为），在罗马法学理论中是把它们看作单纯的不法行为，但是社会的尊严感日益提高，不满足对这些行为的实施者再给付金钱损失以外不加其他更重的处罚，因此，只要被害人愿意，准许把它们作为非常犯罪起诉。参见［英］亨利·萨姆奈·梅因《古代法》，高敏、瞿慧虹译，中国社会科学出版社2009年版，第301页。在梅因看来，严重的不法行为本质上是非常行政不法，即应当归属于犯罪，而非单纯的行政不法行为。

② 李晓明：《行政犯罪的确立基础：行政不法与刑事不法》，《法学杂志》2005年第2期。

任。其次，行政犯罪之刑事可罚性往往取决于行政机关是否认定"涉嫌犯罪"以及是否移送刑事司法机关，此即所谓的"行政刑法之行政从属性或行政依赖性"①，换句话说，行政犯罪的刑事制裁依赖于行政机关对行政犯罪行为的准确定性、调查取证与及时移送，若缺乏行政机关移送这一前置性环节，刑事司法机关将难以有力打击行政犯罪行为，追究违法者的刑事责任也就成为"镜中花、水中月"。最后，行政犯罪是由行政违法行为引致或转化而来的。唯有行政违法行为严重到涉嫌犯罪时，行政执法机关才移送刑事司法机关并追究刑事责任，这也意味着，行政犯罪来源于行政违法行为，无行政违法行为也就无所谓行政犯罪，对行政犯罪行为的责任追究往往依赖于行政机关对行政违法及其严重程度的认定。

第二，行政犯罪之刑事违法性。行政犯罪毫无疑问具有行政违法性，但其也具有刑事违法性。首先，从字面意义上看，行政犯罪是一种应受刑事处罚的"犯罪"，也就是说，行政犯罪具有刑事可罚性，其不是单纯的行政违法行为，而是一种涉嫌犯罪的严重行政违法行为，进一步而言，该行政违法行为的情节、后果等方面已经达到刑事责任追究之程度。其次，行政犯罪之刑事责任追究依赖于刑事司法机关。申言之，当行政执法机关将涉嫌犯罪的违法行为移送后，公安机关需要依法受理、审查并决定是否立案侦查，若符合刑事追诉标准的，公安机关有义务将相关案件材料移送至检察机关以追究刑事责任，而刑事责任追究必须由检察机关提起公诉并经过人民法院的判决。从这一点上看，对行政犯罪行为的刑事追究依赖于刑事司法机关。最后，从责任形式上看，行政犯罪最终要承担刑事责任，尽管行政机关可能已作出相应的行政处罚，但与刑事责任折抵后，最终还是要承担相应的刑事责任。②

事实上，正是由于行政犯罪具有双重违法性，"决定了其法律责任的双重属性即对行政犯罪既要追究行政责任，又要追究刑事责任"③。从理

---

① 郑昆山：《环境刑法之基础理论》，五南图书出版公司1998年版，第178页。
② 需要说明的是，部分行政责任与刑事责任可以折抵，譬如罚款与罚金，行政拘留与刑期等，但最终法律责任的承担还是以刑事责任的形式表现出来。
③ 周佑勇、刘艳红：《行政刑法性质的科学定位（下）——从行政法与刑法的双重视野考察》，《法学评论》2002年第4期。

论上讲,"只有全面追究犯罪分子的法律责任,才能有效地打击犯罪"①,才能实现刑法上罪与刑的相适应。行政犯罪双重违法性的客观存在,必然要求行政执法与刑事司法在追究违法者法律责任时保护密切配合,一方面要求国家立法机关在制定与修改法律时,要确保涉及行政犯罪的行政法规范与刑事法规范的相互衔接与配合,尤其是要明晰行政违法与行政犯罪的界分标准,以方便行政机关移送涉罪案件;另一方面要求行政执法机关与刑事司法机关在追究行政犯罪者的公法责任时也要加强衔接配合,防止出现"有案不移、以罚代刑、以刑代罚"等问题。一言以蔽之,行政犯罪的双重违法性决定了行政执法与刑事司法衔接的可能性和现实性,而行政责任与刑事责任的相异性和同质性又是行政执法与刑事司法衔接的必要前提。

二 行政犯罪理论与生态环境"行刑衔接"机制

行政犯罪理论的基本观点有:第一,行政犯罪本质上属于严重的行政违法行为,要想打击此类违法行为,在规范依据上需要行政法规范与刑法规范保持衔接,正如学者所言,"行刑衔接"的"重点应当放在行政法规范和刑法规范的衔接和协调上,并主张通过'灰色理论'和'交叉方法'搭建行政法和刑法的缓冲平台和过渡区域,完成行政罚与刑罚的真正对接"②。第二,行政犯罪具有行政违法性和刑事违法性,决定了既要追究违法者的行政责任又要追究刑事责任,以上两类责任的相异性与同质性也为行政执法与刑事司法衔接提供了现实可能性。申言之,行政责任与刑事责任均属于公法责任的范畴,其具有同质属性,但以上两项责任的追究主体、适用领域、承担方式等存在明显差异,若同一违法行为既涉嫌行政违法又涉及刑事犯罪,此时就需要同时追究行政责任与刑事责任。第三,行政犯罪的法律责任追究,需要行政机关与刑事司法机关的衔接配合,尤其需要行政机关、公安机关、检察机关在案件移送与证据收集及转化上的协同配合。

依据行政犯罪理论,生态环境"行刑衔接"机制建设应当首先明确环境行政违法与环境犯罪的界限及衔接可能性。本质上而言,环境行政违

---

① 参见张明楷主编《行政刑法概论》,中国政法大学出版社1991年版,第103页。
② 李晓明:《行政刑法新论》,法律出版社2014年版,第29页。

法与环境犯罪均属于行政违法行为,但二者之间应当有明确界限,即环境行政违法行为"情节严重"的才可能涉嫌环境犯罪。在理论层面,行政违法与刑事司法存在"质的差异说""量的差异说""质量差异说"等争议,导致环境行政违法与环境犯罪的界限实在过于模糊,生态环境部门在判断某一环境行政违法行为是否"涉嫌犯罪"时存在较大困难,加之生态环境部门与刑事司法机关之间尚未构建完善的办案协作机制,使得部分涉嫌环境犯罪的行为未能被移送刑事司法领域。因此,为有效打击部分严重环境行政违法行为,必须在规范依据和制度设计上做好衔接,尤其是明确环境犯罪的判定标准以及证据收集与转化规则,确保生态环境部门更好地收集与保全证据,及时将涉嫌环境犯罪的案件移送刑事司法机关。

基于环境犯罪之双重违法性,刑事司法机关在追究环境犯罪者的法律责任时应当充分做好与生态环境部门的衔接配合,尤其是在案件移送、证据转化与信息共享方面加强配合,有效追究环境犯罪者的双重法律责任。

第一,为依法追究环境违法者的双重责任,生态环境部门与刑事司法机关在案件移送上应加强衔接配合。案件移送是追究责任的前提条件,若生态环境部门不依法移送案件,那么对环境违法犯罪者之刑事责任的追究将无从谈起。按照行政犯罪理论之要求,生态环境部门一旦发现环境行政违法行为涉嫌环境犯罪,应当及时移送刑事司法机关立案侦查,以追究环境犯罪者的刑事责任,但应当注意的是,案件移送后并不意味着行政责任追究的完毕,生态环境部门仍可根据需要追究环境犯罪者的行政责任,这意味着国家对行政责任与刑事责任的追究可以同时进行,若行政责任与刑事责任相聚合的,可根据不同性质的责任判断是否可以折抵。应当指出的是,若刑事司法机关发现生态环境部门移送而来的案件不构成犯罪或不需要追究刑事责任,但需要追究行政责任的,应当将案件及时移回生态环境部门追究行政责任,这也体现了生态环境部门与刑事司法机关在追究环境违法犯罪者责任时的协同配合。总之,为准确追究环境违法者的双重责任,需要健全案件移送机制,明确生态环境部门与刑事司法机关在案件移送中的各自职责与协作事项。

第二,为依法追究环境违法者的双重责任,生态环境部门与刑事司法机关在证据收集、固定与转换上应加强配合。行政责任追究一般依赖于生态环境部门在行政执法与案件查办中收集的证据,而刑事责任追究同样需要依赖生态环境部门收集的各类证据,但前提在于:环境行政执法证据必须首先转化为刑事证据,才能追究环境犯罪者的刑事责任。环境行政执法证据与刑事证据在收集主体、收集程序、证明标准等方面存在很大差异,但是为有效追究环境犯罪者的刑事责任,应当建立环境行政执法证据向刑事证据转化的规则,同时需要完善刑事司法机关对证据转化的审查机制,避免因证据问题而迟滞刑事责任的追究。依据行政犯罪理论,环境犯罪明显具有行政从属性,这意味着对环境犯罪者刑事责任的追究需要依赖生态环境部门的移送以及对相关证据的固定与保存,而要确保环境行政执法证据能够在刑事司法中顺利使用,生态环境部门与刑事司法机关在证据转化中应保持合作,譬如完善各项证据的转化规则以及证据转化审查机制。

第三,为依法追究环境犯罪者的双重责任,检察机关应强化对案件移送与交接过程的监督。环境犯罪的双重违法属性,既需要依法追究行政责任,也需要依法追究刑事责任,但以上两项责任的追究权限分别归属于生态环境部门与刑事司法机关。由于在责任追究过程中存在主体差异,生态环境部门很可能基于部门保护主义和地方保护主义而选择以罚代刑,即以行政处罚替代案件移送;公安机关也可能基于各种因素而对移送案件选择不予接收或不予立案。其结果可能导致国家只能追究环境违法犯罪者的行政责任,而无法实现对环境犯罪之双重责任追究。为有效追究环境犯罪者的双重责任,作为国家法律监督机关的检察机关应当强化对生态环境部门移送与公安机关立案的监督,以有效防止生态环境部门以罚代刑与公安机关不依法立案,同时督促上述两部门在追究行政责任与刑事责任时保持密切配合,譬如公安机关可提前介入以侦查取证,抑或是引导生态环境部门调查取证,也可通过提前介入来发现环境污染案件背后的失职渎职行为。总之,要实现对环境犯罪者行政责任与刑事责任的有效追究,不应仅仅寄望于生态环境部门与公安机关自觉移送案件,还应强化检察机关的法律监督职责,从而更有效地追究环境犯罪者的双重法律责任。

第三节 协同治理理论

一 协同治理理论简述

协同治理理论是在反思"多中心治理"(亦称"复合治理""多元治

理""合作治理")的基础上提出的一种治理学说。早在20世纪80年代，为克服"单中心治理"的内生缺陷与实施困境，美国政治经济学家埃莉诺·奥斯特罗姆提出了"多中心治理"模式，旨在通过多个权力中心而非单一中心和组织体制治理社会公共事务。"多中心治理"的优势在于：打破了单中心体制下权力高度集中的格局，形成了多个中心来承担公共产品的供给职能，有助于克服单一靠市场或政府来实现公共服务供给的不足。由于"多中心治理"顺应了公共治理的时代潮流，因而广受美国、英国、法国等国家推崇，并在环境保护、食品安全、社区治理等领域取得了较好的实施效果。但遗憾的是，"多中心治理"模式始终未能很好地解决多个主体之间的地位与如何互动合作问题，也未能解决治理过程中的信息不对称问题。协同治理理论的提出，有效解决了"多中心治理"理论未解决的难题，因而很快成为社会公共治理上的一项重要理论。

协同治理是应对复杂性、系统性的治理危机而产生的一种治理理念，是对传统科层制的纵向线性治理模式的扬弃。[1] 对比而言，"多中心治理"与协同治理存在诸多异同之处，相同之处在于二者均强调治理主体的多元化与治理方式的多样化，均强调通过"群策群力"来管理社会公共事务；相异之处在于，协同治理较"多中心治理"更为强调多元治理主体之间的协作与配合，更为注重多元主体之间的信息共享与交互，有效避免了各个主体治理过程中"各自为政"或"单打独斗"。传统治理模式主要通过政府命令或指令的方式进行，"多中心治理"也难以克服这一弊端，所采取的治理方式是单向的、刚性的，而协同治理注重对话、协商、沟通与合作，因此也更容易得到社会多元主体的青睐。正基于此，在面对日益复杂的社会公共事务时，坚持协同治理模式比"多中心治理"模式更具优势，更能应对主体多元与利益复杂所带来的挑战。

协同治理理论由协同学与治理理论有机组成。其中，协同学由联邦德国物理学家赫尔曼·哈肯创立，他认为，"协同学即'协调合作之学'，旨在发现自组织结构赖以形成的普遍性规律，并且关注于结构最终形成的总体模式"[2]，它的基本假设是：在无生命物质中，新的、井然有序的结

---

[1] 刘建伟：《习近平的协同治理思想》，《武汉理工大学学报》（社会科学版）2018年第1期。

[2] ［德］赫尔曼·哈肯：《协同学——大自然构成的奥秘》，凌复华译，上海世纪出版集团2005年版，第1—2页。

构也会从混沌中产生出来，并随着恒定的能量因而得以维持。① 基于此假设，哈肯提出了协同学的两大基本原理：自组织原理与伺服原理。所谓自组织原理，即"系统按照相互默契的某种规则，各尽其责而又协调地自动地形成有序结构"②；所谓伺服原理，即"子系统之间存在协同作用与相互竞争，促进系统由无序转化为有序"③。以上两项原理略显晦涩，但也不难理解，其要表达的核心意涵是："从系统的角度去看待社会发展，并强调系统中各子系统（或要素）之间的协同与配合。"④ 除了明确"协同"一词的内涵外，还应厘清"治理"的意涵。尽管学者们从不同视角定义何谓"治理"，但表达的意思大多相近，其中联合国"全球治理委员"的定义较为权威性与代表性，其认为"治理"是"各种公共或私人的个人和机构管理其公共事务的诸多方式的总和，它是使相互冲突或不同的利益得以调和并且采取联合行动的持续的过程"⑤。

考察"协同"与"治理"的不同内涵发现，协同治理理论是协同学在社会治理领域的具体应用。协同治理理论的提出具有重要的理论及实践价值。第一，从方法论的角度看，协同治理理论要求从系统的视角观察社会发展现象，分析各子系统的相斥、合作与竞争关系，尤其是关注各子系统的协同配合及其运行规律，从而促进系统由无序走向有序、由低级有序转向高级有序。第二，从实践的角度看，协同治理理论对于解决社会治理中的疑难问题具有重大现实价值。协同治理与"单中心治理""多中心治

---

① 参见［德］赫尔曼·哈肯《协同学——大自然构成的奥秘》，凌复华译，上海世纪出版集团2005年版，第1页。

② 李汉卿：《协同治理理论探析》，《理论月刊》2014年第1期。

③ 协同学中的伺服原理认为，"子系统总是存在自发的无规则的独立运动，同时又受到其他子系统对它的共同作用——存在着子系统之间关联而形成的协同运动，在临界点前，子系统之间的关联弱到不能束缚子系统独立运动的程度，因此，子系统本身无规则的独立运动起着主导作用，系统呈现无序状态。随着控制参量的不断变化，当系统靠近临界点时，子系统之间所形成的关联便逐渐增强，当控制参量达到'阈值'时，子系统之间的关联和子系统的独立运动，从均势转变到关联起主导地位的作用，因此在系统中便出现了由关联所决定的子系统之间的协同运动，出现了宏观的结构或类型"，简单来说，就是子系统的协调与竞争可促进系统的演变。参见郭治安等编著《协同学入门》，四川人民出版社1988年版，第24页。

④ 熊光清：《中国网络社会多中心协同治理模式探索》，《哈尔滨工业大学学报》（社会科学版）2017年第6期。

⑤ 夏志强：《公共危机治理多元主体的功能耦合机制探析》，《中国行政管理》2009年第5期。

理""复合治理""多元治理""合作治理""网络化治理"的最大区别不是"治理"而是"协同",这意味着,公共治理应注重不同子系统或行为体(即治理主体)的协同配合,突出各治理主体的共同利益而非个人利益,发挥各治理主体的比较优势,使其在相互配合与相互监督的基础上有效实现社会管理目标,"防止某一主体在治理过程中'搭便车',衍生协同治理的负效应"①。

值得一提的是,习近平总书记提出的有关生态环境保护理念也蕴含着协同治理思想。生态环境问题具有复杂性、全局性,在治理过程中需要多个部门、多个层次的协作配合。习近平总书记指出,若"种树的只管种树、治水的只管治水、护田的单纯护田"②,那么生态环境治理的效果往往不彰。事实上,生态环境的各项要素都是彼此相连、密不可分的,正如美国海洋生物学家蕾切尔·卡森在《寂静的春天》中说的那样,"水也应该被考虑加入到它所支持的生命环链中去,这个环链从浮游生物的像尘土一样微笑的绿色细胞开始,通过很小的水蚤进入噬食浮游生物的鱼体,而鱼又被其他的鱼、鸟、貂、浣熊吃掉,这是一个从生命到生命的无穷的物质循环过程"③,亦如达尔文在《物种起源》中说的,"如果巴拉圭某种食虫鸟减少了,寄生性昆虫大概就要增多;因而会使在脐中产卵的蝇减少,——于是牛和马便可能成为野生的了,而这一定会使植物大为改变(我确定曾在南美洲一些地方看到过这种现象);同时植物的改变又会大大地影响昆虫;从而又会影响食虫鸟,恰如我们在斯塔福德郡所见到的那样,这种复杂关系的范围便继续不断地扩大"④。据此,生态链是一个相对密封的、各项要素紧密相连的无限循环系统,在应对生态环境问题时必须坚持"山水林田湖草沙"理念,"跳出条条框框限制,克服部门利益掣

---

① 夏红莉:《从"管理"走向"治理":政府与社会关系的重构》,《安徽行政学院学报》2014年第2期。

② 中共中央文献研究室编:《习近平关于全面深化改革论述摘编》,中央文献出版社2014年版,第109页。

③ [美]蕾切尔·卡森:《寂静的春天》,吕瑞兰、李长生译,上海译文出版社2011年版,第45—46页。

④ [英]达尔文:《物种起源》,周建人、叶笃庄、方宗熙译,商务印书馆1995年版,第87页。

肘"①，实现各个治理主体的有效协调与相互配合。从这一点上看，"山水林田湖草沙"理念既体现了协同治理的思想精髓，也进一步丰富了协同治理理论。

苏力曾指出："近代以来的社会发展告诉我们，不可能有这种放之四海而皆准的治理方式，一个社会的最佳治理方式必须适应该社会发展需要，必须是为人们社会生活所需要的。"②费孝通曾指出："人类的欲望确实有点微妙，他们尽管要这个要那个，结果却常常合于他们生存的条件。"③可见，治理模式的选择必须合乎人类自身的需要。④作为协同学与治理理论的一种交叉理论，协同治理理论契合了社会改革治理的现实需要，因此其更具生命力和优越性。概言之，协同治理理论主要有如下三个方面的内涵：

第一，治理主体的多元性。协同治理理论是对"多中心治理"理论的继承与超越。从治理主体上看，协同治理理论继承了"多中心治理"理论所主张的多元治理特质。在"多中心治理"理论看来，多元治理主体主要包括政府、企业、个人、社会组织、行业协会、专家体系、媒体、社区等。也正因如此，不少学者将协同治理定义为"在公共管理活动中，政府、非政府组织、企业、社区、公民等社会多元要素在网络技术和信息技术的支持下，相互协调，合作治理公共事务，以追求最大化的管理效能，最终达到最大限度地维护和增进公共利益的目的"⑤。然而，若将"政府、非政府组织、企业、个人、社区等"作为协同治理中的主体，难免曲解了协同治理的本意。申言之，协同治理是从系统的角度考察各子系统的协同配合，该子系统既可能包含"某一系统内部的政府、企业、个人、社区、媒体与专家等"，也可能包含"某一系统的中央政府、地方政府以及政府内部的各个部门"。可见，协同治理所主张的多元化主体，应

---

① 中共中央文献研究室编：《习近平关于协调推进"四个全面"战略布局论述摘编》，中央文献出版社2015年版，第63页。

② 苏力：《制度是如何形成的》（增订版），北京大学出版社2007年版，第216页。

③ 费孝通：《乡土中国》（修订本），上海世纪出版集团2013年版，第78页。

④ 费孝通指出："儒家最后能超过其他百家而成为皇权时代最有力的思想体系，可以说是因为它所表现出来的观点最适合于皇权时代政治结构中所需的意识形态。"参见费孝通《乡土中国》（修订本），上海世纪出版集团2013年版，第111页。

⑤ 何水：《协同治理及其在中国的实现——基于社会资本理论的分析》，《西南大学学报》（社会科学版）2008年第3期。

当是指系统中子系统的多元化，而非仅仅指"政府、企业、个人、社会组织等"治理主体的多元化。比如说，在环境犯罪治理这一大系统中，协同共治的主体既包含生态环境部门、公安机关、检察机关，还可能包含监察机关、环境监测机构、鉴定机构与社会公众等。

第二，各子系统的协同性。"协同"是协同治理理论的精髓所在。在复杂的社会系统中，单一主体不可能拥有解决社会问题的所有知识、工具和资源，而必须依靠于各个治理主体的"群策群力"与协同配合。应当注意的是，协同治理不再注重强势子系统（譬如政府部门、大中型企业）在多元治理中发号施令，而是要求各子系统通过平等对话协商、相互合作与优势互补等方式建立伙伴管理关系来管理社会公共事务，即所谓的"社会共治"①。正如有的学者所言："参与合作的行动者各尽其能，运用自己的权力及行动能力，动用不同的资源，将各种能够动用的资源和能力整合在一起，以达成共同的利益目标"②。但应当注意，协同并不是要求同时或同步参与治理，而是强调各个主体在相互协作、相互配合的基础上共同参与治理，借由"集体力量"或"集体行动"来应对复杂多变的社会公共事务。事实上，坚持协同治理，加强各职能部门在社会公共治理中的协调配合，有助于形成治理的总体效应，这也是推进国家治理现代化的必由之路。总之，社会系统的复杂性与多样性决定了各个子系统必须保持高度协同并充分发挥其各自优势，以促进社会系统的有序运转。

第三，信息交互的流畅性。协同治理本质上属于一种集体行为，而这种集体行为能否实现预期效果，一定程度上取决于信息交流与共享是否充分以及信息交互渠道是否通畅。有学者曾指出："协同治理中信息沟通越强，信息就越精确和越具有对称性，治理主体间的信任度就越强，其合作可能性就越大；反之，信息公开透明度较低，信息偏差严重，信任感不

---

① 所谓"社会共治"，是指以多元主体合作治理为共治范式，以参与、协同、法治为基本要素，以实现社会共同谋求的利益为价值旨归。参见王名、蔡志鸿、王春婷《社会共治：多元主体共同治理的实践探索与制度创新》，《中国行政管理》2014年第12期。"社会共治"是协同治理理论在社会治理领域的具体应用，具有广泛的适用空间。为此，国务院印发的《"十三五"生态环境保护规划》（国发〔2016〕65号）明确将"社会共治"作为生态环境保护的基本原则，提出构建政府、企业、公众共治的环境治理体系。

② 杨华锋：《论环境协同治理——社会治理演进史视角中的环境问题及其应对》，博士学位论文，南京农业大学，2011年，第107页。

足,不仅引发各种机会主义行为,而且可能造成治理主体的互动成本增加,容易导致协同治理效果大打折扣。"① 一般而言,各个治理主体均可能掌握相应的治理信息,但政府部门和企业由于在技术、能力、财力等方面的比较优势,往往比其他的治理主体掌握更多的信息,这也决定了社会治理中信息交互的可能性与必要性。正如凯斯·R.孙斯坦所言,治理"成功的第一步是政府要提供足够的信息,使人们能够做出明智的判断"②,足见信息共享与交互在社会治理中的重要性。概言之,建立有效的信息交互机制,有助于缓解甚至消除协同治理中各主体因信息不对称而导致的机会主义现象,也有助于各治理主体作出准确判断与增强合作意愿,从而提升协同治理的质量和效果。

二 协同治理理论与生态环境"行刑衔接"机制

协同治理理论从系统论的视角阐释了多元主体在社会公共事务管理中的功能与协作原理,这对构建生态环境"行刑衔接"机制具有较强的解释力,为衔接机制的构建提供了充分的理论依据。反之,生态环境"行刑衔接"机制的具体内容(如联合办案、联席会议、案件双向咨询与信息共享平台建设),也充分体现了协同治理理论的要求。

生态环境"行刑衔接"中的案件移送是一项系统工程,其关涉的主体不仅包含生态环境部门、公安机关与检察机关,还可能包含监察机关、鉴定检测机构、法院等。若将生态环境"行刑衔接"机制视为一个总系统,那么以上主体都是总系统中的子系统,每个子系统功能各异,既各具优势又各司其职,而要想实现涉罪案件的有序移送,亟须通过以上各个子系统的协同配合。关于各主体的角色定位与分工,网络上曾流传一个段子,即"公安是做饭的,检察院是送饭的,法院是吃饭的",该网络段子较为形象地说明了"做饭送饭吃饭"这一系统中各子系统的功能定位与协同配合。正如 Christian Almer 和 Timo Goeschl 所说的那样,"刑事司法系统的一个显著特点是,它由几个独立的监管机构组成,即有专门的警察队伍负责监督和调查,其后是根据警察报告做出立案侦查的检察机关,最

---

① 李礼、孙翊锋:《生态环境协同治理的应然逻辑、政治博弈与实现机制》,《湘潭大学学报》(哲学社会科学版) 2016 年第 3 期。

② [美] 凯斯·R. 孙斯坦:《风险与理性——安全、法律及环境》,师帅译,中国政法大学出版社 2005 年版,第 323 页。

后是负有审判职责的法官"①。在生态环境"行刑衔接"中，各个主体同样存在不同的角色定位，其中生态环境部门负责涉罪案件的调查、取证、处罚、移送；公安机关负责对移送案件的审查、立案（或不立案）、侦查与移送；检察机关负责对生态环境部门移送的监督、对公安机关立案的监督，以及提供专业咨询意见；监察机关负责对生态环境执法人员是否失职渎职展开侦查。显而易见，以上各主体在生态环境"行刑衔接"这一大系统中扮演不同角色，也发挥着不同的作用。

但应当注意的是，生态环境"行刑衔接"中的案件移送与证据转换并不是其中任何一个主体就能完成的，其需要各个主体的协同配合，譬如为确保涉罪案件在生态环境部门与公安机关之间有序交接，需要检察机关的有效监督；为确保环境行政执法证据能够在刑事司法中使用，需要生态环境部门、公安机关与检察机关在证据转化时保持密切配合，以促进两类证据的衔接与转化。而为确保各主体发挥自组织的功能以及促进案件移送，必须从制度层面构建一套长效的生态环境"行刑衔接"机制，即"这就需要设计一套行之有效的制度，明确规定治理主体各自权利的高低归属、协同治理配合责任范围、资源调配与共享机制等问题，以优化当前的生态环境协同治理权责体系"②。这也再次说明，生态环境"行刑衔接"不是靠一己之力便可完成的，对环境违法犯罪者法律责任的追究也不是靠生态环境部门就能实现，而是需要各个职能部门在法律法规的框架内保持协同配合，发挥各自专业优势，唯此才能发挥打击环境犯罪的协同效应，才能提升环境犯罪的打击效率。这与经济学鼻祖亚当·斯密在《国富论》中提出的"分工论"有异曲同工之处。亚当·斯密认为，"专业化分工与协同配合能有效提升经济效率"③，正所谓，"分工与效率呈现正相关关系，分工出效率，无分工则无效率"④。立足于亚当·斯密的社会分工学

---

① Christian Almer and Timo Goeschl, "The Political Economy of the Environmental Criminal Justice System: a Production Function Approach", *Public Choice*, Vol. 148, No. 3, 2011, p. 620.

② 曹姣星：《生态环境协同治理的行为逻辑与实现机理》，《环境与可持续发展》2015年第2期。

③ 亚当·斯密指出："劳动生产力上最大的增进，以及运用劳动成果时所表现出的更大的熟练、技巧和判断力，似乎都是分工的结果。"参见［英］亚当·斯密《国富论》，郭大力、王亚南译，商务印书馆2015年版，第1页。

④ 唐绍均、蒋云飞：《论环境保护"三同时"义务的履行障碍与相对豁免》，《现代法学》2018年第2期。

说，若生态环境部门、公安机关、检察机关、监察机关等部门之间缺乏专业分工与协作配合的话，生态环境"行刑衔接"也无法形成协同效应。

生态环境"行刑衔接"机制建设充分体现了协同治理理论的内在要求。其一，生态环境"行刑衔接"机制要求生态环境、公安、检察三部门在案件移送中加强协同配合，防止有案不移与以罚代刑。2017年《工作办法》第3条明确规定"各级环保部门、公安机关和人民检察院应当加强协作，统一法律适用，不断完善线索通报、案件移送、资源共享和信息发布等工作机制"，为明晰以上职能部门的职责边界，该办法第9条、第10条与第24条分别规定了生态环境部门、公安机关与检察机关在案件移送、证据收集与转化、涉案物品查封扣押、重大疑难复杂案件咨询方面的协作与配合事项。除此之外，2017年《工作办法》第31条还规定"生态环境部门、公安机关和人民检察院应当加强对重大案件的联合督办工作，适时对重大案件进行联合挂牌督办，督促案件办理。同时，要逐步建立专家库，吸纳污染防治、重点行业以及环境案件侦办等方面的专家和技术骨干，为查处打击环境污染犯罪案件提供专业支持"，其中"联合挂牌督办规定"明显体现了协同治理理念。

其二，生态环境"行刑衔接"机制要求生态环境部门、监察机关与检察机关在案件移送与证据转化中的协同配合。随着2018年《监察法》的出台，监察机关在环境保护领域的职务犯罪调查、取证与移送过程中将扮演重要角色，由于监察机关并不具备行政执法权与检察监督权，因此其发现的涉嫌环境职务犯罪案件或收集的证据必须移送检察机关立案侦查，如此才能追究相关责任人员的刑事责任。再者，监察机关在调查环境职务犯罪案件中也可能发现环境违法行为，此时需要将相关案件或线索通报生态环境部门，或建议生态环境部门予以行政处罚。由此可见，监察机关将环境职务犯罪案件移送检察机关抑或是将环境违法线索通报生态环境部门，均体现了生态环境部门、监察机关、检察机关的协同配合，借此更有效地打击环境污染及其背后的职务犯罪行为。2018年《监察法》亦体现了协同治理理念，该法第4条规定"监察机关办理职务违法和职务犯罪案件，应当与审判机关、检察机关、执法部门相互配合，相互制约。监察机关在工作中需要协助的，有关机关和单位应当根据监察机关的要求依法予以协助"，若将该条款适用在生态环境"行刑衔接"领域，则体现为监察机关与生态环境部门、检察机关在打击环境职务犯罪上的协同配合，毋庸讳言遵循了协同治理理论的内在要求。

其三,生态环境"行刑衔接"机制凸显了信息共享的重要性。根据协同理论之要求,治理信息能否得到治理主体的充分共享与有效交互,一定程度上决定着协同治理目标的实现,因此遵循协同治理必然要求畅通信息交互渠道并消除"信息不对称"现象。基于信息共享不到位仍是制约生态环境"行刑衔接"的重要因素,因而有必要在协同治理理论的指导下,建立生态环境"行刑衔接"信息共享机制,畅通信息共享与交互渠道,确保生态环境部门、公安机关与检察机关都能实时掌控有关案件移送及侦办信息。正因如此,2017年《工作办法》第33条规定"各级环保部门、公安机关、人民检察院应当积极建设、规范使用行政执法与刑事司法衔接信息共享平台,逐步实现涉嫌环境犯罪案件的网上移送、网上受理和网上监督",冀望通过信息共享平台的完善来实现环境案件信息的有效共享。此外,2017年《工作办法》还规定了其他信息共享方式,一是定期召开联席会议,通报衔接工作情况,使检察机关能够有效掌握案件移交的大致情况;二是构建双向咨询制度,即生态环境部门、公安机关与检察机关之间可以就案件定性、移送标准、证据标准、证据收集与保存等问题咨询其他部门,在借助他人专业知识的基础上缓解"信息不对称",从而更有效地促成案件移送与证据转化。

基于以上分析可见,协同治理理论可为生态环境"行刑衔接"机制的构建与完善提供充分的理论支撑,反过来看,生态环境"行刑衔接"中的案件移送机制、证据转化机制、信息共享机制、案件咨询机制等机制建设,也充分体现了协同治理理论的内在要求。生态环境"行刑衔接"机制是一个由生态环境部门、公安机关、检察机关、环境监测部门、鉴定机构等诸多主体共同参与的复杂系统,单纯依靠某个部门或机构的"单打独斗"与"尽忠职守"已经无法适应打击环境违法犯罪的需要,迫切需要各个部门在共享信息的基础上相互配合,发挥各自职能(专业)优势,真正形成环境违法犯罪惩治的协同效应。诚如某些学者所言,"在加强环境执法机制过程中,要充分调动立法机关、行政执法机关、公安机关、检察机关以及其他参与主体的能动性,确保各司其职与相互衔接配合,形成合理有机的结构体系"[①]。总之,生态环境"行刑衔接"机制应

---

① Cao Hongjun, Shao Haohao and Cai Xuesen, "Analysis of Environmental Law Enforcement Mechanism Based on Economic Principle", *Earth and Environmental Science*, Vol. 94, No. 1, 2017, p. 3.

当遵循协同治理理念，通过生态环境部门、公安机关、检察机关与监察机关的协同配合与优势互补来促进案件移送与证据转化，确保任何涉嫌环境违法犯罪的行为都能被依法追究法律责任。国外学者 White 和 Rob 的相关研究亦佐证了环境违法犯罪防治中协作治理的重要性，"在预算有限和执法资源不足的情况下，环境行政执法与环境司法的有效性很大程度上取决于各职能部门能否形成合作伙伴关系，以及能否在复杂多变的环境违法处置中作出有效对策"①。由此可见，生态环境部门与司法机关在权力制衡的基础上相互合作、协同配合，可有效提升生态环境"行刑衔接"的效果。

第四节 整体性治理理论

一 整体性治理理论简述

整体性治理理论（亦称整体主义）源于 20 世纪 90 年代的西方国家，旨在解决政府行政改革所带来的管理碎片化、职能分散化和公共服务裂解性问题。1990 年，英国安德鲁·邓西第一次提出"整体性治理"（Holistic Governance）的概念，阐释了其基本意涵，并将其引入政府公共管理改革领域。1997 年，英国佩里·希克斯在其所著的《整体性治理：新的改革议程》一书中对"整体性治理"的产生背景、核心理念和基本策略进行了充分论证，并将其上升为用于指导政府治理的理论体系。整体性治理理论一经问世，便得到西方国家理论界的认可和重视，随后在英国、澳大利亚、新西兰、美国等国新公共管理运动中广泛实践运用，在行政体制改革、人事制度改革、养老保险改革等方面取得了一定的治理效果。值得一提的是，在上述实践整体性治理理论的西方发达国家中，衍生了语义不同的整体性治理模式，如英国称之为"协同型政府"，美国称之为"合作政府"，澳大利亚称之为"整体政府"，加拿大称之为"水平政府"。虽然语义表达有所差异，但西方各国所实践的整体性治理模式均蕴含整合、协作、善治等核心理念。就我国而言，整体性治理理论也得到一

---

① Rob White, "Environmental Law Enforcement: the Importance of Global Networks and Collaborative Practices", *Australasian Policing*, Vol. 3, No. 1, 2011, p. 12.

定实践和运用。党的十九届三中全会指出,党的有关机构可以同职能相近、联系紧密的其他部门统筹设置,实行合并设立或合署办公,整合优化力量和资源,发挥综合效益。在此背景之下,大部制改革稳步推进,区域性或跨区域治理实践有序开展,跨区域和跨部门信息共享机制逐步完善,这些都凸显整体性治理理论在我国的广泛实践。

相较于协同治理、合作治理、社会共治等治理理论,整体性治理理论具有较为独特的产生背景、核心理念和方法论体系。整体性治理理论所蕴含的独特思想理念和方法论体系,既丰富了现有的治理理论研究,也对政府管理具有重要现实价值。

整体性治理理论的产生有其特殊历史背景。20世纪80年代,英、美两国掀起了轰轰烈烈的新公共管理运动,由于新公共管理模式过于强调分权、服务而造成政府治理碎片化、分散化、低效化等弊端。整体性治理理论通过治理层级、治理功能和公私部门的整合来因应治理碎片化问题,为社会公众提供"一站式"的高效服务。由于契合了政府管理改革的实际需要,整体性治理理论应运而生,新公共管理理论则日渐式微。整体性治理理论尽管顺应了政府管理改革的时代潮流,但要实现其主张的资源整合、"一站式"服务目标却并非易事,毕竟难以克服信息不对称壁垒。然而,20世纪90年代以来,信息化、数字化技术在西方国家的逐步普及和迅猛发展,为整体性治理模式的顺利实施提供了现实可能性。具体而言,信息技术日新月异,各层级政府、政府部门和公私部门之间可通过海量信息数据的挖掘、收集、分析、研判和整理,聚焦公众的需求,并借助信息技术来整合治理资源,进而实现整体性治理目标。从这一点上看,信息技术发展为整体性治理模式的实施提供了强有力的技术支持,也为整体性治理由理论假设走向治理实践创造了有利条件。

整体性治理理论蕴含着丰富的治理理念,主要表现为以功能整合为方式,以公众需要为核心,以解决问题为导向,这也是区别于协同治理、合作治理、社会共治等理论的根本所在。应当说明的是,协同治理、合作治理、社会共治、整体性治理等理论均蕴含着多元主体参与、协作配合、平等交流等治理精髓,但是整体性治理理论更为强调治理资源的整合与协作,以满足社会公共利益为最终目标。整体性治理理论的提出者佩里·希克斯认为,"整合是指通过建立共同的组织结构和共同的专业实践与行动来将以上想法付诸实际行动"①。依佩里·希克斯之言，整体性治理理论不仅强调组织整合或资源整合，也强调治理目标的一致性。所谓组织整合就是通过政府各部门的职能整合和相互协作，以应对复杂多变的社会公共事务，确保政府系统的适应性和灵活性。事实上，现代政府的职能分工日趋精细和专业，社会公共事务也趋于复杂化和利益多元化，若各职能部门恪守专业化分工和职能不能交叉原则，严格以各部门所管辖的事务为工作出发点，各部门之间缺乏彼此联系且相互割裂，不可避免地造成部门中心主义和"各自为政"的后果。整体性治理是解决上述问题的"一剂良方"。整体性治理是在政府间关系"碎片化"、公共服务竞争性和政府与社会治理主体联系断裂的背景下产生的，为解决"碎片化"问题，整体性治理主张发挥协调与整合的作用，打破治理主体间的壁垒、化解分歧，在沟通的基础上，政府从联盟的整体出发，整合各大主体的行动，实现行动的统一性。②

除了注重组织资源的整合，整体性治理理论还强调治理结果的一致性。申言之，各层级政府、政府部门和公私部门在参与社会公共事务治理时必须以实现共同性目标为己任，即围绕公众的真实需求以及政府治理需要进行行动，而不是单纯从政府部门或公私部门的自身利益出发。如果协同治理理论回应的是"我们一起做什么"问题，那么整体性治理理论回应的就是"需要谁参与，并在什么基础上来获得我们在此真正想要的东西"③。整体性治理理论追求的"我们在此真正想要的东西"就是指各治理主体所追求的一致性目标，即朝着一个共同的目标展开一致行动，而协同治理理论更多强调的是多元主体在治理手段上的配合。整体性治理的目标是实现特定公共利益，更准确地说，就是通过各层级政府、政府部门和公私部门的一致努力为社会公众提供高质量服务。为实现社会公共服务的高质量目标，整体性治理理论还强调各治理主体借助信息和网络技术进行资源整合、协同配合和整体运作。整体性治理是强调将信息技术和数字化

---

① Perri 6, D. Leat, K. Seltzer and G. Stoker, *Towards Holistic Governance: The New Reform Agenda*, Basingstoke, UK: Palgrave Macmillan, 2002, p.33.

② 韩兆柱、翟文康：《西方公共治理前沿理论的比较研究》，《教学与研究》2018年第2期。

③ 翁士洪：《整体性治理模式的兴起——整体性治理在英国政府治理中的理论与实践》，《上海行政学院学报》2010年第2期。

手段运用到科层制组织中，按照传统的自上而下的层级结构建立纵向的权力线，并根据新兴的各种网络建立横向的行动线。① 概言之，整体性治理理论诞生于信息化和数字化时代，决定必然要求充分运用信息技术、数字技术等方式进行政策协调和有效治理，在确保各治理主体信息资源共享、互通和整合的基础上，共同决策和共商方案。

整体性治理理论蕴含着独特的方法论，即把重点放在以公众需求为核心的制度设计和变革流程上，将公众需求作为自己解决的问题一部分，积极发展出一种行动策略，整合所有的部门、人员和资源，以单一的窗口"一站式"为公众提供优质高效的信息和服务，并在系统内部展开合作，即"以公众需求为核心，每个运行环节相互协调、步调一致，形成一个整体性的运转流程——不是各个环节的简单排序，而是围绕最终目标、体现整体效益的运行流程"②。质言之，整体性治理理论主张各治理主体围绕一个共同性目标，借助信息网络技术进行相互协调、步调一致的合作，从而实现最大化的治理效能。应当注意的是，整体性治理理论在实践过程中也存在一些问题或质疑之声。比如，各治理主体的职责分工差异，可能导致治理目标的不一致，若强行将各治理主体职能进行整合，可能有悖于职责法定原则；再比如，整体性治理目标的实现有赖于各主体治理信息的充分有效共享，但目前各主体之间仍然存在一定的信息壁垒，各层级政府、各政府部门以及不同区域政府部门之间的信息共享机制并未有效构建，难免影响整体性治理的效果。

二 整体性治理理论与生态环境"行刑衔接"机制

尽管整体性治理理论发轫并广泛运用于政府行政管理领域，但该理论蕴含的科学理念和方法论体系对生态环境治理乃至生态环境"行刑衔接"机制建设具有重要的指引价值。申言之，整体性治理理论主张的资源整合、目标与手段协同以及信息技术运用等理念，可为生态环境"行刑衔接"机制的建设和实施奠定坚实的理论基础。

第一，整体性治理理论强调在资源整合的基础上实现一致性目标，意

---

① ［美］斯蒂芬·戈德史密斯、威廉·D. 埃格斯：《网络化治理：公共部门的新形态》，孙迎春译，北京大学出版社2008年版，第2页。

② 胡佳：《迈向整体性治理：政府改革的整体性策略及在中国的适用性》，《南京社会科学》2010年第5期。

味着必须科学运用整体性、系统性思维解决生态环境治理碎片化以及生态环境"行刑衔接"问题。生态环境系统是一个要素复杂、结构精密的有机整体，因此对生态环境问题的法律回应，必须采取整体性和系统性的思维方法，充分整合资源以实现生态环境问题的有效治理。详言之，要从系统工程和全局角度寻求新的治理之道，不能再是头痛医头、脚痛医脚，各管一摊、相互掣肘，而必须统筹兼顾、整体施策、多措并举，全方位、全地域、全过程开展生态文明建设。① 以长江生态环境治理为例，习近平总书记在2018年4月召开的"深入推进长江经济带发展座谈会"上明确指出："我讲过'长江病了'，而且病得还不轻。治好'长江病'，要科学运用中医整体观，追根溯源、诊断病因、找准病根、分类施策、系统治疗。这要作为长江经济带共抓大保护、不搞大开发的先手棋。"② 习近平总书记将"中医整体观"运用到"长江病"的医治上，"既阐明了推进长江经济带建设的价值观，也说明了长江经济带建设的方法论"③。从学理上看，中医是一种有别于西医的系统性、整体性的治疗模式，其不再单纯关注于疾病的某一症状或某一病灶，而是基于整体性、调和性、系统性思维，找准病因、分类施策，通过科学调理方式舒筋活血、通络经脉，从而实现药到病除。

质言之，"中医整体观"是整体性治理理论在生态环境治理上的具体实践和科学运用。习近平总书记曾指出："长江经济带作为流域经济，涉及水、路、港、岸、产、城和生物、湿地、环境等多个方面，是一个整体，必须全面把握、统筹规划。要增强系统思维，统筹各地改革发展、各项区际政策、各领域建设、各种资源要素。"④ 在"中医整体观"的指导下，环境立法不再局限于按单一的环境要素立法，而是基于整体主义和系统思维开展立法，"实现从线性立法向非线性立法、从部门性立法向领域

---

① 习近平：《习近平谈治国理政》（第三卷），外文出版社2020年版，第363页。
② 习近平：《加强改革创新战略统筹规划引导 以长江经济带发展推动高质量发展》，《中国环境报》2018年4月27日第1版。
③ 吕忠梅：《建立"绿色发展"的法律机制：长江大保护的"中医"方案》，《中国人口·资源与环境》2019年第10期。
④ 习近平：《走生态优先绿色发展之路 让中华民族母亲河永葆生机活力》，《中国环境报》2016年1月8日第1版。

性立法、从对抗性立法向合作性立法、从分离性立法向整合性立法的转变"[1]，国内首部流域立法——《长江保护法》的顺利出台即是明证。在法的实施方面，习近平法治思想中的生态文明法治理论强调统筹考虑法治在生态文明建设中的历史方位和作用地位，注重与德治、政治、自治、智治等治理方式在生态文明建设上的协同配合，同时科学处理好生态环境执法、司法、守法与法律监督之间的关系，采取"一盘棋"思维统筹各区域、各流域的立法及执法的协同。概言之，习近平法治思想中的生态文明法治理论以"中医整体观"作为问诊"长江病"、加强顶层制度设计、改革体制机制的方法论，对于加强生态环境立法的体系性以及强化环境法律的实施大有裨益。

就生态环境"行刑衔接"而言，整体性治理理论为衔接机制建设提供了理论依托。整体性治理理论主张通过资源整合和协同配合，以实现共同性和一致性治理目标。实施生态环境"行刑衔接"机制的根本目的在于通过生态环境、公安机关、检察机关、法院等部门的无缝衔接配合，依法、有序、及时、精准打击环境违法犯罪行为。进一步而言，精准追究环境违法犯罪者的法律责任即是生态环境"行刑衔接"机制中各参与主体的共同目标。为实现此共同目标，生态环境部门与刑事司法机关在环境违法犯罪案件移送和承接过程中，需要整合各部门的资源，尤其是发挥各部门的办案专长，在协作配合的基础上有效追究环境违法犯罪者的法律责任。尽管生态环境"行刑衔接"机制中的环境行政权、公安侦查权、检察权和审判权之权力属性有所不同，但毋庸置疑都属于国家公权力的范畴，而维护生态环境安全和公众身体健康是行使国家公权力的根本价值追求。按照整体性治理理论的要求，各项权力协同配合的共同目标在于精准打击环境违法犯罪，围绕此目标来整合各项权力资源，有效促进环境违法犯罪案件在行政执法与刑事司法两大领域有序流转。应当注意的是，虽然生态环境"行刑衔接"机制中的各项权力运作围绕着共同性目标，但是各权力的行使都有其边界，不能逾越法律规定的各自权力边界，避免出现"以罚代刑""以刑代罚""检察权过度介入"等权力越界问题。

第二，整体性治理理论坚持以解决问题为导向，在此基础上加强各治

---

[1] 刘超：《习近平法治思想的生态文明法治理论之法理创新》，《法学论坛》2021年第2期。

理主体之间的协作配合，这要求生态环境"行刑衔接"机制建设必须针对性回应"行刑衔接"中的难题，进而推进生态环境部门与刑事司法机关在案件移送中的无缝衔接。以问题为导向是整体性治理理论的方法论基础，即努力解决那些现实存在且人民群众关心的问题，同时要求"政府系统应在治理方法、思维模式和运行机制上进行新的创新和变革"①。以问题为导向进行资源整合并开展治理，既是整体性治理理论的方法论，也是确保其取得治理实效的"一大法宝"。生态环境"行刑衔接"机制的目标在于实现生态环境部门与刑事司法机关针对环境违法犯罪案件移交的衔接配合，但在实现此目标过程中存在诸多现实性问题和困境，如生态环境部门向公安机关移送案件后能否再进行行政处罚？刑事司法机关如何将案件反向移送生态环境部门以及刑事证据能否作为环境行政处罚的依据？按照整体性治理理论之"坚持问题导向"要求，生态环境"行刑衔接"机制建设必须充分回应上述问题，"行刑衔接"中各项权力的整合和协同也必须以解决问题为前提条件，如此才能实现整体性治理的预期目标。

目前而言，我国"生态环境法治实施体系上的整体性、协调性、协同性仍是明显短板，凸显执政、执法、司法与守法各环节之间必要的沟通与衔接较为缺乏"②，其中生态环境"行刑衔接"不畅表现得最为明显，尤其需要解决"行刑衔接"不畅问题。按照"行刑衔接"的基本逻辑和实践需求，生态环境"行刑衔接"既包含"行刑正向衔接"，亦包含"行刑反向衔接"，后者是指刑事司法机关将依法不需要追究刑事责任或者免予刑事处罚但应当给予行政处罚的案件移送生态环境部门处理。2021年《行政处罚法》第27条第1款对"行刑反向衔接"予以了明确规定，为完善生态环境"行刑衔接"机制提供了法律依据。以解决"行刑反向衔接"问题为导向，生态环境"行刑衔接"机制建设应当立足打击环境违法犯罪的现实需要设置"行刑双向衔接"程序，推进衔接程序的规范化。详言之，应当运用整体性治理理论的方法论，坚持以问题为导向，对生态环境"行刑双向衔接"程序进行顶层设计和制度创新，在已有"行刑正向衔接"程序的基础上科学设置"行刑反向衔接"程序，尤其是明确案件反向移送的标准、程序和内容，建立健全刑事证据向环境行政证据转化

---

① 谢微、张锐昕：《整体性治理的理论基础及其实现策略》，《上海行政学院学报》2017年第6期。

② 吕忠梅：《习近平法治思想的生态文明法治理论》，《中国法学》2021年第1期。

使用及审查规则，有效追究环境违法者的法律责任。

第三，整体性治理理论注重信息技术的科学运用来整合各治理资源，实现"一站式"服务目标，其中所蕴含的信息治理理念，为生态环境"行刑衔接"机制建设和实施提供了理论指引。整体性治理理论是信息时代的产物，其认为信息技术和在线服务系统是满足公众需求的基础保障，完善的信息技术可有效增强服务供给的便捷性和高效性。就生态环境"行刑衔接"机制而言，之所以长期以来"行刑衔接"不畅，一个关键的因素是案件信息的不对称，即生态环境部门、公安机关、检察机关、法院等部门在环境违法犯罪案件追诉方面存在较为严重的"信息壁垒"，如公安机关很难知悉生态环境部门对环境违法犯罪案件的处理信息，检察机关很难掌握生态环境部门移送案件和公安机关立案的信息。由于对案件信息缺乏了解，生态环境部门、公安机关、检察机关、法院在打击环境违法犯罪时难以进行资源整合和协作配合，进而影响生态环境"行刑"之间的有序衔接。按照整体性治理的要求，应当充分运用信息技术、数字技术等方式进行政策协调和有效治理，在确保各治理主体在信息资源共享、有效互通、及时反馈和整合的基础上加强协作配合，尤其是要建立健全环境违法犯罪案件信息共享和反馈机制，以破除各治理主体之间的"信息壁垒"。就生态环境"行刑衔接"机制而言，应当在生态环境部门、公安机关、检察机关和法院之间构建完善的案件信息共享机制，如完善"行刑衔接"信息共享平台、案件信息或线索通报机制、联席会议机制、案件双向咨询机制等，借助以上信息机制来实现各主体对环境违法犯罪案件信息的充分共享，从而有效推动环境违法犯罪案件在行政执法与刑事司法两大领域的有序双向移送。

第三章 生态环境"行刑衔接"中的案件移送机制

第一节 生态环境"行刑衔接"中案件移送机制的内容

一 生态环境部门向公安机关移送案件

基于环境犯罪的行政从属性,环境犯罪行为常常由生态环境部门先发现、先立案、先调查、先取证以及先处罚,同时根据该犯罪行为是否达到刑事追诉标准决定是否移送公安机关。由此可见,环境犯罪案件移送的基本模式是:生态环境部门发现涉罪案件→生态环境部门将案件移送公安机关。由于该移送模式符合环境犯罪打击的基本流程或一般规律,本书将之归结为生态环境部门向刑事司法机关的"正向移送"。从目前环境犯罪案件移送实践看,"正向移送"是移送案件的常见形态,因此在生态环境"行刑衔接"机制建设中应注重对案件"正向移送"的制度安排。从现有立法看,生态环境"行刑衔接"中的案件"正向移送"主要包含如下内容或流程。

首先,生态环境部门向公安机关移送涉罪案件。2021年《行政处罚法》第27条规定:"违法行为涉嫌犯罪的,行政机关应当及时将案件移送司法机关,依法追究刑事责任。"2020年《行政执法机关移送涉嫌犯罪案件的规定》第3条规定:"行政执法机关在依法查处违法行为过程中,发现违法事实涉及的金额、违法事实的情节、违法事实造成的后果等……涉嫌构成犯罪,依法需要追究刑事责任的,必须依照本规定向公安机关移送。"根据以上条款,移送涉罪案件既是生态环境部门的法定职权,也是生态环境部门必须履行的法定义务。在移送对象上,生态环境部门主要向公安机关移送，移送的涉罪案件类型主要包括：污染环境罪（《刑法》第338条）、走私废物罪（《刑法》第152条）、非法处置进口的固体废物罪（《刑法》第339条第1款）、擅自进口固体废物罪（《刑法》第339条第2款）。在移送期限上，2020年《行政执法机关移送涉嫌犯罪案件的规定》、2007年《若干规定》与2017年《工作办法》均规定的是3个工作日，即"行政执法机关负责人自接到报告之日起3日内作出批准移送或不批准移送的决定"。在移送标准上，2020年《行政执法机关移送涉嫌犯罪案件的规定》第3条规定的是"违法事实涉及的金额、违法事实的情节、违法事实造成的后果等涉嫌构成犯罪，依法需要追究刑事责任"，其移送的标准可归结为"涉嫌构成犯罪+依法需要追究刑事责任"双重标准。对比而言，2017年《工作办法》明显降低了案件移送的标准，即"有合法证据证明有涉嫌犯罪的事实发生（不必查证属实）"便可移送。

其次，公安机关对移送案件的审查。针对生态环境部门移送的涉罪案件，公安机关负有审查义务。2020年《行政执法机关移送涉嫌犯罪案件的规定》第8条规定："公安机关应当自接受行政执法机关移送的涉嫌犯罪案件之日起3日内，依照刑法、刑事诉讼法以及最高人民法院、最高人民检察院关于立案标准和公安部关于公安机关办理刑事案件程序的规定，对所移送的案件进行审查。"为提升公安机关对案件的审查效率，2017年《工作办法》将公安机关的审查期限作了"合理区分"，即将审查期限分为3日、7日、30日三种情形，① 这有助于发挥公安机关的"把关"功能，避免环境行政违法案件轻易进入刑事司法程序。本书认为，该办法针对"重大、疑难、复杂案件"规定的超长审查期限（30日）设计并不十分合理。主要理由有二：第一，30日期限与生态环境部门移送案件的期限明显不匹配。公安机关受理的是生态环境部门移送的案件，即便是"重大、疑难、复杂案件"，生态环境部门也是在3日内作出批准并移送的，但公安机关针对"重大、疑难、复杂案件"的审查期限却长达30日，可见移送期限与审查期限相差十倍之距，显然不相适宜。第二，30日期限可能会影响对环境犯罪的打击效率。诚然，案件移送既要坚持效率

---

① 2017年《工作办法》第9条规定："公安机关对环保部门移送的涉嫌环境犯罪案件，应当自接受案件之日起3日内作出立案或者不予立案的决定；涉嫌环境犯罪线索需要查证的，应当自接受案件之日起7日内作出决定；重大疑难复杂案件，经县级以上公安机关负责人批准，可以自受案之日起30日内作出决定。"

原则，也要遵循刑法谦抑性原则，但 30 日之受理期限既影响案件移送"效率"，亦扩张了刑法的"谦抑性"，甚至可能放纵环境犯罪。毕竟，公安机关在案件移送中具有"把关"作用，经审查发现移送涉罪案件证据不充分的，可以就证明涉罪事实的相关证据向生态环境部门提出补充调查意见。最后，公安机关还应对移送案件的管辖权进行审查，若不属于本公安机关管辖，应及时移送有管辖权的机关并通知移送案件的生态环境部门；对于不属于公安机关管辖的，应在 24 小时内将案件退回生态环境部门。

最后，公安机关对移送案件的处理。公安机关对案件进行审慎审查后，有权作出立案、不予立案以及撤销案件的决定，但无论作出何种决定，都应当在作出决定之日起 3 日内书面通知生态环境部门并抄送同级人民检察院，若是检察机关作出的处理决定，则无须将决定通知抄送同级人民检察院。根据 2018 年《刑事诉讼法》第 112 条的规定，公安机关对生态环境部门移送的案件应进行事实审查和法律审查，其中事实审查是审查生态环境部门收集的证据是否足以证明环境犯罪行为的存在，法律审查是审查环境犯罪行为的应罚性，即是否需要追究行为人的刑事责任。若同时满足事实审查和法律审查的，公安机关应当及时作出立案决定；若满足事实审查但不满足法律审查的，则不予立案，公安机关根据情况决定是否移回给生态环境部门追究行政责任；若不满足事实审查但满足法律审查的，公安机关应当退回生态环境部门补充调查；若既不满足事实审查也不满足法律审查的，公安机关可根据案件情况选择撤销案件或移回生态环境部门追究行政责任。应当注意的是，无论公安机关作出不予立案决定还是撤销案件决定，均应当向生态环境部门书面说明理由，并将案卷材料退回生态环境部门。

概言之，"生态环境部门移送案件→公安机关接收→公安机关处理"成为生态环境"行刑衔接"中案件"正向移送"的基本流程，也是生态环境"行刑衔接"实践中最为常见的案件移送模式。"正向移送"的各项环节缺一不可、功能各异，共同构成了生态环境"行刑衔接"中的案件移送机制，也为最终追究环境犯罪者的刑事责任奠定了坚实基础。

二 刑事司法机关向生态环境部门移送案件

在生态环境"行刑衔接"过程中，除了生态环境部门向公安机关

"正向移送"涉罪案件外，还存在一个常常为人所忽视的"反向移送"问题。"反向移送"是相对于"正向移送"而言的。所谓"反向移送"，是指以公安机关、检察机关、法院为代表的刑事司法机关向生态环境部门移送案件，详言之，刑事司法机关审查生态环境部门移送而来或公众举报的涉罪案件后，发现该案件既不构成犯罪也不需要追究刑事责任但需要给予行政处罚的，应当将此案件移送给生态环境部门追究行政责任。"反向移送"是案件移送的重要内容，也是生态环境"行刑衔接"的应有之义，申言之，生态环境"行刑衔接"不仅仅是生态环境部门单方面向公安机关移送案件，也包括刑事司法机关向生态环境部门移送案件，构建"反向移送"机制更有助于实现生态环境"行刑"之间的有效衔接与互动，更有助于追究环境违法犯罪者的法律责任。

生态环境"行刑衔接"中的"反向移送"主要包含两方面的内容：第一，刑事司法机关在审查生态环境部门移送而来的案件时，发现其不构成犯罪也不需要追究刑事责任但需要追究行政责任的，此时应当将案件及随附材料移回生态环境部门，由生态环境部门追究环境违法者的行政责任，此乃"反向移送"的主要类型，也是环境刑事司法实践中案件移送的常见情形；第二，刑事司法机关在审查公众举报的环境污染案件时，发现该案件既不构成环境犯罪也不需要追究刑事责任，但需要依法追究行政责任的，此时同样需要将案件以及举报材料移交生态环境部门，由其追究环境违法者的行政责任，此亦为"反向移送"的类型之一。在"反向移送"情形下，案件移送的期限、程序、救济手段、法律责任与"正向移送"均有所不同，但无论如何，刑事司法机关与生态环境部门应当做好案件交接上的衔接配合，以有效追究环境违法犯罪者的法律责任。

基于以上分析，生态环境"行刑衔接"中的"反向移送"模式应为："刑事司法机关审查案件→刑事司法机关移送→生态环境部门接收案件"。从既有理论研究以及现行立法看，学界对案件"反向移送"之关注远远不够，在规范层面也未建立"反向移送"机制。申言之，绝大多数学者着眼于生态环境部门如何将涉罪案件送至刑事司法机关的程序研究，对"反向移送"程序缺少应有关注；现行立法如2020年《行政执法机关移送涉嫌犯罪案件的规定》与2017年《工作办法》均注重的是涉嫌犯罪案件"正向移送"的制度设计，对刑事司法机关"反向移送"程序则缺乏规定。这样做的后果在于，刑事司法机关即便发现环境行政违法案件或线索,也很难通过健全、规范的程序移送至生态环境部门手中,遑论追究环境违法者的行政责任。有鉴于此,未来在完善生态环境"行刑衔接"中的案件移送机制时,既要注重对案件"正向移送"之程序设计,也不能忽视案件"反向移送"之制度安排,尤其是要明晰案件"反向移送"的程序、标准、时限与法律责任,如此才能有效避免生态环境部门"以罚代刑"和刑事司法机关"以刑代罚",真正实现环境违法犯罪案件在行政与司法二元领域的有序流动。

第二节 生态环境"行刑衔接"中案件移送机制的检讨

一 案件移送与承接程序复杂

环境犯罪案件移送与一般刑事案件移送存在诸多差异,二者的明显差异在于移送主体的多寡。环境犯罪案件移送中,参与主体主要有生态环境部门、公安机关与检察机关,这三个职能部门均可作为案件移送主体与承接主体;在一般刑事案件中,移送主体只有公安机关与检察机关。移送主体多的负面影响在于,由于受环境犯罪行政从属性的影响,环境刑事司法在移送程序、启动标准、随附材料等方面均严重依赖于环境行政执法,生态环境部门若拒绝移送涉罪案件,刑事司法机关将无法启动刑事追究程序;若生态环境部门迟延移送涉罪案件,刑事司法机关可能因证据灭失、犯罪嫌疑人逃匿等而难以启动刑事追究程序。由此可见,环境犯罪案件移送比一般刑事案件移送更为艰难与复杂。概言之,移送程序复杂主要体现在如下两个方面:

一方面,移送环节较多。一般而言,环境犯罪案件移送的主要环节包括:生态环境部门作出移案报告、生态环境部门负责人批准并移送、公安机关接收案件、公安机关作出立案决定并移送、检察机关接收案件。相较于一般刑事案件移送,环境犯罪案件移送多出了"生态环境部门作出移案报告""生态环境部门负责人批准并移送"两项环节(即"生态环境部门移送"环节)。由于环境犯罪案件移送多出了"生态环境部门移送"环节,使得刑事司法机关能否有效立案往往取决于生态环境部门的是否移送以及是否及时移送。再加上环境案件移送中极易受部门保护主义与地方保护主义的掣肘，从而加剧有案不移与有案难移的问题。《法制日报》曾刊文指出，行政部门干预过多是影响环境案件移送质量的重要因素，因此减少行政干预应成为推进环境"行刑衔接"的关键举措。① 基于此，推进生态环境"行刑衔接"中的案件移送机制建设，如何适当减少案件移送环节成了不容回避的问题。

另一方面，移送程序复杂，衔接不够紧密。如前所述，生态环境"行刑衔接"中的案件移送难题主要体现在生态环境部门移送与公安部门承接方面，由于移送程序复杂且缺乏程序性、事务性的对接机制，涉罪案件往往止步于环境行政执法环节而难以进入刑事司法领域。按照现行法律法规规定，生态环境部门一旦发现涉罪案件，应及时移送刑事司法机关，但案件能否移送面临一系列制度因素（如移送标准、证据标准、移送期限）的影响。譬如，若生态环境部门的取证规范不被刑事司法机关认可，或双方对证据规格、证明标准、证明力等存在争议，那么案件移送程序将可能被迫中断或延迟；再者，生态环境部门移送案件与公安机关承接案件均有一定期限，若二者在案件移送时限上无法保持同步协调，那么涉罪案件也难以被及时移送刑事司法机关。为提升案件移送的质量与效果，未来立法应考虑将生态环境"行刑衔接"中的移案程序化繁为简，在具体完善进路上，不仅要适当精简案件移送程序，还要确保案件移送与承接程序的有效衔接，有效减小移送阻力。

移送程序复杂的另一个不利影响在于，可能使得环境案件移送与取证过分倚赖于生态环境部门。殊不知，生态环境部门由于缺乏强制手段，其在对环境污染行为调查取证过程中往往难以达到预期效果。实际工作中，前线生态环境执法人员在履行监管职责时遇到巨大困难，由于资金缺乏、人手不足、缺乏强制手段，他们常常被污染企业拒绝现场检查或收集数据，除此之外，一线生态环境执法人员还可能遭到人身攻击，他们的监控设备、照相机、电话和车辆都被捣毁，即使他们发现违法行为，也没有强制力制止企业非法排污。2013 年《中国环境报》刊文报道的一个暴力抗法案件亦可窥见生态环境部门执法的严峻性，该案例大致为，"2013 年 4

---

① 江苏省仪征市人民检察院侦查监督科科长向《法制日报》记者讲述"两法衔接"工作时指出："本该移送的案件，行政部门领导说'这是地方名牌企业，该保护的要保护，你们看着办'，领导这样一说，就不好处理了。"参见张昊《"有案不移 有案难移 以罚代刑"现象如何破解》，《法制日报》2014 年 12 月 24 日第 4 版。

月山东省东明县环保部门执法人员在对一个非法倾倒废物地调查取证时，遭致附近村官及村民的暴力抗法，最终导致6名环境执法人员受伤，全部住院治疗，其中4人伤势严重，至今两名同志呼吸困难，一名同志头晕恶心，具体伤情还在进一步检查治疗中"①，由此足见我国环境行政执法的严峻程度。事实上，这也在另外一个侧面验证为什么我国每年环境污染事故多发频发但最终被立案侦查乃至被刑事追责的案件偏少。因此，为将涉嫌环境犯罪案件依法有效移送刑事司法领域，有必要强化案件移送力度，尤其是强化生态环境部门与公安机关的联动配合，以公安机关的强制力作后盾，有效解决环境监管过程中的执法软与执法难问题，从而促进涉罪案件的有序移送。

二 案件移送与承接标准不明

关于移送标准，2020年《行政执法机关移送涉嫌犯罪案件的规定》第3条明确规定："行政执法机关在依法查处违法行为过程中，发现违法事实涉及的金额、违法事实的情节、违法事实造成的后果等，根据刑法关于破坏社会主义市场经济秩序罪、妨害社会管理秩序罪等罪的规定和最高人民法院、最高人民检察院关于破坏社会主义市场经济秩序罪、妨害社会管理秩序罪等罪的司法解释以及最高人民检察院、公安部关于经济犯罪案件的追诉标准等规定，涉嫌构成犯罪，依法需要追究刑事责任的，必须依照本规定向公安机关移送。"为有效承接行政执法机关移送的案件，现行立法也明确了刑事司法机关立案的具体标准。根据2018年《刑事诉讼法》第112条的规定，刑事诉讼中司法机关的立案标准为"有犯罪事实需要追究刑事责任"②。

对于涉嫌犯罪案件移送标准的判断，2020年《行政执法机关移送涉嫌犯罪案件的规定》第3条规定"行政执法机关发现违法事实涉嫌犯罪，需要追究刑事责任，必须向公安机关移送"。据此可知，生态环境

---

① 参见周雁凌、季英德、王学鹏《东明环保人员遭遇暴力抗法——山东省环保厅会同省公安厅组成调查组调查督办》，《中国环境报》2013年5月14日第1版。

② 2018年《刑事诉讼法》第112条规定："人民法院、人民检察院或者公安机关对于报案、控告、举报和自首的材料，应当按照管辖范围，迅速进行审查，认为有犯罪事实需要追究刑事责任的时候，应当立案；认为没有犯罪事实，或者犯罪事实显著轻微，不需要追究刑事责任的时候，不予立案，并且将不立案的原因通知控告人。控告人如果不服，可以申请复议。"

部门移送涉罪案件的标准是：发现违法事实+涉嫌犯罪+需要追究刑责，唯有同时满足以上三项条件，才能向公安机关移送。而根据2018年《刑事诉讼法》第112条之规定，公安机关立案的标准为：有犯罪事实+需要追究刑责。对比而言，生态环境部门移送案件与公安机关立案的标准存在偏差：生态环境部门移送涉罪案件时判断的重点是"违法事实是否涉嫌犯罪"，公安机关接收案件时关注的重点是"是否具有犯罪事实"。由于生态环境部门调查手段和方式有限，其通过常规调查方式发现的"违法事实"往往难以满足公安机关对于"犯罪事实"的高标准和高要求。事实上，生态环境部门的调查手段有限且缺乏强制力（譬如不能"控制违法犯罪者"、缺乏刑事侦查手段），若公安机关要求生态环境部门提供完整的"犯罪事实"材料，那么难免有些强人所难。对于证据效力的判断，生态环境部门在前期调查中往往基于"行政处罚"的标准收集证据，对于取证规范是否严谨、能否满足刑事取证要求、能否与其他证据形成完整证据链等问题往往不够关注，致使生态环境部门收集的证据难以满足刑事诉讼的要求，涉罪案件也无法顺利进入刑事司法程序。

基于以上分析，生态环境部门移送标准与公安机关立案标准难以对接，成为生态环境"行刑"之间难以无缝对接的主要因素。移送标准与立案标准难对接具体表现在：移送标准之"涉嫌构成犯罪，依法需要追究刑事责任"与立案标准之"有犯罪事实需要追究刑事责任"几乎等同，在此情形下，要求生态环境部门证明某一环境违法行为"涉嫌构成犯罪"，这无疑是一项极具挑战性的任务。将移送标准等同于立案标准还可能造成如下严重后果："变相让行政执法部门代行侦查职能，公安机关仅仅成为移送案件的'二传手'"[①]，同时也严重弱化公安机关对移送案件的审查义务。毕竟，公安机关对生态环境部门移送的案件负有审查义务，若将移送标准等同于立案标准，那么公安机关就没有必要再去审查移送案件合法与否，其后果就是，公安机关难以有效监督生态环境部门的移送行为。为实现环境犯罪案件的有序移送，生态环境部门的移送标准与公安机关的立案标准亟须协调与对接，换言之，生态环境部门的移送标准应当适

---

① 刘福谦：《行政执法与刑事司法衔接工作的几个问题》，《国家检察官学院学报》2012年第1期。

度低于公安机关的立案标准。

三 不依法移接案件追责乏力

如前所述，生态环境部门有案不移、生态环境部门以罚代刑与公安机关对移送案件该接不接是生态环境"行刑衔接"中案件移送难题的具体体现，也意味着涉罪案件得不到依法移送及立案侦查，环境违法犯罪者的责任追究也就无从谈起。从责任追究视角看，追责乏力是导致生态环境部门不依法移送以及公安机关不依法立案的主要原因。不依法移送与立案追责乏力及其背后的原因，主要体现在以下几个方面：

第一，追责方式单一。从规范层面看，《行政处罚法》《行政执法机关移送涉嫌犯罪案件的规定》，2007年《若干规定》，2017年《工作办法》均规定了不依法移送及立案的责任承担方式，但由于后两项规范的规定较为粗糙，只是简单强调了刑事责任和行政责任，此处不作过多讨论。从《行政处罚法》《行政执法机关移送涉嫌犯罪案件的规定》的规定看，不依法移送及立案之追责方式稍显单一，主要包含行政处分与刑事追究。针对行政处分，现行立法规定的责任方式有两种：一是降级以上行政处分；二是记过以上行政处分。降级以上行政处分仅适用于一种违法行为，即"行政执法机关违反本规定，隐匿、私分、销毁涉案物品"①，记过以上行政处分则适用于三种违法行为：行政执法机关有案不移、以罚代刑、公安机关对移送案件该接不接。② 应当注意的是，记过以上处分不仅适用于正职负责人或主持工作的负责人，也适用于直接负责的主管人员和其他直接责任人员。针对刑事责任，现行立法均相对笼统地规定"涉嫌犯罪的，应追究刑事责任"。基于以上分析，无论是《行政处罚法》还是

---

① 2020年《行政执法机关移送涉嫌犯罪案件的规定》第15条第1款规定："行政执法机关违反本规定，隐匿、私分、销毁涉案物品的，由本级或者上级人民政府，或者实行垂直管理的上级行政执法机关，对其正职负责人根据情节轻重，给予降级以上的行政处分。"

② 2020年《行政执法机关移送涉嫌犯罪案件的规定》第16条第1款规定："行政执法机关违反本规定，逾期不将案件移送公安机关的，由本级或者上级人民政府，或者实行垂直管理的上级行政执法机关，责令限期移送，并对其正职负责人或者主持工作的负责人根据情节轻重，给予记过以上的行政处分。"第17条第1款规定："公安机关违反本规定，不接受行政执法机关移送的涉嫌犯罪案件，或者逾期不作出立案或者不予立案的决定的，除由人民检察院依法实施立案监督外，由本级或者上级人民政府责令改正，对其正职负责人根据情节轻重，给予记过以上的行政处分。"

《行政执法机关移送涉嫌犯罪案件的规定》，它们均以追究行政机关和公安机关的负责人为主，缺乏对政府机关乃至党政机关的强有力问责。毕竟在涉罪案件移送中，生态环境部门往往迫于地方党政部门的压力而选择"有案不移"或"以罚代刑"，若仅仅追究生态环境部门直接责任人的法律责任，往往导致生态环境部门替党政部门"受罚"或"代过"，始终难以对不依法移送及立案的真正责任人员形成足够威慑。

第二，追责刚性不足。按照 2007 年《行政机关公务员处分条例》第 6 条之规定，行政处分按照严重程度依次分为警告、记过、记大过、降级、撤职与开除六种，一般而言，降级以上行政处分对公务员政治生涯的影响较大。但降级以上处分仅适用于"行政执法机关违反本规定，隐匿、私分、销毁涉案物品"这一种情形，其他的情形如"有案不移、以罚代刑"等适用于威慑性较小的记过以上行政处分。具体在生态环境"行刑衔接"实践中，生态环境部门不依法移送与公安机关不依法立案是较为常见的违法行为，若仅仅对其进行记过以上降级以下处分，往往难以对生态环境部门与公安机关形成足够的外在压力。从刑事追责角度看，现有立法无法对潜在的不依法移送及立案者形成震慑。申言之，目前我国《刑法》主要以徇私舞弊不移交刑事案件罪来追究不依法移送及立案者的刑事责任，但由于该罪的入罪门槛高（如要求准确认定"徇私舞弊"与"情节严重"），因此现实中很难借由徇私舞弊不移交刑事案件罪来追究不依法移送者的刑事责任。

第三，追责条款较为粗糙。除了追责方式单一、追责刚性不足外，追责条款过于粗糙也阻碍了国家对不依法移送及立案者的责任追究。从 2020 年《行政执法机关移送涉嫌犯罪案件的规定》看，该规定第 15 条、第 16 条、第 17 条、第 18 条均规定了相应的责任承担方式，但可用的条款并不多见。譬如，该规定第 16 条规定"根据情节轻重，给予记过以上的行政处分；构成犯罪的，依法追究刑事责任"，但究竟何为"情节轻重"与"构成犯罪"？毋庸讳言，以上两个概念均属于不确定法律概念，目前无论是立法者还是执法者均难以精准把握这些概念的内涵与外延，以至于现实中难以有效追究不依法移送及立案者的刑事责任。相关环境刑事判决阙如亦验证了这一点。在中国裁判文书网输入"生态环境""徇私舞弊不移交刑事案件"关键词，检索的时间跨度为 2014 年 1 月至 2023 年 6 月，发现只有 6 起环境保护领域的徇私舞弊不移交刑事案件罪判决书，① 这无不说明，徇私舞弊不移交刑事案件罪在环境保护领域适用极少，究其主要原因在于，该罪因适用条款过于粗糙，尤其是难以认定徇私舞弊中的"情节严重"，对负有移送职责的相关责任人员的威慑力度有限，因此该罪难以承担起追究环境保护领域不依法移送及立案者刑事责任的任务。

四 案件反向移送机制的缺失

案件反向移送是生态环境"行刑衔接"中案件移送机制的关键内容，但目前相关案件反向移送程序较为缺失，严重阻滞了刑事司法机关向生态环境部门反向移送需要予以行政处罚的案件。2021年《行政处罚法》第27条第1款规定："违法行为涉嫌犯罪的，行政机关应当及时将案件移送司法机关，依法追究刑事责任。对依法不需要追究刑事责任或者免予刑事处罚，但应当给予行政处罚的，司法机关应当及时将案件移送有关行政机关。"其中"对依法不需要追究刑事责任或者免予刑事处罚，但应当给予行政处罚的，司法机关应当及时将案件移送有关行政机关"之规定属于案件反向移送规定。需要说明的是，刑事司法机关向行政机关反向移送案件并非由2021年《行政处罚法》所创设，《刑法》和《刑事诉讼法》中早有相应规定。《刑法》第37条规定"对于犯罪情节轻微不需要判处刑罚的，可以免予刑事处罚，但是可以根据案件的不同情况，予以训诫或者责令具结悔过、赔礼道歉、赔偿损失，或者由主管部门予以行政处罚或者行政处分"，其中"由主管部门予以行政处罚"之规定明显属于刑罚与行政处罚衔接条款，刑事司法机关有义务将不需要刑罚但需要予以行政处罚的案子移交行政机关处理。

除此之外，2018年《刑事诉讼法》第177条第3款规定"人民检察院决定不起诉的案件……对被不起诉人需要给予行政处罚、处分或者需要

---

① 这6起判决书分别为："毛某某、高某某徇私舞弊不移交刑事案件罪、滥用职权罪等一审刑事判决书〔2016〕浙0481刑初654号""毛某某、高某某徇私舞弊不移交刑事案件、受贿二审刑事裁定书〔2016〕浙04刑终502号""朱某犯徇私舞弊不移交刑事案件罪、玩忽职守罪等一审刑事判决书〔2015〕嘉盐刑初字第461号""黄某某、谢某某、谢某某犯玩忽职守罪、徇私舞弊不移交刑事案件罪一审刑事判决书〔2018〕湘1322刑初306号""周某某滥用职权罪二审刑事裁定书〔2019〕冀02刑终186号""张某某滥用职权罪二审刑事裁定书〔2019〕冀02刑终190号"。应当注意的是，前两起判决书针对的是同一个案件。

没收其违法所得的，人民检察院应当提出检察意见，移送有关主管机关处理"，该条款明确规定了检察机关向行政机关反向移送的义务。2020年《行政执法机关移送涉嫌犯罪案件的规定》第13条规定"公安机关对发现的违法行为……不需要追究刑事责任，但依法应当追究行政责任的，应当及时将案件移送同级行政执法机关，有关行政执法机关应当依法作出处理"，该条款明确了公安机关向行政机关反向移送案件的义务。从环境犯罪案件刑事追诉的基本流程看，无论是公安机关侦查阶段，还是检察机关审查起诉或法院审理阶段，只要发现环境违法行为需要刑事追诉但也需要予以行政处罚的，上述刑事司法机关都可向生态环境部门移送。由此可见，刑事司法机关向生态环境部门移送案件包括公安机关移送、检察机关移送和法院移送三种类型，移送原因无非都是"经审查不需要追究刑事责任但依法应当追究行政责任"。

尽管现行法律法规明确规定案件反向移送是刑事司法机关的法定义务，但由于法律法规中相关条款的规定较为原则和粗疏，缺乏统一、明确的反向移送程序性规定，以至于刑事司法机关在向生态环境部门移送案件时存在困惑。具体表现在以下三个方面：

第一，反向移送程序较为原则。2021年《行政处罚法》第27条第1款规定："对依法不需要追究刑事责任或者免予刑事处罚，但应当给予行政处罚的，司法机关应当及时将案件移送有关行政机关。"仔细考察这一条款发现，刑事司法机关反向移送案件存在巨大困惑：首先，上述条款中的"及时"究竟该如何判断？实际工作中，刑事司法机关在作出"不需要追究刑事责任或者免予刑事处罚但应当给予行政处罚"决定时，究竟该当天将案件移送生态环境部门，还是在3天之内或1周之内完成移送？如果案情较为复杂，是否还可延长移送期限？其次，刑事司法机关反向移送案件后，生态环境部门是否必须承接移送而来的案件？上述条款中的"应当给予行政处罚"规定无疑属于刑事司法机关的价值判断，但是否承接案件往往涉及生态环境部门对案件性质的专业判断。在此情形下，生态环境部门对于刑事司法移交过来的案件是否必须承接以及如何承接？这在实际操作中存在疑问。最后，刑事司法机关需要将案件移送给谁？上述条款中的"有关行政机关"属于不确定法律概念，刑事司法机关想精准找到移送对象并非易事。如果该案件是由某一特定行政机关移送，那么司法机关移送的仍然是该行政机关，如果该案件是由司法机关自身发现的违法行为案件,那么这个有关行政机关中"有关"就难以判断了。① 在生态环境保护领域,除了环境保护主管部门外,其他部门如林业、草原、自然资源、水利、农业农村、发展改革等部门对环境资源保护承担相应监管职责,此时移送给谁就不单纯是一个法律判断问题,还涉及机构改革后的专业判断问题。

第二,反向移送材料范围模糊。生态环境"行刑反向移送"的关键就是刑事司法机关向生态环境部门移交"不需要追究刑事责任或者免予刑事处罚但应当给予行政处罚"的证据材料,以精准追究行为人的行政违法责任。在"行刑正向移送"中,行政机关向刑事司法机关移交的证据材料较为明确。2020 年《行政执法机关移送涉嫌犯罪案件的规定》第 6 条规定"行政执法机关向公安机关移送涉嫌犯罪案件,应当附有下列材料:(一)涉嫌犯罪案件移送书;(二)涉嫌犯罪案件情况的调查报告;(三)涉案物品清单;(四)有关检验报告或者鉴定结论;(五)其他有关涉嫌犯罪的材料。"在生态环境保护领域,2017 年《工作办法》第 6 条对生态环境部门向公安机关移送案件的随附材料作了详细规定,具有较强的可操作性和针对性。然而,刑事司法机关向生态环境部门移送案件时所附的证据材料究竟包含哪些?加之反向移送的主体各不相同,移送的情形也有所差异,故公安机关、检察机关和法院向行政机关移送时,如何根据移送主体的差异来明确移送材料清单范围值得探究。

第三,反向移送监督程序缺失。刑事司法机关向行政机关移送案件之后,生态环境部门是否承接、如何承接以及承接后如何处理,现行法律法规并未作出明确规定,使得生态环境部门在承接案件时缺乏应有监督。从权力监督制衡的视角看,刑事司法机关移送后并非"一移了之",而是需要对行政机关承接案件及后续处理进行适当监督,确保"行刑"之间的有效衔接。关于行政机关承接刑事司法机关移案的要求,2020 年《行政执法机关移送涉嫌犯罪案件的规定》第 13 条规定"有关行政执法机关应当依法作出处理"。从字面意思上看,该条款仅规定"行政机关应当依法作出处理",并未对其作出具体的处理要求,刑事司法机关也无权对行政机关承接案件及后续处理进行监督。值得一提的是,2018 年《刑事诉讼法》第 177 条第 3 款规定"有关主管机关应当将处理结果及时通知人民检察院",该条款虽然

---

① 练育强:《"刑事—行政"案件移送要件研究》,《国家检察官学院学报》2021 年第 4 期。

对行政机关承接和处理案件做了一定要求，可对承接案件的行政机关形成一定外在压力，但现实工作中行政机关"如何"通知检察院，在"什么时限内"通知检察院，以及不通知检察院"有何后果"，现行法律法规以及其他配套规定均未做明确要求。在生态环境保护领域，2017年《工作办法》第17条规定"应当及时将案件移交环保部门，并抄送同级人民检察院"，其中"抄送同级人民检察院"之规定意在让检察机关了解公安机关的反向移送情况，至于生态环境部门如何处理则未做要求。

第四，反向移送补正程序欠缺。所谓反向移送补正程序，就是行政机关在承接刑事司法机关移送而来的案件后，发现"隐藏的影响定罪量刑、可能涉嫌犯罪的证据，还应当制定反向移送机制的补正程序，即在反向移送之后进行修正，重新报送刑事司法机关立案侦查"[①] 的程序。目前，"行刑正向衔接"制度中就已设立类似程序。2020年《行政执法机关移送涉嫌犯罪案件的规定》第9条规定"行政执法机关接到公安机关不予立案的通知书后，认为依法应当由公安机关决定立案的，可以自接到不予立案通知书之日起3日内，提请作出不予立案决定的公安机关复议，也可以建议人民检察院依法进行立案监督"。但在"行刑反向衔接"中，行政机关在审查刑事司法机关移送而来的案件时，发现刑事司法机关存在对案件定性错误或隐藏了关键犯罪证据，行政机关需要及时启动修正程序，加强与刑事司法机关的沟通协调，重新报送刑事司法机关立案侦查并追究刑事责任，从而避免出现"以罚代刑"。目前而论，现行法律法规并未对"行刑反向移送"补正程序作出相应规定，以至于生态环境部门在审查刑事司法机关移送而来的案件时，即便发现存在案件定性错误、遗漏关键犯罪证据等问题，也很难将案件重新移交刑事司法机关追究刑事责任。

第三节 生态环境"行刑衔接"中案件移送原则之反思

一 案件移送原则的适用争议

生态环境部门或刑事司法机关在移送案件时应当遵循什么样的原则，

[①] 周佑勇：《行政执法与刑事司法的双向衔接研究——以食品安全案件移送为视角》，《中国刑事法杂志》2022年第4期。

这是案件移送时必须回应的问题。从理论研究层面看，学者们对案件移送原则的认识存在较大争议，主要体现为"刑事优先"原则、"行政优先"原则、"刑事相对优先"原则之论争。

（一）一种观点认为，案件移送应遵循"刑事优先"原则

所谓"刑事优先"原则，也称"刑事先理"原则，是指当同一违法行为同时违反行政法律规范与刑事法律规范时，应当优先追究违法者刑事责任的原则，这与商鞅提出的"重刑而连其罪"① 司法思想存在类似之处，均旨在注重通过刑罚威慑力来实现社会治理目标。案件移送之"刑事优先"主要体现在：行政执法机关移送案件应以"优先追究刑事责任"为目的，这意味着，行政执法机关一旦发现涉嫌犯罪行为，应当先移送刑事司法机关立案侦查，待刑事责任追究完毕之后再决定是否对其进行行政处罚。目前，"刑事优先"原则得到了理论界的广泛认同。陈兴良指出，"在对行政犯罪实行双重处罚时，应当优先追究其刑事责任，在追究刑事责任后，除刑事处罚吸收行政处罚的情形外，可以再行由行政机关予以行政处罚"②。周佑勇和刘艳红指出，"在适用程序上衔接行政处罚与刑罚处罚的关系，首先必须遵循刑事优先原则"③。刘远也指出，"衔接机制的目的在于依法追究犯罪分子的刑事责任。这一目的决定了衔接机制必须以刑事司法机关为中心来建立"④。还有学者指出："确保每一起涉环境犯罪案件都能移送至刑事司法领域，借助刑事司法手段及时'补窗'，从而有效震慑潜在的环境犯罪者。"⑤ 毫无疑问，以上学者均肯定了"刑事优先"原则的合理性及其对行政执法机关移送案件的指导价值。

案件移送之所以要坚持"刑事优先"原则，学者给出的理由有二：第一，刑事处罚相较于行政处罚更有助于打击与遏制犯罪。刑事处罚的实

---

① 商鞅在《商君书》中指出："重刑连其罪，则民不敢试；民不敢试，故无刑也。"据此而言，商鞅明显坚持的是司法严酷主义，即"严刑说"，借刑以去刑。参见《商君书》，石磊译注，中华书局 2009 年版，第 18 页。
② 陈兴良：《论行政处罚与刑罚处罚的关系》，《中国法学》1992 年第 4 期。
③ 周佑勇、刘艳红：《论行政处罚与刑罚处罚的适用衔接》，《法律科学》1997 年第 2 期。
④ 刘远、汪雷、赵玮：《行政执法与刑事执法衔接机制立法完善研究》，《政法论丛》2006 年第 5 期。
⑤ 蒋云飞：《论环境行政执法与刑事司法衔接中检察监督之完善——以最高检挂牌督办 4 起腾格里沙漠污染环境案为例》，《环境保护》2016 年第 7 期。

施机关是刑事司法机关，其处罚的形式主要有管制、拘役、有期徒刑、无期徒刑、死刑以及罚金、剥夺政治权利、没收财产等，相较于警告、罚款、没收违法所得等行政处罚手段更具威慑性，对违法犯罪者的影响更大，结果势必有助于"实现刑法的社会防卫功能"①。第二，"行刑衔接"之目的以及具体制度设计体现了"优先追究刑责"。有学者曾分析指出，"2001年国务院颁布的《行政执法机关移送涉嫌犯罪案件的规定》明确规定，制定该规定的直接目的在于为了保证行政执法机关向公安机关及时移送涉嫌犯罪案件，其中'及时'一词明确体现了'优先追究刑责'理念"②。以上学者的观点及理由不无道理，因为除了国务院颁布的行政法规外，其他规范性文件如《关于加强行政执法机关与公安机关、人民检察院工作联系的意见》《关于在行政执法中及时移送涉嫌犯罪案件的意见》，2017年《若干规定》在规定案件移送时频频出现"及时"二字，似乎印证着"优先追究刑责"的合理性。值得一提的是，2017年《工作办法》直接确立了"刑事优先"原则，该办法第16条规定"环保部门向公安机关移送涉嫌环境犯罪案件，已作出的警告、责令停产停业、暂扣或者吊销许可证的行政处罚决定，不停止执行。未作出行政处罚决定的，原则上应当在公安机关决定不予立案或者撤销案件、人民检察院作出不起诉决定、人民法院作出无罪判决或者免予刑事处罚后，再决定是否给予行政处罚。涉嫌犯罪案件的移送办理期间，不计入行政处罚期限"，其中"环保部门未作出处罚的，原则上等刑事处罚完毕后再决定是否进行行政处罚"，该条款明确体现了"刑事优先"原则。

除立法上直接或间接规定"优先追究刑事责任"外，案件移送之"刑事优先"原则也得到了环境司法实践的部分佐证。譬如，在"广州市番禺区环境保护局环境保护行政管理（环保）一审行政判决书"（〔2017〕粤7101行初242号）（以下简称"粤7101行初242号"）中，主审法官在"事实认定"中明确指出"在行政执法与刑事司法衔接工作中，应先刑事处理后行政处理"，其援引的依据是2011年《关于加强行政执法与刑事司法衔接工作的意见》第1条第3款，该条款规定"行政执法机关在移送案件时已经作出行政处罚决定的，应当将行政处罚决定书

---

① 参见陈兴良《论行政处罚与刑罚处罚的关系》，《中国法学》1992年第4期。
② 参见练育强《"两法"衔接视野下的刑事优先原则反思》，《探索与争鸣》2015年第11期。

一并抄送公安机关、人民检察院；未作出行政处罚决定的，原则上应当在公安机关决定不予立案或者撤销案件、人民检察院作出不起诉决定、人民法院作出无罪判决或者免于刑事处罚后，再决定是否给予行政处罚"。可见，"粤7101行初242号"中指出的"先刑事处理后行政处理"及其理由体现了"优先追究刑责"之目的，明显遵循的是"刑事优先"原则。尽管上述案件是个案，但不排除实践中大量存在生态环境部门在发现涉罪案件后就立马停止行政处罚而将其移送刑事司法机关之可能。

（二）另一种观点认为，案件移送应遵循"行政优先"原则

所谓"行政优先"原则，亦称"行政先理"原则，是指同一违法行为同时违反行政法规范与刑事法规范时，应当优先追究违法者的行政责任的原则。"行政优先"原则说是在质疑"刑事优先"原则说的基础上形成的观点。事实上，学界与实务界之所以主张以"刑事优先行政"来处理行政与刑事交叉案件，主要原因在于受"刑事先理"传统文化的影响以及对刑罚主义的误读，但"刑事优于行政"的程序设计进路在实践中暴露出诸多问题，譬如行政处罚功能被弱化，不利于维护正常的行政管理秩序。为解决行政处罚与刑事处罚的衔接与冲突问题，田宏杰主张"以'行政优先'为原则、'刑事优先'为例外进行行刑衔接的机制建设和程序安排，不仅是对行政犯罪本质和法治价值目标的捍卫和坚守，而且应当成为中国刑事司法程序改革发展的方向"[①]，具体表现在案件移送上，行政执法机关一旦发现涉嫌犯罪的案件应当先立案调查并实施行政处罚，待行政责任追究完毕后再移送刑事司法机关追究刑事责任。

之所以坚持"行政优先"原则，学者给出的主要理由是："第一，刑事司法程序启动的正当性奠基于行政秩序的恢复与保障，社会管理秩序的恢复有赖于发挥行政权的高效能动优势，而非具有谦抑性的司法权；第二，刑事司法程序的运行以行政违法本质的认定为前提，不具有行政违法性的行为，无论其对社会造成的危害多么严重，也不能以犯罪定性处理；第三，刑事证据规则的审查以行政专业知识的运用为保障，即刑事案件定罪证据的取得需依靠具有专业知识的行政执法人员收集。"[②] 正是基于行

[①] 田宏杰：《行政犯罪的归责程序及其证据转化——兼及行刑衔接的程序设计》，《北京大学学报》（哲学社会科学版）2014年第2期。

[②] 田宏杰：《行政优于刑事：行刑衔接的机制构建》，《人民司法》2010年第1期。

政执法机关在行刑交叉案件性质认定与证据收集中的优势,环境行政执法机关一旦发现涉嫌犯罪案件,并不是要优先选择移送刑事司法机关,而是先调查、取证以及运用行政权维护正常的行政管理关系后,再将涉嫌犯罪的案件及证据材料移送刑事司法机关,如此才能更有效地追究犯罪者的刑事责任。

相较于"刑事优先"原则,"行政优先"原则更为信赖行政执法手段的运用以及行政权在打击违法犯罪中的作用。坚持"行政优先"原则,必然要求行政执法机关在处理行刑交叉案件时应当先调查、先取证、先行政强制以及先行政处罚,以期维护正常的行政管理秩序,待行政责任追究完毕之后再移送刑事司法机关追究刑事责任。在此情形下,行政犯罪已得到行政执法机关的准确定性,相关行政执法证据也已得到有效的收集与固定,这对刑事司法机关展开立案侦查以及最终追究刑事责任大有裨益。

(三) 还有一种观点认为,案件移送应遵循"刑事相对优先"原则

"刑事相对优先"原则,亦称"有限的刑事优先"原则,是指"'刑事优先'原则并不是绝对的,在移送后行政执法机关仍然能够作出行为罚和申诫罚"①。准确来说,"刑事优先"并不是绝对的、必然的、无条件的,所谓的"优先"只是刑事处罚在相对于人身权和财产权的行政处罚上的"优先",意味着即便行政执法机关将案件移送刑事司法机关后,也可以继续作出行政处理决定。"刑事相对优先"原则的提出源于对"刑事优先"原则的反思。在"刑事优先"原则得到学界和实务界普遍认同的情况下,有学者清醒地认识到该原则并不足以解决实践中纷繁复杂的行刑衔接问题,并指出"优先追究刑责"是对"'刑事优先'原则及行政处罚功能定位的不正确理解"②。在此基础之上,练育强主张摒弃"刑事优先"原则,确立"刑事相对优先"原则,以"刑事相对优先"作为行刑交叉案件移送的基本原则。③

之所以以"刑事相对优先"作为案件移送的原则,主要理由在于:

---

① 练育强:《行刑衔接中的行政执法边界研究》,《中国法学》2016 年第 2 期。

② 谢治东:《行政执法与刑事司法衔接机制中若干问题理论探究》,《浙江社会科学》2011 年第 4 期。

③ 参见练育强《"两法"衔接视野下的刑事优先原则反思》,《探索与争鸣》2015 年第 11 期。

"刑事优先原则依存的社会基础可能已不存在,刑事处罚也并不严于行政处罚,案件移送的目的不是为了'优先'追究刑事责任。"① 本书对此深以为然,行政处罚与刑事处罚代表着行政权与司法权的行使,二者之间并无绝对的优劣之分或先后之别,只是权力行使的主体、程序、责任后果等方面有所差别而已,若以"刑事优先"或"行政优先"作为指导原则,那么"行刑衔接"机制建设将演变为一项只为追究公法责任的机制。并且,刑事处罚并不必然严于行政处罚,若以刑事处罚替代行政处罚的功能,实践中容易造成"以刑代罚"的后果,而坚持"刑事相对优先"原则可以有效解决上述问题。尽管有助于消解行刑交叉案件中的移送及处罚问题,但"刑事相对优先"原则同样存在致命的缺陷,申言之,该原则本质上坚持的是"刑事优先",且明显将行政处罚与刑事处罚分出适用上的先后或优劣,仅仅是在适用过程中作了适当限制。在构建生态环境"行刑衔接"中的案件移送机制时,若坚持"刑事相对优先"原则,难免会鼓励或默许生态环境部门将涉嫌犯罪的案件主动移送刑事司法机关,从而忽略行政处罚的功能,结果也不利于实现生态环境部门与刑事司法机关联动打击环境违法犯罪。

基于以上分析,目前行政执法机关在移送行刑交叉案件时面临巨大的理论争议,究竟是该坚持"刑事优先"原则、"行政优先"原则还是"刑事相对优先"原则,学界并未给出明确答案。尽管现行行政法规与规范性文件均为"刑事优先"原则的适用作了背书,但在纷繁复杂、利益多元的行刑交叉案件移送中仍存在诸多问题,直接影响了案件移送的质量和效果。这在生态环境"行刑衔接"之案件移送中体现得尤为明显,若生态环境部门选择优先移送公安机关,那么极可能忽略对环境违法行为的行政处罚,放纵环境污染的蔓延与危害结果的加重,毕竟环境刑事司法旷日持久,远比不上环境行政处罚(譬如按日计罚、吊销营业执照)或环境行政强制(譬如行政代履行"有助于环境义务得到实际履行,增强环境执法的实效性,维护环境执法的严肃性"②)来得快速与有效;若生态环境部门选择优先追究行政责任,那么不仅面临现行立法的苛责,还可能弱化生态环境司法保护功能并导致"以罚代刑"。因之,在生态环境"行刑

---

① 练育强:《"两法"衔接视野下的刑事优先原则反思》,《探索与争鸣》2015年第11期。
② 唐绍均、蒋云飞:《环境行政代履行制度:优势、困境与完善》,《中州学刊》2016年第1期。

衔接"过程中必须明确案件移送原则，以期有效指导生态环境部门移送案件并打击环境违法犯罪。

二 同步协调原则的证成与适用

事实上，将"刑事优先"原则、"刑事相对优先"原则或"行政优先"原则作为生态环境"行刑衔接"中的案件移送原则均有不妥，客观上也无助于预防与遏制环境违法犯罪。主要理由在于：环境行政执法与刑事司法分别代表着行政权与司法权的行使，这两项权力均属于国家公权力的范畴，尽管行政权与司法权之行使在程序上存在先后之别（即生态环境部门一旦发现涉嫌环境犯罪行为就应立即移送），但两项权力之间并无所谓谁轻谁重以及谁优先或谁不优先，申言之，刑事处罚并不必然优先于行政处罚，也不必然严于行政处罚，同时并不必然比行政处罚更具震慑性，反之亦然。正基于此，以"刑事优先"原则、"行政优先"原则、"刑事相对优先"原则作为生态环境"行刑衔接"中的案件移送原则可能并不牢靠。

本书认为，立足于打击环境违法犯罪之需要，案件移送机制建设应遵循"同步协调"原则，有效发挥行政处罚与刑事处罚的功能。所谓"同步协调"，是指生态环境部门一旦发现环境违法行为涉嫌犯罪，可及时立案调查、行政强制、行政处罚甚至商请刑事司法机关提前介入，生态环境部门向公安机关移送案件后也不停止调查与处罚，刑事司法机关在立案侦查时可建议生态环境部门作出相应行政处罚。2023 年《生态环境行政处罚办法》第 54 条体现了"同步协调"原则的要求，规定"生态环境主管部门向司法机关移送涉嫌生态环境犯罪案件之前已经依法作出的警告、责令停产停业、暂扣或者吊销许可证件等行政处罚决定，不停止执行"，这意味着司法权并不必然优于甚至取代行政权，两项权力之间应当保持必要的衔接协调。从理论上看，"同步协调"的内涵有：其一，生态环境部门无论在案件移送前还是移送后，均可基于环境行政管理秩序维护之需要进行调查、取证、行政强制与行政处罚；其二，生态环境部门在调查取证之时可商请公安机关和检察机关提前介入，积极开展协作配合；其三，公安机关和检察机关在立案侦查时对需要采取资格罚的犯罪行为，可建议生态环境部门作出相应的行政处罚。之所以将"同步协调"原则作为构建生态环境"行刑衔接"机制的原则，主要理由有三个：

第一,"同步协调"原则有助于充分发挥行政处罚与刑事处罚的价值功能。在理论层面,与"同步协调"相对立的是"选择适用"主张,尤其是"优先选择适用刑事处罚"主张。之所以"优先选择适用刑事处罚",有学者认为,"行政犯罪与行政违法行为相比,社会危害性更严重,应优先审查;刑罚处罚与行政处罚相比,制裁程度更为严厉,应优先施行"①;有学者认为,刑事处罚"有利于打击犯罪,实现刑法的社会防卫功能"②;还有学者认为,"刑法保护的利益最为重要,因其处罚的严厉性,也是最能起到保护作用的手段"③。基于以上分析,学界普遍认为刑事处罚比行政处罚更严厉、程序更严格、威慑力更大,因此生态环境部门一旦发现涉罪案件,就将案件先行移送刑事司法机关,待刑事责任追究完毕后再决定是否进行行政处罚。此观点无疑有待商榷。在实施程序上,尽管刑事处罚较行政处罚更为严苛、更具威慑性,但刑事司法之立案、侦查与审判的周期更为漫长,而漫长的刑事诉讼程序极可能阻滞环境违法犯罪的打击进程。行政处罚与刑事处罚本质上属于公法上的责任追究形式,均有一定的同质性,但在实施主体、责任种类、适用程序等方面存在很大的不同,二者在实施过程中并不排斥。基于此,若环境违法者同时触犯行政法律规范与刑事法律规范,需要同时追究行政责任与刑事责任的,应当同时进行行政处罚与刑事处罚。若以刑事处罚取代行政处罚或将刑事处罚置于优先选项,难免混淆了行政处罚与刑事处罚在各自领域的价值功能。"同步协调"原则的确立,不仅将行政处罚与刑事处罚置于对等位置,而且注重各自功能的优势互补,有助于弥补"选择适用"主张(即"刑事优先"原则、"行政优先"原则、"刑事相对优先"原则)的缺陷,形成生态环境部门与刑事司法机关打击环境违法犯罪的合力。

第二,"同步协调"原则不违反现行法律的强制性规定。在法律法规层面,《行政处罚法》《行政强制法》《刑事诉讼法》《行政执法机关移送涉嫌犯罪案件的规定》均直接或间接规定"违法行为涉嫌犯罪,行政机关必须将案件移送司法机关,依法追究刑事责任",其中,《行政执法机关移送涉嫌犯罪案件的规定》甚至明确规定行政执法机关对涉罪案件的"及时移送"义务。正因如此,有学者认为现行立法中的"及时移送"无

---

① 周佑勇、刘艳红:《论行政处罚与刑罚处罚的适用衔接》,《法律科学》1997年第2期。
② 陈兴良:《论行政处罚与刑罚处罚的关系》,《中国法学》1992年第4期。
③ 张智辉:《刑法改革的价值取向》,《中国法学》2002年第6期。

疑就是为"优先追究刑责",相应地,"刑事优先"原则应成为生态环境"行刑衔接"中案件移送的适用原则。① 本书认为,《行政执法机关移送涉嫌犯罪案件的规定》以及其他规范性文件中频频出现的"及时"二字仅仅意味着行政机关有"及时"移送涉罪案件或线索的义务,而不能推导出案件移送旨在"优先追究刑责"之结论。正如学者所言,"移送的目的其实是行政机关向公安机关履行告知义务,使公安机关获取犯罪线索,使刑事责任不会落空,最终保证的是双重违法责任的实现"②。应当说明,现行立法并不排斥行政处罚与刑事处罚的同时施行。以 2020 年《行政执法机关移送涉嫌犯罪案件的规定》为例,该规定第 11 条第 2 款规定"行政执法机关向公安机关移送涉嫌犯罪案件前已经作出的警告,责令停产停业,暂扣或者吊销许可证、暂扣或者吊销执照的行政处罚决定,不停止执行"。此外,2017 年《工作办法》第 16 条也规定:"环保部门向公安机关移送涉嫌环境犯罪案件,已作出的警告、责令停产停业、暂扣或者吊销许可证的行政处罚决定,不停止执行。"从以上条款规定看,现行立法允许对同一环境违法行为同时施以行政处罚和刑事处罚,而非认为二者只能择一适用。

第三,"同步协调"原则能有效解决生态环境"行刑衔接"难题。当前生态环境"行刑衔接"过程中存在案件移送难、证据转化难、检察监督难和信息共享难等问题,严重制约着生态环境"行刑"之间的无缝衔接。若以"同步协调"原则作为衔接机制建设的指导原则,那么对上述问题的解决将有一定促进作用。首先,"同步协调"原则要求生态环境部门在案件移送后仍可对违法行为进行调查与处罚,可防止生态环境部门"一移了之",此时环境违法者既可能受刑事处罚,还可能受生态环境部门的行政处罚。其次,"同步协调"原则要求生态环境部门与公安机关、检察机关在案件移送中始终保持密切配合,可有效避免单一责任追究方式对违法者惩治的不足。譬如,生态环境部门将环境案件移送公安机关后,若发现该环境违法行为仍未停止或继续污染生态环境,可视情况采取行政强制(如行政代履行、执行罚)、行政处罚(如责令停产停业)等手段,

---

① 参见练育强《"两法"衔接视野下的刑事优先原则反思》,《探索与争鸣》2015 年第 11 期。

② 李东阳:《行政执法与刑事司法衔接运行程序的再思考》,《北京警察学院学报》2013 年第 2 期。

从而弥补刑事处罚时效性弱之缺陷。最后,"同步协调"原则允许生态环境部门根据调查取证之需要商请公安机关、检察机关提前介入,这意味着允许刑事侦查权提前至环境行政执法阶段,无疑有助于强化检察机关对环境行政执法行为的检察监督。由此可见,对于同一环境违法行为同时适用行政处罚与刑事处罚是有效解决生态环境"行刑衔接"难题的现实需要。

基于以上分析,生态环境"行刑衔接"机制建设应当果断摒弃"刑事优先"原则、"行政优先"原则与"刑事相对优先"原则,确立"同步协调"原则。详言之,生态环境部门一旦发现犯罪行为或线索,可先立案、先调查、先强制与先处罚,若调查取证的材料足以证明涉嫌构成犯罪,应将案件依法移送刑事司法机关;生态环境部门将案件移送公安机关后仍不停止调查与处罚;公安机关在立案侦查时可视情况建议生态环境部门进行行政处罚。唯此才能更好地将生态环境部门、公安机关与检察机关捏合在一起,形成打击环境违法犯罪的强劲合力。应当注意的是,"同步协调"原则的确立,还应建立案件移送机制的配套保障制度,譬如构建案件咨询制度,确保生态环境部门或刑事司法机关在案件移交过程中可获得专业咨询与有效互动,从而促进案件有序移送。除此之外,还可进一步完善线索通报制度、检察机关提前介入制度、重大案件共同会商督办制度、联席会议制度等,确保生态环境部门、公安机关与检察机关在打击环境犯罪中始终保持协同与信息共享,防止因案件信息不对称而出现"有案不移""以罚代刑""以刑代罚"等问题。

第四节 生态环境"行刑衔接"中案件移送机制的完善

一 精简程序:环保警察制度的引入与适用

移送环节多、移送程序复杂是导致环境案件移送不力的主要因素。为解决案件移送不力难题,2017年《工作办法》明晰了移送的主体、时限、随附材料、程序、救济、法律责任等,尽管案件移送与交接程序得到进一步细化,但始终未能实现精简移送程序与提升移送效率之目标。就目前而论,环境犯罪案件移送依旧延续的是"生态环境部门移送→公安机关受理及移送→检察机关受理"模式。相较于一般刑事案件移送,环境犯罪案件移送由于增加了生态环境部门移送环节,导致很多案件都需要经过生态环境部门的严格筛选,再加上生态环境部门易受地方保护主义、部门保护主义以及证据收集困难等因素的影响,导致涉嫌环境犯罪的案件难以得到有效移送。

从我国地方省市的实践经验看,破解案件移送不力的做法是引入环保警察制度,即"为弥补环境行政执法不足,环保警察需强势介入以解决环境难题"。所谓环保警察,也称为环境警察,此外各地还有不同的叫法,重庆、辽宁等地称为"环境安全保卫总队",在浙江叫作"环境犯罪侦查大队",在河北是"环境安全保卫大队",在贵州是"生态环境安全保卫总队",在山东则是"食药环侦查总队"。尽管各地在"环保警察"的称谓上有所差异,但均是指那些专门负责对环境违法犯罪展开侦查取证的警察。环保警察在国外早已广为人知,并广泛运用于环境执法,对比之下,我国对环保警察制度的实践探索较为滞后,时至今日也未全面建立环保警察制度。就我国而言,最早成立环保警察队伍的地区是云南。2008年11月出台的《云南关于建立环境保护执法协调机制的实施意见》的一大亮点就是要求组建专门的环保警察队伍。在此意见的指导下,云南省试点成立昆明市环保分局,在人员编制上,昆明全市环境保护监察队伍编制为290人,环保分局按其20%的比例配制,人数满编将近60人;2010年9月,昆明市环保分局与水务治安分局合并更名为"昆明市公安局环保水务分局"①。相较于云南,江苏设立环保警察的时间稍晚,直到2013年苏州市公安局才成立"环境与食品药品警察支队筹备组",成立后的环保支队隶属于苏州市公安局下的治安大队。除了云南和江苏外,广东、重庆、北京、河北等地也纷纷组建了环保警察队伍。

环保警察的执法模式大致可归为两种,一种是以江苏省为代表的"公安局派员入驻环保局"模式;另一种是以云南省为代表的"公安局下设环保警种"模式。前一种模式是由生态环境部门主导办案,同时要求环保警察协助调查取证;后一种模式往往由公安部门主导办案,其分派有专门知识和经验的环保警察进行侦查取证,而生态环境部门一般不参与。在人员构成上,环保警察通常是由具有专门知识、经验和学历背景的人员构成;在职权行使上,环保警察专门负责对环境违法犯罪的侦查、取证与

---

① 黄河清:《环保警察:昆明环境"保护神"》,《昆明日报》2010年7月27日第4版。

案件移交，并拥有刑事执法权，可对环境违法者实行强制扣押、行政拘留。从现实绩效看，环保警察在打击环境违法犯罪过程中收效甚彰，譬如在 2013 年昆明东川区"牛奶河"事件中，正是由于昆明市环保警察的及时介入以及与生态环境部门、检察机关的协同配合，案件移送与侦查取证才得以顺利进行，环境违法犯罪者才能被有效追究责任。

从国外经验看，破解移案不力的有效做法是允许公安机关在第一时间介入环境污染案，如此既可减少生态环境部门移送环节，又能充分发挥公安机关在打击环境违法犯罪上的优势。① 基于此，俄罗斯、法国、德国等国家自 20 世纪 60 年代起便纷纷建立环保警察制度。世界上最早设立环保警察制度的国家是俄罗斯，1966 年莫斯科市政府与俄罗斯内务部协定设立"莫斯科预防生态违法警察管理局"。在组成人员上，生态警察都具有法律、生态、环境、生物园等专业知识背景；在权力行使上，生态警察拥有与其他警察一样的刑事执法权，其在执法过程中可携带武器，如此既保障自身安全也协助生态环境部门执法。为减少生态警察与其他权力部门的冲突，各地政府有的将部分生态警察分散到环保、城建、土地规划等部门，形成生态警察与这些部门联合立案、办案的形式。② 法国的环保警察称为"绿色警察"，编制上属于内务部，主要由法律、医学、生物等专业人员构成，主要负责对严重环境污染行为的立案侦查。除了俄罗斯与法国外，德国、美国等国家也建立了环保警察制度。在德国，环保警察隶属于联邦内政部，专门负责生态环境保护，每名环保警察必须经过长达 18 个月的专业培训；在美国，环保警察常常设立在州政府，专门负责打击环境违法犯罪活动。由于环保警察拥有刑事执法权且可以第一时间介入环境行政执法，俄、法、德等国在环境犯罪案件移送与惩治上取得了显著成效。

基于以上分析，我国可尝试组建专业的环保警察队伍。在环保警察直接进行案件侦办的情况下，环境案件移送模式可从"生态环境部门移送→公安机关受理与移送→检察机关受理"变为"公安机关移送→检察机关受理"，减少了生态环境部门移送环节，如此可有效避免地方保护主义与部门保护主义的掣肘，使案件移送更为顺畅和高效；在环保警察协助生态环境部门执法或联合执法情况下，生态环境部门可借助环保警察的刑

---

① 蒋云飞：《论生态文明视域下的环境"两法"衔接机制》，《西南政法大学学报》2018 年第 1 期。

② 曾文革、陈娟丽：《国外环保警察及启示》，《环境保护》2010 年第 21 期。

事执法权及时收集取证并移送案件。环保警察制度作为一项制度创新,尽管有助于提升环境案件移送的效率与效果,但该制度在实践中面临诸多困境,一定程度上影响了该制度的实施效果。这些困境主要表现在:第一,环保警察执法缺乏法律依据,即在法律法规层面缺乏明确的依据,以至于环保警察执法常常无法可依;第二,环保警察的职责边界不清,与一般警察、环保执法人员的职责存在一定的重叠与交叉;第三,环保警察机构定位模糊,其究竟隶属于公安机关内部还是独立出来成立专门的环保警察机构,国内外的做法不一。

解决上述问题的关键在于,有效借鉴国外的成功经验以及我国地方省市的成熟经验。关于环保警察的执法依据问题,"德国环保警察的设立以《基本法》为依据,警察机构的设立、分化、合并,在德国联邦及各州的《警察法》中都有详细的规定;此外,环保警察的职责也有明确的法律规定"①。基于此,我国可借鉴德国经验建立环保警察专项法规,以具体、可操作的规定为环保警察执法提供法律依据和规范指引。关于环保警察的职责边界问题,昆明市的经验是明确规定了环保警察的主要职责,②既避免了环保警察与传统执法部门的重复与交叉,又弥补了现行环境执法体制的缺陷。关于环保警察机构设置问题,俄罗斯、德国、法国等国的经验是设立独立机构,但我国地方省市的实践经验大多是将环保警察作为公安机关内部的独立警种,将环保警察隶属于公安部门。本书认为,我国地方省市的实践经验颇有"应急式"特征,从长远看不利于发挥环保警察对环境违法犯罪的惩治功能,也难以与生态环境部门之间建立有效的办案协作机制。鉴于此,可借鉴俄罗斯、德国、法国、美国等国家的有益经验,探索将环保警察机构独立出来,使其互不隶属公安系统与环保系统,同时赋予其刑事执法权并明晰其刑事执法权限,使环保警察与相关政府部门形成联合执法办案的长效机制,提升打击环境违法犯罪的效果。

二 标准对接:调适案件移送与承接的标准

移送标准与立案标准如何对接是生态环境"行刑衔接"中的移送制

---

① 李文青、王成、刘海滨:《国内外环保警察制度现状及启示》,《环境保护》2014 年第 10 期。

② 参见刘超《昆明环保警察制度的借鉴与思考》,《环境保护》2011 年第 21 期。

度建设必须回应的问题。2014年10月，党的十八届四中全会通过的《中共中央关于全面推进依法治国若干重大问题的决定》明确规定将"完善案件移送标准和程序"作为健全行政执法与刑事司法衔接机制的重要内容，随后不久，2015年12月中共中央、国务院共同下发的《法治政府建设实施纲要（2015—2020年）》重申"健全行政执法与刑事司法衔接机制，完善案件移送的标准与程序"，由此足见中央对完善移送标准的重视。本书认为，要完善案件移送标准，首要之义在于明确移送标准与立案标准之间的相互关系并对其合理定位，若案件移送标准和立案标准衔接不当，生态环境部门将难以有效移送案件，公安机关也无法及时承接。从法律层面看，立法者倾向于将移送标准与立案标准相等同。具体而言，2020年《行政执法机关移送涉嫌犯罪案件的规定》第3条规定行政执法机关移送案件的标准是"违法事实……涉嫌构成犯罪，依法需要追究刑事责任"，2018年《刑事诉讼法》第112条规定刑事司法机关立案的标准是"认为有犯罪事实需要追究刑事责任"。对比而言，行政执法机关移送案件的标准（即"涉嫌构成犯罪，依法需要追究刑事责任"）与刑事司法机关承接案件或立案标准（即"认为有犯罪事实需要追究刑事责任"）几乎完全等同（参见图3-1）。申言之，"涉嫌构成犯罪"+"依法需要追究刑事责任"的表述意味着，行政机关在向公安机关移送案件之前，必须有充足的证据证明行政违法行为已然涉嫌犯罪，且不属于2018年《刑事诉讼法》第16条①规定的不需要追究刑事责任的情形。某种意义上而言，行政机关向公安机关移送案件的标准与公安机关的刑事案件立案标准（即"有犯罪事实"+"需要追究刑事责任"）近乎一致。

但应当注意的是，案件移送仅仅是公安机关立案的材料之一，且公安机关在接收案件时还要针对案件材料进行审查，主要审查其是否达到立案的标准。若移送标准与立案标准相等同，意味着行政执法机关在移送案件前必须有充分证据证明违法行为已涉嫌犯罪，且满足公安机关追究刑事责

---

① 2018年《刑事诉讼法》第16条规定："有下列情形之一的，不追究刑事责任，已经追究的，应当撤销案件，或者不起诉，或者终止审理，或者宣告无罪：（一）情节显著轻微、危害不大，不认为是犯罪的；（二）犯罪已过追诉时效期限的；（三）经特赦令免除刑罚的；（四）依照刑法告诉才处理的犯罪，没有告诉或者撤回告诉的；（五）犯罪嫌疑人、被告人死亡的；（六）其他法律规定免予追究刑事责任的。"

任的标准，这对仅仅具有执法权的行政机关而言无疑相当困难。这样做的必然结果是以行政执法机关代行侦查机关的职责，违背了权力运行的正常规律，同时也会导致大量应当移送的案件不能进入刑事诉讼程序。① 同理，若要求生态环境部门移送案件的标准等同于公安机关立案的标准，那么对仅具有调查、取证、行政强制与行政处罚职责的生态环境部门而言无疑是一项巨大挑战。更重要的是，将移送标准与立案标准等同还可能弱化刑事司法机关对移送案件的审查义务，结果可能导致大量环境犯罪案件不能进入刑事司法领域。

移送标准与立案标准等同　　　　　　　　移送标准宽于立案标准

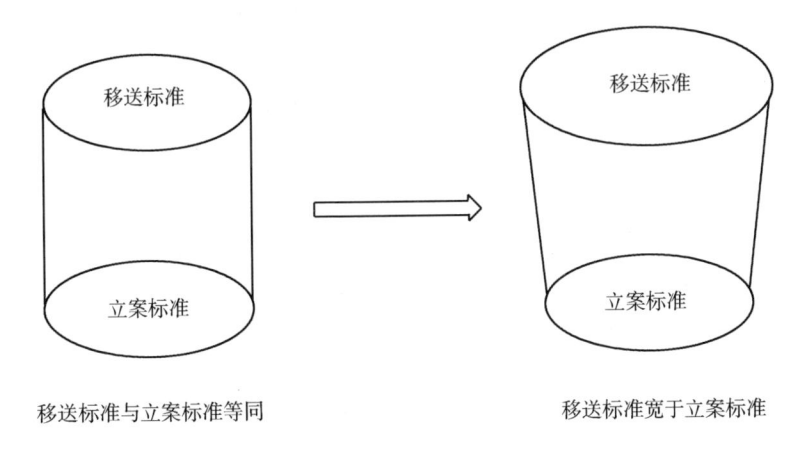

图 3-1　移送标准与立案标准的合理调适

基于此，应当适当降低生态环境部门移送案件的标准，使其适度低于刑事立案标准。具体而言，案件移送标准与立案标准应当呈现出"上宽下窄"布置（参见图3-1），申言之，移送案件的标准应当放宽，即生态环境部门在移送案件时只需有合法证据证明有犯罪事实发生而不必查证属实，此时就可以移送公安机关；与此同时，公安机关的立案标准应当收严，之所以将立案标准收严，是因为公安机关对生态环境部门移送而来的案件负有法定的审查义务，唯有达到刑事追诉标准的才能立案侦查，才能启动下一环节的刑事责任追究程序。事实上，按照案件移送的一般规律以及追责的难易程度，也应当适度降低案件移送的标准，使案件调查、移

---

① 周佑勇、刘艳红：《行政执法与刑事司法相衔接的程序机制研究》，《东南大学学报》（哲学社会科学版）2008年第1期。

送、立案、追责呈现出一个"漏斗式"过程。① 换句话说，移送标准与立案标准应当保持前宽后窄（或上宽下窄），确保每一个案件追诉环节都有相应部门进行"把关"，如此才能更好地层层推进案件移送。值得注意的是，2020年《行政执法机关移送涉嫌犯罪案件的规定》第3条第2款新增"知识产权领域的违法案件，行政执法机关根据调查收集的证据和查明的案件事实，认为存在犯罪的合理嫌疑，需要公安机关采取措施进一步获取证据以判断是否达到刑事案件立案追诉标准的，应当向公安机关移送"内容，其中"认为存在犯罪的合理嫌疑（而不必查证属实）就可移送"之规定明显降低了行政执法机关向公安机关移送涉嫌犯罪案件的标准，如此规定无疑大幅降低了行政机关移送案件的难度，强化了公安机关承接案件并进行审查的义务。但遗憾的是，上述规定仅适用于知识产权领域的"行刑衔接"案件，除此之外领域的"行刑衔接"案件移送则无法适用。

目前，生态环境部门向公安机关移送涉嫌犯罪案件的标准较高，其很难对现行法规规定的移送标准（即"有合法证据证明有犯罪事实发生"）作出准确判断。申言之，生态环境部门很难根据收集的环境污染证据判定是否存在"犯罪事实"，况且判定"某一行为是否涉嫌犯罪"属于刑事司法机关的职责范畴。按照2020年《行政执法机关移送涉嫌犯罪案件的规定》第3条的规定，认定"犯罪事实"的主要依据有：所涉金额、违法情节、造成后果等，但这些要素很难通过量化的方式界定。尽管"两高"发布的《关于办理环境污染刑事案件适用法律若干问题的解释》对"严重污染环境""后果特别严重"等作了明确界定，但仍不足以让生态环境部门在纷繁复杂的环境执法过程中作出准确判断，以至于无法及时有效移送案件。为解决这些问题，江苏省的实践经验是细化案件移送标准，为生态环境部门移送案件提供明确、统一、规范的指引；重庆市的经验是加强案例指引，供生态环境部门参照和学习。譬如，《重庆市关于加强打击破坏环境资源和危害食品药品安全犯罪协作配合的会议纪要》明确要求"各单位在案例收集、编撰方面应当互相配合。对法律和司法解

---

① 关于环境追责的"漏斗式"过程，侯艳芳以图文并茂的方式进行了描述，她认为，环境侵害查处存在两个"漏斗式"过程，一个是"漏斗式"过程由行政责任追究转向刑事责任追究；另一个"漏斗式"过程是追究刑事责任的侦、诉、审程序。参见侯艳芳《中国环境资源犯罪的治理模式：当下选择与理性调适》，《法制与社会发展》2016年第5期。

释规定不够明确的疑难、复杂的类案问题，应及时进行会商研究并提出办理相关类案的指导意见"，其中所编撰的案例必然涉及生态环境部门移送案件标准的细化与适用。立基于此，在调适移送标准与立案标准时，既要确保移送标准适当低于立案标准，又要通过各种方式（如案例指导）来细化与明晰移送标准，为生态环境部门向公安机关移送案件提供科学的规范指引。当然，用案例（指导）的方法并不是一个完美无缺的方法，但它对取得正确的原始资料来说，还是一个较有创造性和实用性的方法。①

三 强化追责：明确不依法移接案件的后果

从《行政处罚法》《行政执法机关移送涉嫌犯罪案件的规定》，2007年《若干规定》，2017年《工作办法》的相关规定看，现行立法对不依法移送及立案者的惩治力度明显不够，尚不足以对其形成足够的外在压力。正因如此，学者们普遍主张强化不依法移送及立案的法律后果，同时通过细化相关责任条款来提升追责可操作性。② 在生态环境"行刑衔接"领域，要提升环境案件移送的效果，同样需要提升对不依法移送及立案者的追责力度。解决环境资源犯罪"有案不移"问题不仅要设计具体制度，更重要的是规定违反该项制度所应承担的责任，运用刑事手段惩处"有案不移"行为。"有案不移"通常表现为消极的不作为，而且仅对环境案件进行行政处罚是生态环境部门职权行使的一般样态，因此如果仅对"有案不移"进行行政追责，难以提高工作人员的注意义务，追责效果只能是"不痛不痒"。由此可见，提升对不依法移送者的追责力度应成为强化环境案件移送的有力举措。

本书认为，强化责任追究固然有利于督促生态环境部门移送与公安机关立案，但一味地强调责任惩罚而忽略利益诱导，事实上也难以实现最佳移送案件的效果。从经济学角度看，无论是自然人、法人还是政府机构，它们都有趋利避害的本性，生态环境部门与公安机关亦不例外，这些机构均属于"理性经济人"，都有追求利益最大化的强烈冲动。若能给予足够

---

① ［美］霍贝尔：《原始人的法：法律的动态比较研究》（修订译本），严存生等译，法律出版社2012年版，第37页。

② 有学者指出，制定"行政执法与刑事司法衔接法"，其内容应特别侧重不依法移送和不依法接受移送的法律责任等内容，一定要有明确的可操作性的规定。参见刘晓莉、孔艳《草原行政执法与刑事司法衔接问题的若干思考》，《当代法学》2010年第4期。

的正向激励或利益诱导,将极大提升生态环境部门移送案件与公安机关立案的积极性、主动性。因此,为解决环境案件移送不力问题,关键在于构建生态环境部门移送与公安机关立案的奖惩机制,通过"胡萝卜"与"大棒"来引导、激励与督促上述主体移交环境犯罪案件。诚如法国托克维尔在《论美国的民主》中所说的那样:"一项在大多数人看来对自己没有实际效益的令人讨厌的法律,不是难于通过,就是通过以后也不会被遵守。"① 基于此,构建生态环境"行刑衔接"中的案件移送奖惩机制,主要从如下两方面着手:

第一,完善不依法移送及立案的追责机制。完善追责机制,应当坚持环境立法"义务重心"导向,除了要合理配置环境义务,还要注重对违反环境义务的法律后果(即环境责任)的精心设定。现行立法仅通过行政处分与刑事处罚两种方式来追究不依法移送者的法律责任,由于追责方式偏少、相关条款缺乏可操作性,因此对生态环境部门与公安机关的威慑力有限。立足于此,在完善不依法移送及立案的追责机制时应当做到:首先,细化责任追究条款,一是明确 2020 年《行政执法机关移送涉嫌犯罪案件的规定》第 16 条、第 17 条中有关行政处分的适用条款,尤其是根据违法情节来适用记过、记大过、降级、降职等行政处分;二是明晰徇私舞弊不移交刑事案件罪的适用条件,适当降低此罪的入罪门槛,使其更好地承担起打击不依法移送案件者刑事责任的任务;三是借鉴云南省的经验,将廉政责任如诫勉谈话、责令作出书面检查、通报批评、党纪处分、调整职务等引入不依法移送及立案的责任谱系中,明确各项廉政责任的适用情形。在具体完善进路上,可借鉴《云南省关于建立部门环境联动执法联勤制度的通知》第 54 条第 2 款的规定,"对查处打击环境污染犯罪、开展联合联动执法工作情况较差州(市)的环境保护部门和公安机关予以通报批评,并视情况对其部门主要负责人、分管领导、相关工作人员采取警告、进行约谈、实施诫勉谈话等措施"。总之,将不依法移送及立案的法律后果与廉政责任挂钩,更有助于从"内心深处"打击不依法移送及立案者,使其真正诚服法律安排。

第二,构建案件移送及立案的奖励机制。严厉惩罚犯罪固然重要,但

---

① [法]托克维尔:《旧制度与大革命》,冯棠译,商务印书馆 2012 年版,第 280—281 页。

贝卡里亚认为"预防犯罪比惩罚犯罪更高明"①，激励行为人主动守法就是一门犯罪预防技术。亦诚如伯尔曼所言："真正能阻止犯罪的乃是守法的传统"。②因此，在强化责任追究的同时，也应当注重对依法移送案件及立案者的守法激励，建立健全环保执法激励机制，以此调动生态环境部门与公安机关交接案件的积极性，云南省在此方面也积累了一定经验。《云南省关于加强协作配合依法打击环境违法犯罪行为的实施意见》规定"对在环境保护行政执法和刑事司法衔接工作中表现突出先进单位和先进个人，予以表彰奖励"。此外，《云南省关于建立部门环境联动执法联勤制度的通知》第 52 条规定"环境保护部门和公安机关要将查处打击环境污染犯罪、开展联合联动执法工作情况纳入本部门目标考核计划"，第 53 条进一步规定"省环境保护部门和公安机关每年对各州（市）环境保护部门和公安机关查处打击环境污染犯罪、开展联合联动执法工作情况进行年度考核，并通报考核结果。年度考核内容及方案另行制定"。考察以上条款，发现云南省的案件移送奖励方式主要有两种：一是荣誉奖励，即表彰案件移交中的先进单位和先进个人；二是其他形式奖励（主要表现为物质奖励），即将案件移送情况纳入考核，经省级主管部门的考核后决定奖励。本书认为，云南省将案件移交情况纳入生态环境部门与公安机关年度考核的做法颇值得提倡与借鉴，但奖励形式稍显单一，可进一步丰富奖励形式，譬如，除了物质与精神方面的奖励外，还可将案件移送与执法人员的晋升挂钩，如此才能从根本上激励生态环境部门与公安机关依法移送案件。

四 案件倒流：构建案件反向移送程序机制

构建案件反向移送机制是生态环境"行刑衔接"机制建设的重要内容，也是加强"行刑双向衔接"的应有之义。目前而言，现行立法对"行刑反向衔接"规定不足，理论上对刑事司法机关向行政机关移送关注较少，实践中出现反向移送的情形也较为少见。即便实践中存在需要反向移送给行政机关处理的案件，由于立法规定的不足和具体操作程序的不统一，刑事司法机关往往也力有未逮。除此之外，刑事司法机关也缺乏反向

---

① ［意］贝卡里亚：《论犯罪与刑罚》，黄风译，中国法制出版社 2005 年版，第 126 页。
② ［美］伯尔曼：《法律与宗教》，梁治平译，中国政法大学出版社 2002 年版，第 18 页。

移送案件的动力和压力,加之受行政违法专业判断能力限制,实践中很难有序开展反向移送。有学者指出:"由于传统观念上对犯罪治理的高度重视,刑事程序被置于行政程序的优先性地位,导致办案人员极易忽略不构成犯罪(或者不以犯罪论处、不适用刑罚)但需要追究行政违法责任时的处理规范。尤其是在公安机关先行受理的刑事案件中,对于不符合立案条件的嫌疑人往往直接释放了事,忽略了追究行政责任的可能性。"① 为避免环境违法"有责不纠",生态环境"行刑衔接"机制建设时亟须构建一套行之有效的案件倒流机制,明确案件反向移送的条件、标准和程序,有效补足"行刑反向衔接"的制度短板,为环境违法犯罪案件在"行刑"之间双向流动提供制度支撑。

第一,明确刑事司法机关反向移送案件的标准。2021年《行政处罚法》第27条规定:"对依法不需要追究刑事责任或者免予刑事处罚,但应当给予行政处罚的,司法机关应当及时将案件移送有关行政机关。"据此条款,"应当给予行政处罚"是刑事司法机关反向移送的标准,但该移送标准需要具体化和指标化才能便于判断。关于行政处罚的条件,2021年《行政处罚法》第40条作了规定,即"公民、法人或者其他组织违反行政管理秩序的行为,依法应当给予行政处罚的,行政机关必须查明事实;违法事实不清、证据不足的,不得给予行政处罚"。显然,实施行政处罚必须满足以下要件:一是行为人有违法(行政管理秩序)行为;二是违法行为属于依法予以处罚的行为,即不属于首违不罚、轻违不罚以及其他法定不予处罚的情形;三是有充分证据证明违法行为。在生态环境保护领域,2023年5月8日生态环境部制定的《生态环境行政处罚办法》第19条对生态环境处罚立案的标准作了细化,规定"经审查,符合下列四项条件的,予以立案:(一)有初步证据材料证明有涉嫌违反生态环境保护法律、法规和规章的违法行为;(二)依法应当或者可以给予行政处罚;(三)属于本机关管辖;(四)违法行为未超过《中华人民共和国行政处罚法》规定的追责期限"。相较而言,《生态环境行政处罚办法》规定的行政处罚立案标准比《行政处罚法》更为具体和明确。刑事司法机关向生态环境部门移送"依法不需要追究刑事责任或者免予刑事处罚但

---

① 张伟珂:《论行政执法与刑事司法衔接立法:现状、趋势与框架》,《公安学研究》2020年第6期。

应当给予行政处罚"案件时,应当遵循《生态环境行政处罚办法》中规定的行政处罚立案标准。归纳而言,刑事司法机关反向移送案件的标准应当为:有涉嫌环境违法的行为、有初步证据材料、属于法定机关管辖、未超过追责时限。值得一提的是,《生态环境行政处罚办法》规定"有初步证据材料证明有涉嫌环境违法"明显降低了环境处罚的立案标准,意味着刑事司法机关在反向移送时,只要有初步证据(而非充实证据)证明行为违法,就可以移送生态环境部门追究行政违法责任。

第二,细化案件反向移送的具体程序。关于案件反向移送的程序,2021年《行政处罚法》第27条仅粗略规定"应当给予行政处罚的,司法机关应当及时将案件移送有关行政机关"。其中"及时""案件""有关行政机关"均属于不确定性法律概念,分别指的是移送时限、移送材料范围和移送对象。关于移送时限,2020年《行政执法机关移送涉嫌犯罪案件的规定》第5条规定"行政执法机关正职负责人或者主持工作的负责人应当自接到报告之日起3日内作出批准移送或者不批准移送的决定。决定批准的,应当在24小时内向同级公安机关移送;决定不批准的,应当将不予批准的理由记录在案",意味着行政机关向公安机关移送必须在24小时内完成,此乃案件正向移送的基本要求。2017年《工作办法》第6条也作了类似规定,即生态环境部门必须在24小时内完成移送。本书认为,案件反向移送的时限要求完全可以借鉴正向移送的相关规定。刑事司法机关一旦决定向生态环境部门移送案件,即便案情较为复杂也不影响移送,而在24小时内完成移送无疑体现了"及时"的要求。

关于移送材料范围,尽管《行政处罚法》规定的是"案件",但在实践工作中移送却是案件随附材料,这些案件材料的种类较为繁杂,既包含立案材料、案卷材料,也包含证据材料。2017年《工作办法》第6条规定生态环境部门向公安机关移送的案件材料主要包括:案件移送书、案件调查报告、涉案材料(含涉案物品)清单以及检验报告、认定意见等。在案件反向移送时,由于移送主体存在差异,案件追诉阶段不一,故移送的案件材料不可能完全一致,但关于案件定性的基本材料应当大体相同。基于此,刑事司法机关向生态环境部门移送的案件材料应当主要包含各部门制定的案件移送书、案件移送报告、涉案材料以及刑事证据清单等。

关于案件移送对象,《行政处罚法》规定的是"有关行政机关"。在生态环境保护领域,如何精准判断"有关行政机关"就存在一定难度。

生态环境行政机关与生态环境行政主管部门存在差异，前者是承担一定生态环境行政监管职责的部门，如国土资源、农业、卫生等部门，后者则是对生态环境保护实施统一监督管理的部门，如各级生态环境部门。刑事司法机关在反向移送案件时，若案件是由特定生态环境行政机关移送的，那么反向移送的对象就是该机关；若案件是刑事司法机关自身发现的，那么如何判断"有关行政机关"就存在难度了。以水污染防治为例，2017年《水污染物防治法》第9条第3款规定"县级以上人民政府水行政、国土资源、卫生、建设、农业、渔业等部门以及重要江河、湖泊的流域水资源保护机构，在各自的职责范围内，对有关水污染防治实施监督管理"，刑事司法机关在判断"有关环境行政机关"时就需要根据国家机构改革后各职能部门的"三定"方案进行准确认定，在办案时限较为紧迫的情况下，刑事司法机关要想精准判断无疑存在一定难度。

第三，设置反向移送的监督和修正程序。目前，现行法律法规对案件反向移送的监督程序做了简单规定，在实际工作中缺乏可操作性。譬如，2020年《行政执法机关移送涉嫌犯罪案件的规定》第13条规定"有关行政执法机关应当依法作出处理"，2018年《刑事诉讼法》第177条规定"有关主管机关应当将处理结果及时通知人民检察院"。值得注意的是，2020年《行政执法机关移送涉嫌犯罪案件的规定》针对案件正向移送，设置了较为详细的案件移送监督和修正程序，比如第7条明确规定"公安机关对行政执法机关移送的涉嫌犯罪案件，应当在涉嫌犯罪案件移送书的回执上签字；其中，不属于本机关管辖的，应当在24小时内转送有管辖权的机关，并书面告知移送案件的行政执法机关"，即设置了公安机关的告知和反馈义务。在此基础上，第9条规定"行政执法机关接到公安机关不予立案的通知书后，认为依法应当由公安机关决定立案的，可以自接到不予立案通知书之日起3日内，提请作出不予立案决定的公安机关复议，也可以建议人民检察院依法进行立案监督"，该条明确规定了行政机关针对公安机关承接案件的监督职权：一是提请作出不予立案决定的公安机关复议；二是向检察机关提起立案监督。案件反向移送监督程序的设置同样可以借鉴上述规定，即刑事司法机关向生态环境部门移送案件后，生态环境部门若不接收或接收后不予立案，刑事司法机关可以提请生态环境部门复议或检察机关实施监督。相反，若生态环境部门在审查移送而来的案件后，发现刑事司法机关对案件定性错误或者遗漏了关键定罪证据，此时既可向刑事司法机关提起案件移送异议,也可向检察机关提起立案监督。总之,反向移送监督和修正程序的设置,目的在于通过行政权与司法权之间的相互监督制衡、协作配合,真正实现环境违法犯罪案件在"行刑"之间的双向有序移送,及时和精准追究法律责任。

第四章 生态环境"行刑衔接"中的证据转化机制

第一节 生态环境"行刑衔接"中证据转化机制的内容

一 环境行政证据向刑事证据转化

环境行政证据向刑事证据转化,即将生态环境部门收集的各类证据转化为刑事证据。证据转化是生态环境"行刑衔接"中一个非常关键的要素,直接决定生态环境"行刑"之间能否顺利对接。从规范阐释视角看,行政执法证据向刑事证据转化大致经历了"严格禁止""适当放开""原则允许"三个阶段。

第一,证据转化"严格禁止"阶段。所谓证据转化"严格禁止",是指法律法规禁止行政执法证据转化为刑事证据,这一阶段主要指的是2012年《刑事诉讼法》修改之前。2012年修正后的《刑事诉讼法》第52条第2款规定"物证、书证、视听资料、电子数据等证据材料可以作为刑事证据使用",才开了证据转化的先河,也解决了长期制约"行刑衔接"中的证据转化难题。因此,在2012年《刑事诉讼法》修改之前,证据转化缺乏法律依据,故此阶段可称为证据转化"严格禁止"阶段。应当注意的是,2011年最高法、最高检、公安部联合出台的《关于办理侵犯知识产权刑事案件适用法律若干问题的意见》(法发〔2011〕3号)第2条①首次规定行政执法机关依法收集的证据可以转化。不过,该意见属

---

① 2011年《关于办理侵犯知识产权刑事案件适用法律若干问题的意见》第2条规定:"行政执法部门依法收集、调取、制作的物证、书证、视听资料、检验报告、鉴定结论、勘验笔录、现场笔录,经公安机关、人民检察院审查,人民法院庭审质证确认,可以作为刑事证据使用。行政执法部门制作的证人证言、当事人陈述等调查笔录,公安机关认为有必要作为刑事证据使用的,应当依法重新收集、制作。"

于规范性文件,且针对的是知识产权保护领域的证据转化。不难推之,法发〔2011〕3号文件对全国范围内各"行刑衔接"领域的证据转化缺乏普遍拘束力,意味着生态环境部门在行政执法与查办案件中收集的证据也不能据此转化。

尽管2012年之前的立法"严格禁止"证据转化,但理论研究层面却存在"禁止转化说""允许转化说""区别对待说"三种不同观点。"禁止转化说"认为,行政执法证据不能转化为刑事证据。理由在于,证据转化可能架空非法证据排除规则、可能侵及被告方的辩护防御权以及混淆了强制侦查与任意侦查之区别。① 此种观点不无道理,行政执法证据并非刑事证据,若经过转化方式"漂白",则容易导致大量非法取得的行政执法证据进入刑事领域,不利于被告方权利的保护。"允许转化说"认为,应当允许行政执法证据转化为刑事证据。理由在于,行政执法证据与刑事证据一样,同样依法定程序收集且对案件事实具有证明力,司法机关对于行政执法机关收集的证据应当作为法律规定的证据予以接受,至于能否作为刑事案件的证据,要由司法机关审查决定。② 与"禁止转化说"和"允许转化说"所不同,"区别对待说"则认为,"对于实物证据可以基于客观性和现实存在性予以转化,而对于言词证据原则上应当禁止转化,但在具有相对合理主义的前提下允许有某种例外"③。事实上,以上三种观点在实践中均面临挑战。若禁止证据转化,那么刑事司法机关不仅需要耗费大量资源收集证据,也可能因时过境迁而无法重新提取证据,导致案件侦办困境;若允许证据转化,那么刑事司法领域将可能充斥大量行政证据,甚至可能架空非法证据排除规则;若对证据转化区分对待,那么究竟哪些证据可以转化哪些不可以转化,理论上缺乏一个明确的界分标准。总体上看,在2012年《刑事诉讼法》修正之前,尽管证据转化具有现实需求,但证据转化并无明确的法律依据,使得刑事司法机关在侦办行刑交叉案件时需要重新收集证据。

第二,证据转化"适当放开"阶段。2012年《刑事诉讼法》第52条第2款新增规定"物证、书证、视听资料、电子数据等证据材料可以

---

① 参见万毅《证据"转化"规则批判》,《政治与法律》2011年第1期。
② 参见张彩荣、母光栋《浅析行政执法与刑事司法衔接中的证据转换》,《中国检察官》2006年第12期。
③ 龙宗智:《取证主体合法性若干问题研究》,《法学研究》2007年第3期。

作为刑事证据使用",对证据转化作了大胆尝试,这也意味着行政执法证据与刑事证据并不是"绝缘体",在符合法律规定的情况下,行政证据可以转化为刑事证据使用。随后不久,作为 2012 年《刑事诉讼法》的配套司法解释,《人民检察院刑事诉讼规则(试行)》(高检发释〔2012〕2 号)、《关于适用〈中华人民共和国刑事诉讼法〉的解释》(法释〔2012〕21 号)对行政证据转化问题作了进一步明确。应当注意的是,2012 年《刑事诉讼法》新增的第 52 条第 2 款以及相关配套解释的出台并未平息证据转化的理论纷争,反而是"一石激起千层浪",引起了更大的争议。申言之,尽管刑诉法对证据转化开了一个口子,但由于立法的粗疏,证据转化变得更为复杂。这主要表现在,2012 年《刑事诉讼法》第 52 条第 2 款具有三个不确定法律概念:"行政机关""等证据材料""可以",由于这些不确定法律概念在司法解释中未得到具体化,因此该条款在适用时面临巨大争议。但总体而言,2012 年《刑事诉讼法》及其相关司法解释的出台,标志着国家立法肯定了部分行政证据的可转化资格,意味着生态环境部门收集的"物证、书证、视听资料、电子数据"可以作为刑事证据使用。

第三,证据转化"原则允许"阶段。随着国家进一步加强对环境违法犯罪的打击力度,行政执法证据与刑事证据衔接难问题逐渐暴露,2012 年《刑事诉讼法》第 52 条第 2 款有关证据转化的规定已远远不能满足环境犯罪打击的现实需要。基于此,2017 年《工作办法》第 20 条规定:"环保部门在行政执法和查办案件过程中依法收集制作的物证、书证、视听资料、电子数据、监测报告、检验报告、认定意见、鉴定意见、勘验笔录、检查笔录等证据材料,在刑事诉讼中可以作为证据使用。"尽管该工作办法属于部门规章,法律位阶较低,但在证据转化规定上突破了 2012 年《刑事诉讼法》第 52 条第 2 款的限制,将可转化证据的范围扩张至"物证、书证、视听资料、电子数据"以外的其他行政执法证据。显而易见,2017 年《工作办法》出台,标志着国家已原则上允许环境行政执法证据转化为刑事证据。

基于以上分析,不难发现,生态环境"行刑衔接"中的证据转化经历了一个由"严格禁止"到"适当放开"再到"原则允许"的演变过程,每一次转变均直接影响着环境刑事司法实践。

证据转化机制,顾名思义,即将生态环境部门在行政执法和查办案件中收集的证据转化为刑事证据的工作机制。由于证据转化直接决定着涉嫌环境犯罪案件能否有序移送刑事司法机关以及最终能否有效追究法律责任，因此证据转化机制应当成为生态环境"行刑衔接"机制的重要构成部分。生态环境"行刑衔接"中的证据转化机制主要包含如下四个部分：

首先，转化主体。生态环境"行刑衔接"中证据转化主体是指环境行政执法证据的收集主体。严格意义上而言，法定的取证主体仅包含公安机关、检察机关与人民法院，除此之外的主体均不具备取证主体资格，其法律依据是2018年《刑事诉讼法》第54条第1款，该条款规定"人民法院、人民检察院和公安机关有权向有关单位和个人收集、调取证据。有关单位和个人应当如实提供证据"。在环境行政执法过程中，生态环境部门及其"等同性"部门（譬如环境监测机构）并非《刑事诉讼法》意义上的取证主体，因此这些部门收集的证据材料要想在刑事诉讼中使用，必须经过证据转化。从这一点上看，生态环境部门及其"等同性"部门即为证据转化主体。从规范层面看，证据转化主体被2018年《刑事诉讼法》第54条第2款严格限定为"行政机关"，对此概念的理解有狭义解释和广义解释。若采用狭义解释，生态环境"行刑衔接"中的"行政机关"即为生态环境部门；若采用广义解释，生态环境"行刑衔接"中的"行政机关"既包含生态环境部门，还可能包含法律法规授权的组织以及生态环境部门委托的组织。

其次，转化范围。生态环境"行刑衔接"中的证据转化范围是指可转为刑事证据的环境行政执法证据种类。依据法理，证据种类具有法定性，就行政执法证据而言，2017年《行政诉讼法》第33条规定了八大证据种类，依次为：书证；物证；视听资料；电子证据；证人证言；当事人的陈述；鉴定意见；勘验笔录、现场笔录。就环境行政执法证据而言，2009年环境保护部发布的《环境行政处罚办法》第32条规定了七种证据，依次为：书证；物证；证人证言；视听资料和计算机数据；当事人陈述；监测报告和其他鉴定结论；现场检查（勘察）笔录。对比而言，《行政诉讼法》与《环境行政处罚办法》规定的证据种类相似，后者比前者仅多出了环境监测报告。尽管行政证据种类繁多，但并不是所有的行政证据都能转化为刑事证据，从法律角度看，2018年《刑事诉讼法》第54条第2款仅允许"书证、物证、视听资料、电子数据等证据材料"转化为刑事证据，此即可转化证据的范围。要明确可转化证据的范围，关键在于如何理解 2018 年《刑事诉讼法》中的"等证据材料",对"等"字的不同理解直接决定可转化证据的范围。在理论层面,"等"字的理解有"等内等""等外等""等于无"三种观点,对于这三种观点的利弊优缺将在后文予以详述。

再次,转化方式。2018 年《刑事诉讼法》第 54 条第 2 款仅规定"书证、物证、视听资料、电子数据等证据材料可以转化为刑事证据",其中的"可以"二字仅意味着上述四类证据具有转化的资格或可能,而不是"必须"转化。为了避免证据转化条款的滥用,必须构建完善的证据转化规则。《行政诉讼法》与《环境行政处罚办法》规定的证据种类在客观性、稳定性、是否易于保存以及证明力大小上均存在差异,若"一刀切"采取相同的转化规则,则只会起到适得其反的效果。一般而言,书证、物证、视听资料、电子数据、环境监测报告等具有较强的稳定性与客观性,不易篡改,证明力较强,因此学者们普遍主张允许刑事司法机关直接调取转化此类实物证据;证人证言、当事人陈述等言词证据的客观性与稳定性较弱,因此现行立法原则上禁止此类证据转化,刑事司法机关必须重新收集;其他的行政证据如鉴定结论、现场检查(勘察)笔录的转化方式则视情况而定。至于采取何种转化方式,有学者主张"根据证据的类型、证明力大小、证据性质等对它们的转化方式分别作出不同的规定"[①]。但从 2017 年《工作办法》的相关规定看,国家倾向于允许鉴定结论和现场检查(勘察)笔录直接转化为刑事证据。

最后,转化监督。尽管 2018 年《刑事诉讼法》第 54 条第 2 款赋予了部分行政证据的转化资格,但并未免除公安机关、检察机关与人民法院对证据转化的审查义务。由于本书研究的是生态环境"行刑衔接"中的证据转化机制,因此仅探究公安机关与检察机关对证据转化的监督或审查。2012 年公安部发布的《公安机关办理刑事案件程序规定》第 50 条第 3 款规定:"证据必须经过查证属实,才能作为定案的根据。"2012 年最高检修订的《人民检察院刑事诉讼规则(试行)》第 64 条规定:"行政机关在行政执法和查办案件过程中收集的物证、书证、视听资料、电子数据……经人民检察院审查符合法定要求的,可以作为证据使用。"分析以

---

① 张晗:《行政执法与刑事司法衔接之证据转化制度研究——以〈刑事诉讼法〉第 52 条第 2 款为切入点》,《法学杂志》2015 年第 4 期。

上两个条款，发现公安机关和检察机关对转化证据要进行两项审查：一是对行政执法证据真实性的审查，二是对证据合法性的审查。刑事司法机关之所以要进行审查或监督，旨在排除非法证据，防止非法行政执法证据"漂白"为刑事证据，保障环境违法犯罪者的辩护防御权。从权力制衡视角看，刑事司法机关依法审查行政执法证据的真实性与合法性，体现了司法权或法律监督权对行政权的有效监督。

二 刑事证据向环境行政证据转化

2021年《行政处罚法》的一大亮点是在原有"行刑正向衔接"的基础上增加了"行刑反向衔接"内容，规定"对依法不需要追究刑事责任或者免于刑事处罚，但应当给予行政处罚的，司法机关应当及时将案件移送有关行政机关"。诚然，加强"行刑反向衔接"是"行刑衔接机制"建设的重要内容，是"行刑"合力打击违法犯罪的应有之义，也是避免司法机关"以刑代罚、不刑不罚"且拒不移送涉嫌行政违法案件的内在要求。不过，司法机关向行政机关有序移送案件，需要解决的一个关键性、基础性问题是：刑事诉讼程序中收集的各类证据材料，行政机关能否作为证据使用，即刑事证据能否转化为行政证据？毕竟"证据的衔接是行刑衔接的核心环节"①，若刑事证据无法向行政证据转化使用，行政机关将不得不耗时耗力重新调查取证，结果势必严重迟滞行政决定的作出，导致"行刑反向衔接"举步维艰。

从规范层面看，刑事证据向行政证据转化使用具有一定的法律依据。2021年《行政处罚法》第27条第1款明确规定"行刑双向衔接程序"，第2款则规定"行政处罚实施机关与司法机关之间应当加强协调配合……加强证据材料移交、接收衔接"。通过对以上两个条款的文义解释和目的解释，发现刑事证据向行政证据转化使用具有一定的法律支持，立法者显然间接肯定了刑事证据的行政证据资格。但在实践层面，刑事证据向行政证据转化使用过程中不可避免地面临合法性质疑和实操困境，具体表现在以下两个方面：

一方面，刑事证据向行政证据转化尚缺乏国家立法的明文规定，贸然

---

① 张红、刘航：《执法资源有限视角下的行刑衔接程序问题研究》，《行政管理改革》2019年第2期。

进行证据转化势必面临合法性质疑。2023年《立法法》第10条第2款规定："全国人民代表大会制定和修改刑事、民事、国家机构的和其他的基本法律。"根据此条款，刑事证据转化制度属于刑事法律的范畴，其制定权和修改权专属于全国人大。尽管公安部和海关总署制定的规章规定刑事证据可以向行政证据转化，但这些相关规定明显有超越立法权限之嫌，其证据转化条款的合法性不免令人怀疑。另一方面，行政机关将刑事证据用于行政执法，有悖于依法行政原则。依法行政原则是法治国家、法治政府的基本要求。① 职权法定是依法行政的首要原则和核心内容，"任何行政职权的来源与作用都必须具有明确的法定依据，否则越权无效，要受法律追究、承担法律责任"②。如前所述，刑事证据向行政证据转化所依据的"法"是法律，而非行政法规和规章，由于目前法律并未明确规定刑事证据向行政证据转化制度，因此行政机关在执法过程中使用刑事证据，难免面临"于法无据"的质疑。

除了面临合法性质疑外，刑事证据向行政证据转化在实际操作过程中也存在诸多困境。一是刑事证据在转化后可能找不到对应的行政证据种类。我国《刑事诉讼法》和《行政诉讼法》均以列举的方式明确了八大证据种类，且均没有兜底条款，如果严格依法解释，刑事证据转化后凡是找不到对应的行政证据种类的，均无法完成转化。譬如，刑事证据之犯罪嫌疑人、被告人供述和辩解在转化后，难以"摇身一变"成为行政证据之当事人陈述；同理，刑事证据之检查、辨认、侦查实验等笔录也难以转化为行政证据之现场笔录。刑事证据与行政证据的不完全匹配，影响了两类证据的衔接转化。二是由于受非法证据排除规则的限制，行政机关在使用刑事证据时存在一定风险。贵州省司法厅在关于省十三届人大四次会议第320号建议的答复中明确指出了其中的风险，即"公安机关往往面对的是比较狡诈的犯罪嫌疑人，该类人时常过着刀尖上舔血的日子，其面对司法机关的取证行为往往有较多的应对方法，使得司法机关所取得的定案证据是否合法有效、是否会依照《刑事诉讼法》中非法证据排除规则而被排除具有不确定性，一旦转化的证据被依法予以排除，那行政执法行为便会缺乏证据支撑，

---

① 姜明安主编：《行政法与行政诉讼法》（第七版），北京大学出版社、高等教育出版社2019年版，第69页。

② 周佑勇：《行政法基本原则研究》（第二版），法律出版社2019年版，第143页。

执法机关的前期工作就会前功尽弃"①。基于以上种种考虑和担忧，行政机关在使用刑事证据时大多采取谨慎、保守做法，不轻易将刑事证据作为行政执法或定案的依据，以至于实践中针对行刑交叉案件反向移送的情形极为少见，严重弱化了行刑合力打击违法犯罪的力度。

第二节 生态环境"行刑衔接"中证据转化的实践困境

一 取证主体的外延稍显模糊

所谓取证主体，亦称取证资格，是指生态环境"行刑衔接"中的行政证据收集主体。2018年《刑事诉讼法》第54条第2款将取证主体限定为"行政机关"，言外之意，有且唯有"行政机关"收集的行政证据才可转化为刑事证据，作为刑事犯罪的定案依据。一般而言，"行政机关"的内涵不难理解，即"依照法律、法规或规章的规定，对违法行为具有行政处罚权的行政机关"②。但究竟何谓"行政机关"的外延，《刑事诉讼法》并未作出明确界定，相关司法解释、行政法规以及规范性文件的界定也存在差异，以至于现实中难以准确把握其外延范围。2012年《最高人民法院关于适用〈中华人民共和国刑事诉讼法〉的解释》第65条第2款明确规定："根据法律、行政法规规定行使国家行政管理职权的组织，在行政执法和查办案件过程中收集的证据材料，视为行政机关收集的证据材料。"该条款相对明确地界定了"行政机关"的外延，即"根据法律、行政法规规定行使国家行政管理职权的组织"。但该外延界定与《行政执法机关移送涉嫌犯罪案件的规定》第2条规定的"法律、法规授权的具有管理公共事务职能、在法定授权范围内实施行政处罚的组织"存在细

---

① 参见贵州省司法厅《关于省十三届人大四次会议第320号建议的答复》，http://gat.guizhou-.gov.cn/zfxxgk/fdzdgknr/zdlyxx_5626346/jytagk_5626354/202108/t20210831_69820372.html，2023年12月26日。

② 2020年《行政执法机关移送涉嫌犯罪案件的规定》第2条规定："本规定所称行政执法机关，是指依照法律、法规或者规章的规定，对破坏社会主义市场经济秩序、妨害社会管理秩序以及其他违法行为具有行政处罚权的行政机关，以及法律、法规授权的具有管理公共事务职能、在法定授权范围内实施行政处罚的组织。"

微差异,申言之,2020年《行政执法机关移送涉嫌犯罪案件的规定》规定的"行政执法机关"之外延更宽泛,其不仅包括"法律法规授权的组织",还包括"在法定授权范围内实施行政处罚的组织"。

通过对以上法律、行政法规及规范性文件的分析,我们大致可以梳理出两个值得探究的问题:第一,"行使国家行政管理权的事业单位和组织"是否属于"行政执法机关",其收集的行政证据是否可以转化为刑事证据?第二,"行政机关委托的组织"是否属于"行政执法机关",其收集的行政证据是否可以转化为刑事证据?若将这两个问题放置在生态环境"行刑衔接"领域,则又会出现以下三个亟须回应的问题:(1)环境监察机构收集的证据能否转化为刑事证据?(2)环境监测机构收集的证据能否转化为刑事证据?(3)纪检机关与行政监察机关收集的证据能否转化为刑事证据?事实上,这些问题可归咎为环境监察机构、环境监测机构、纪检机关与行政监察机关是否属于广义上的"行政机关"问题之探讨。

由于立法规定的不明确,"行政机关"的外延引发了学界的争议,但就目前而言,学者们普遍倾向于扩张"行政机关"的外延。有学者认为,法律法规授权的组织应属于"行政机关",因此这些组织收集的证据材料可以转化为刑事证据。其理由有三:"一是法律法规授权组织在行政执法或查办案件过程中行使着与行政机关相同的权力;二是法律法规授权组织在执法依据上与行政机关没有任何的区别;三是实践中也没有将法律法规授权组织办理的行政案件排除在外的案例。"[1] 有学者认为,"法定授权范围内实施行政处罚的组织"应属于行政委托。行政机关委托的事业组织以委托者的名义实施行政处罚,其本质特征是"权力转移而责任归属不变"[2],因此受委托的组织收集的证据也可以转化。还有学者认为,应将法律法规授权的组织与行政机关委托的事业组织"等同于'行政机关'"[3]。根据以上学者之观点,不难看出,环境监察机构、环境监测机构、纪检机关与行政监察机关均属于"行政机关"的范畴,其收集的行政证据均可在刑事诉讼中使用。应当注意的是,刑事证据是认定犯罪事实

---

[1] 郭泰和:《行政证据与刑事证据的程序衔接问题研究——〈刑事诉讼法〉(2012年)第52条第2款的思考》,《证据科学》2012年第6期。

[2] 黄娟:《行政委托内涵之重述》,《政治与法律》2016年第10期。

[3] 郭泰和:《行政证据与刑事证据的程序衔接问题研究——〈刑事诉讼法〉(2012年)第52条第2款的思考》,《证据科学》2012年第6期。

的主要依据，若扩张"行政机关"的外延，则导致刑事诉讼中充斥大量行政执法证据，这不仅违背了刑法的谦抑性，还可能损害犯罪嫌疑人的切身利益。

基于以上分析，不难发现，2018 年《刑事诉讼法》第 54 条第 2 款中规定的"行政机关"之外延尚不明晰，相关司法解释、行政法规以及规范性文件的界定也存在差异。在生态环境"行刑衔接"领域，由于"行政机关"的外延模糊，除生态环境部门外的环境监察部门（如环保督察中心、环境执法大队等）、环境监测机构、纪检机关、监察机关等部门收集的证据能否转化为刑事证据存在巨大疑惑。若坚持"行政机关"之狭义解释，则生态环境"行刑衔接"中的"行政机关"就是指生态环境部门；若坚持"行政机关"的广义解释，那么"行政机关"的外延究竟有多大，哪些机关或机构可以成为"行政机关"，这是证据转化机制建设不容回避的问题。正因如此，生态环境"行刑衔接"机制建设亟须明晰行政证据的收集主体，为环境行政执法证据与刑事司法证据的衔接奠定基础。

二　可转化证据的范围较狭窄

在生态环境"行刑衔接"过程中，究竟哪些环境行政证据可以转化为刑事证据呢？在回答该问题之前，首先需要明确环境行政执法证据与刑事证据的种类。根据《环境行政处罚办法》第 32 条的规定，环境行政执法证据包括七类：书证；物证；证人证言；视听资料和计算机数据；当事人陈述；监测报告和其他鉴定结论；现场检查（勘察）笔录。按照 2018 年《刑事诉讼法》第 50 条第 2 款的规定，刑事证据主要包括八类：物证；书证；证人证言；被害人陈述；犯罪嫌疑人、被告人供述和辩解；鉴定意见；勘验、检查、辨认、侦查实验等笔录；视听资料、电子数据。将以上两类证据比对，不难发现，环境行政执法证据与刑事证据在证据形式上大同小异，有些同类证据在表述上相异（如计算机数据与电子数据、鉴定结论与鉴定意见、现场检查或勘察笔录与侦查实验笔录），有些证据则属于特定类型的证据（如环境监测报告属于环境行政证据的特定种类、被告人供述与辩解属于刑事证据的特定种类）。从证据转化视角分析，除了 2018 年《刑事诉讼法》第 54 条第 2 款规定的"物证、书证、视听资料、电子数据"可以转化为刑事证据外，其他的环境行政证据如证人证言、当事人陈述、检查报告和鉴定结论、现场检查（勘察）笔录是否具有刑事证据能力还存在疑问。

不过，随着 2013 年、2016 年"两高"《解释》的先后出台，环境监测数据（报告）被纳入可转化证据的谱系。譬如 2013 年《关于办理环境污染刑事案件适用法律若干问题的解释》第 11 条第 2 款规定："县级以上环境保护部门及其所属监测机构出具的监测数据，经省级以上环境保护部门认可的，可以作为证据使用。"由于该解释属于最高检与最高法联合出台的司法解释，因此解释中"可以作为证据使用"即是指可以在刑事司法中使用，进一步而言，环境监测报告可以转化为刑事证据。显而易见，"两高"解释的出台将可转化证据的范围拓展至物证、书证、视听资料、电子数据与环境监测报告。随着 2017 年《工作办法》的出台，可转化证据的范围得到进一步扩张。该办法第 20 条规定："环保部门在行政执法与查办案件中收集的物证、书证、视听资料、电子数据、监测报告、检验报告、认定意见、鉴定意见、勘验笔录、检查笔录等证据材料均可在刑事诉讼中作为证据使用"，意味着环境行政执法证据与刑事司法证据正逐渐接轨甚至无缝对接，这对生态环境"行刑衔接"中证据转化难题的解决具有巨大的推动作用。

但值得注意的是，证人证言与当事人陈述的刑事证据资格始终未能得到国家的认可，使得刑事司法机关在立案侦查时必须重新收集此类言词证据。证人证言与当事人陈述是环境行政执法证据的重要种类，此类证据由生态环境部门收集、固定与保存，用以证明环境违法事实，常常作为涉罪案件的"随附材料"移送至刑事司法机关。从证据属性上看，生态环境部门依法收集的言词证据同样具有合法性、关联性、真实性属性，若取证规范合法，其毋庸讳言可以作为认定环境犯罪事实的证据材料，但由于言词证据的易变性和不稳定性，使得其真实性和关联性令人怀疑。基于刑法谦抑性之考量，国家原则上禁止生态环境部门收集的言词证据转化为刑事证据，刑事司法机关在立案侦查时必须重新收集。需要注意的是，现行立法禁止部分言词转化存在一定的负面效应：第一，公安机关或检察机关需重新收集此类证据，可能耗费大量的人、财、物等司法资源，不符合刑事司法机关作为"理性经济人"的内在逻辑；第二，公安机关或检察机关重新收集此类证据势必需要耗费大量时间，结果极可能影响对环境犯罪案件的侦办效率。因此，国家原则上禁止证人证言与当事人陈述的转化，尽管维护了刑事司法的谦抑性以及充分保障犯罪嫌疑人的权利，但极可能影响案件移送效率以及对环境违法犯罪的打击力度。由此可见，生态环境"行刑衔接"中可转化证据的范围依旧偏窄（主要是限制言词证据转化），尚不足以满足打击环境违法犯罪之需要。

应当指出，2018年《刑事诉讼法》第54条第2款允许行政执法证据转化为刑事证据，并不是指行政执法证据均可顺利转化为刑事证据，而仅仅意味着行政执法证据具有可转化的资格。从规范层面看，实物证据的转化均有明确依据，但言词证据与联合执法证据的转化则于法无据，导致这些证据在生态环境"行刑衔接"实践中难以作为刑事证据使用。

第一，言词证据转化不畅。生态环境"行刑衔接"中的言词证据主要包括：证人证言、当事人陈述与现场检查（勘察）笔录。由于言词证据容易受到提供证据人的判断能力、记忆能力、表达能力与认知能力的影响，立法者对言词证据的转化持谨慎态度，以至于生态环境部门收集的言词证据转化不畅。按照《人民检察院刑事诉讼规则（试行）》之规定，言词证据原则上不能转化为刑事证据，刑事司法机关需重新收集。主要法律依据是，《人民检察院刑事诉讼规则（试行）》第64条第3款规定"人民检察院办理直接受理立案侦查的案件，对于有关机关在行政执法和查办案件过程中收集的涉案人员供述或者相关人员的证言、陈述，应当重新收集"。不过，言词证据禁止转化也存在例外，即"确有证据证实涉案人员或者相关人员因路途遥远、死亡、失踪或者丧失作证能力，无法重新收集，但供述、证言或者陈述的来源、收集程序合法，并有其他证据相印证，经人民检察院审查符合要求的，可以作为证据使用"。事实上，以上条款仅规定证人证言与当事人陈述这两类言词证据不可转化，其他类型的言词证据如现场检查（勘察）笔录的转化问题则语焉不详。值得一提的是，现场检查（勘察）笔录的转化问题在2017年《工作办法》中已得到解决，该办法第20条规定"环保部门在行政执法和查办案件过程中收集制作的勘验笔录、检查笔录等证据材料，在刑事诉讼中可以作为证据使用"，这意味着承认了部分言词证据如勘验笔录、检查笔录的刑事证据资格。

结合以上规范依据并立足于生态环境"行刑衔接"实践，言词证据的转化规则并没有得到完全理顺，这主要表现在：生态环境部门在环境执法和查办案件过程中收集的证人证言与当事人陈述是否原则上禁止在刑事诉讼中使用？换言之，证人证言与当事人陈述的转化是否原则上禁止？从现有规范看，立法者显然倾向于禁止言词证据的转化，即生态环境部门收集的证人证言与当事人陈述不能直接在刑事诉讼中使用，公安机关与检察机关必须重新收集。不过，在人、财、物等资源有限而环境犯罪案件日渐增多的情况下，公安机关与检察机关是否有能力或有必要重新收集证人证言与当事人陈述？若一律禁止证人证言与当事人陈述的转化，是否会损害生态环境部门调查取证的积极性与主动性？换个角度看，是否可构建一套科学的言词证据转化规则，加大对环境违法犯罪的打击力度？总之，以上问题若得不到有效解决，将严重制约生态环境"行刑衔接"机制功能的发挥。

第二，环境监测数据转化不畅。环境监测数据，或曰环境监测报告，根据《环境监测管理条例（征求意见稿）》第2条对"环境监测"的定义，环境监测数据是指"按照有关技术规范规定的程序和方法，运用物理、化学、生物、遥感等技术，监视、检测和分析环境污染因子及其可能对生态系统产生影响的环境变化，评估环境质量活动中所得出的数据或报告"。从环境行政执法实践看，环境监测数据在认定环境违法犯罪事实以及追究犯罪嫌疑人刑事责任过程中发挥着越来越重要的作用。以苏州市为例，"2015年1月至2017年8月，两级环保部门移送公安机关涉嫌环境犯罪案件141件，涉及151个违法行为，其中适用'非法排放、倾倒、处置危险废物三吨以上的'的20个，占12.8%；适用'非法排放含重金属、持久性有机污染物等严重危害环境、损害人体健康的污染物超标三倍或十倍以上的'79个，占50.6%；适用'私设暗管或利用渗井、渗坑、裂隙、溶洞等排放、倾倒、处置有放射性的废物、含传染病病原体的废物、有毒物质的'54个，占34.6%；其他3个，占2%。除了适用'非法排放、倾倒、处置危险废物三吨以上的'，其他都进行了采样并出具监测报告，占87.2%，可见，监测报告在刑事诉讼中也起到了非常重要的作用"①。诚然，当生态环境部门将涉嫌环境犯罪的案件移送公安机关时，伴随案件移送的环境监测数据必然成为公安机关立案侦查及检察机关提起公诉的重要依据，甚至直接决定着环境犯罪者能否最终被人民法院追究刑事责任。

---

① 黄娟：《行政委托内涵之重述》，《政治与法律》2016年第10期。

尽管环境监测数据对案件移送与刑事责任追究至关重要，但由于取证规范的标准混乱以及环境污染的复杂性，实践中收集的环境监测数据很难顺利转化为刑事证据，换言之，环境监测数据很难被司法机关采信并作为刑事定案依据。影响环境监测数据刑事证据能力的因素包括但不限于采样主体合法性、采样器、采样点位置、采样频率、样品是否封存并由当事人签字、监测（采样）方法等。比如在"宁波芦家山净化科技有限公司、石某犯污染环境罪"[1] 案中，辩护人就质疑工厂工作人员采样（环境监察机构的人员在场指导）的程序合法性问题，最终法院认定环境监察机构受托实施的行政执法行为不应再委托其他没有执法资质的人员实施，加之采样行为的高度专业性和技术性，让工厂人员实施采样极易导致程序瑕疵甚至违规。再比如，在"胡某、金某污染环境罪"[2] 案中，辩护人采样点（即该点位有其他单位排污流经的可能）的选择、采样频率不符合规定，所采集的数据不宜作为证据使用，但法院最终认定该采样点接近排污口，执法人员一次性采集的数据也可认定排污情况，因此环境执法人员采集的环境监测数据可以作为证据使用。在"裘某、郑某等犯污染环境罪"[3] 案中，辩护人提出盛装污染样品的容器、采样（检测）方法不符合要求，因此收集的环境监测数据不能作为刑事定案依据，但法院最终认定样品由专业的环境监测人员选择适当的容器、依照计量认证的方法进行监测且监测结果已经得到省环保厅认定，故该环境监测报告可作为定案依据。基于以上分析，可见环境监测数据的刑事证据能力受诸多因素的影响，实践中可能因取证主体、取证方式、取证程序、证据链是否完整等方面的瑕疵而影响该类证据的有序转化。

第三，联合执法证据转化不畅。所谓联合执法证据，即生态环境部门联合刑事司法机关在行政执法和查办案件过程中收集的证据，既包含实物证据也包含言词证据。为有效打击环境污染犯罪与环境职务犯罪，目前生态环境部门与公安机关、检察机关联合执法已成为常态。从现实绩效看，环保联合执法有助于收集取证、案件移送以及发现被"捂在盖子"的职务犯罪线索，有助于打破部门保护主义与地方保护主义，对打击环境污染

---

[1] 参见《宁波芦家山净化科技有限公司、石某犯污染环境罪一审刑事判决书》，〔2015〕甬北刑重字第1号。
[2] 参见《胡某、金某污染环境罪一审刑事判决书》，〔2014〕嘉海刑初字第652号。
[3] 参见《裘某、郑某等犯污染环境罪一审刑事判决书》，〔2014〕绍柯刑初字第647号。

犯罪及其背后的职务犯罪大有裨益。"2015年腾格里沙漠污染案"就是环保联合执法的典范，腾格里沙漠污染被媒体曝光后，最高检立即将其列为重点督办案件，并联合公安部、生态环境部等相关部门组成督办组，进行实地勘察与督导案件办理，结果取得了极为显著的实施效果。① 正因如此，2017年《工作办法》第31条明确规定"环保部门、公安机关和人民检察院应当加强对重大案件的联合督办工作，适时对重大案件进行联合挂牌督办，督促案件办理"，以期实现环保联合执法的常态化与制度化，从而更有效地惩治环境违法犯罪。

  生态环境联合执法固然重要，但需要思考的是，联合执法中收集的证据能否直接转化为刑事司法证据？这是生态环境"行刑衔接"中证据转化机制建设不可回避的重要问题。从既有立法看，联合执法证据的转化并无明确法律依据。在理论层面，学者们对联合执法的性质及其证据转化问题作了探讨。目前，理论界已达成的共识是，联合执法证据在性质上属于刑事初查证据，主要理由在于，联合执法意味着刑事司法机关提前介入案件侦办，而"刑事侦查机关提前介入行政执法并调查取证的行为，即是一种刑事初查行为"②。不过，刑事初查证据（即联合执法证据）能否直接作为刑事证据存在较大争议，学界主要有赞同说、否定说与转化说三种观点。赞同说认为："初查获得的证据可以直接在刑事审判中使用，并作为定案的依据"③；否定说认为："我国刑事诉讼法没有规定初查制度，对于初查的证据当然不能采信"；转化说认为："虽然初查证据因欠缺合法性而不能作为定案依据，但是可以通过转化规则，实现初查证据的合法性。"④

  除了理论上存在争议外，实践中的做法也各不相同，"有些法院完全不区别立案前获取的证据与立案后获取的证据，允许初查证据包括初查时获取的人证作为定案依据；而有些法院则认为初查证据使用没有法律依

---

① 参见徐盈雁《检察机关强化生态环境司法保护》，《检察日报》2015年6月17日第1版。
② 高通：《行政执法与刑事司法衔接中的证据转化——对〈刑事诉讼法〉（2012年）第52条第2款的分析》，《证据科学》2012年第6期。
③ 柳忠卫、滕孝海：《论贪污贿赂犯罪初查证据的转化》，《中国刑事法杂志》2009年第4期。
④ 柳忠卫、滕孝海：《论贪污贿赂犯罪初查证据的转化》，《中国刑事法杂志》2009年第4期。

据,不符合法律要求,因此限制甚至禁止初查证据(人证)在审判中使用"①。基于以上分析,学者们针对"联合执法证据(即初查证据)能否直接转化为刑事证据"问题尚未达成一致观点。加之现行立法并未明确联合执法证据的转化规则,这不仅严重制约了案件移送与证据转化效率,也影响了生态环境部门与刑事司法机关在打击环境犯罪上的协作配合程度。因此,未来在完善生态环境"行刑衔接"机制时,务必要明确联合执法证据的转化规则。

三 证据反向转化规则的分歧

行政证据向刑事证据转化(即证据正向转化)已具备一定的法律依据,但刑事证据向行政证据转化(即证据反向转化)尚缺乏法律明文规定,使得生态环境"行刑衔接"中的证据反向转化存在巨大困惑。针对"刑事证据能否转化为行政证据"问题,现有立法、司法判例和理论学说的回应呈现巨大分歧,以至于刑事证据难以在环境行政执法中作为证据使用,其后果可能影响环境违法案件的反向移送。

在立法层面,部分规章明确规定刑事证据可以作为行政证据使用。目前而论,国家立法虽暂未对刑事证据向行政证据的转化作出明确规定,但部分部委规章基于办案的实际需要进行了相应规定,这对处理"行刑反向衔接"中的案件移送发挥了重要作用。比如,2018年《公安机关办理行政案件程序规定》(公安部令第149号)第33条规定:"刑事案件转为行政案件办理的,刑事案件办理过程中收集的证据材料,可以作为行政案件的证据使用。"据此,公安机关在侦查中形成的证据可以作为行政处罚的依据。除此之外,2021年《海关办理行政处罚案件程序规定》(海关总署第250号令)第21条也作出了类似规定,即刑事案件转为行政处罚案件办理的,刑事案件办理过程中收集的证据材料,经依法收集、审查后,可以作为行政处罚案件定案的根据。除公安部和海关总署之外,其他部委、地方政府及检察系统对"刑事证据向行政证据转化"问题持谨慎态度,即行政机关与司法机关、司法行政机关之间并未达成一致意见。一个典型的例子是,2021年贵州省人大代表周跃在贵州省第十三届人大第

---

① 龙宗智:《初查所获证据的采信原则——以渎职侵权犯罪案件初查为中心》,《人民检察》2009年第13期。

四次会议上提出建议，即建议"省高院、省检察院、省公安厅、省司法厅会同有行政执法权的省级行政机关出台相关规定，明确刑事证据可以直接转化为行政证据"①。对于此项建议，贵州省公安厅、司法厅、省检察院先后作出答复，其中贵州省公安厅的答复是"根据刑事证据的种类进行分类转化"②，对证据反向转化持支持态度，但前提条件是要进行"分类转化"，而非一并打包转化；与贵州省公安厅的支持态度有所不同，贵州省司法厅的答复是"因缺乏国家立法的规定，不支持刑事证据转化"③，明显对证据反向转化持否定态度，主要原因是刑事证据向行政证据转化使用缺乏法律法规的明确规定。值得注意的是，省检察院的答复是"行政机关自行研判，做出符合规定及案件实际情况的决定"④，对证据反向转化持谨慎态度，"自行研判"的答复为刑事证据的转化使用披上了更为神秘的色彩。显而易见，尽管有些部委规章支持刑事证据向行政证据转化使用，但地方政府部门（公安系统、司法行政系统）和检察系统针对证据反向转化问题的回应却呈现截然不同的态度，这难免阻滞"行刑反向衔接"。

在司法层面，最高法作出的判决明显支持证据反向转化。在"杭州金菱印花有限公司诉被申请人上海吴淞海关行政处罚一案"（以下简称"金菱公司诉吴淞海关案"）中，金菱公司经一审、二审后，向最高法申请再审，最高法作出行政裁决。在"最高法行申 4273 号"行政裁决书中⑤，金菱公司的代理律师提出"吴淞海关运用刑事侦查阶段形成的证据

---

① 参见《周跃代表：明确刑事证据直接转为行政证据 推动"两法衔接"精细化发展》，http：//www.gzrd.gov.cn/dbdhhy/gzsdssjrmdbdhdschyzt_1/dbsy/38581.shtml，2023 年 11 月 12 日。

② 参见贵州省公安厅《省公安厅关于省十三届人大四次会议第 320 号建议的答复》，http：//gat.guizhou.gov.cn/zfxxgk/fdzdgknr/zdlyxx_5626346/jytagk_5626354/202108/t202108-3-1_69820372.html，2023 年 11 月 12 日。

③ 参见贵州省司法厅《省司法厅关于省十三届人大四次会议第 320 号建议的答复》，http：//gat.guizhou.gov.cn/zfxxgk/fdzdgknr/zdlyxx _ 5626346/jytagk _ 5626354/202108/t20210831_69820372.html，2023 年 11 月 12 日。

④ 参见《贵州省人民检察院关于省十三届人大四次会议第 320 号建议的答复》，http：//gat.guizhou.gov.cn/zfxxgk/fdzdgknr/zdlyxx _ 5626346/jytagk _ 5626354/202108/t20210831_69820372.html，2023 年 11 月 12 日。

⑤ 参见最高人民法院行政裁定书〔2017〕最高法行申 4273 号。

缺乏调取程序"，换言之，刑事侦查机关收集的各项证据因缺乏"行政机关调取"这一必备条件，而不能作为行政处罚的依据，上海市高级人民法院在二审判决书中回应道"当本案（刑事侦查）转为行政处理时，吴淞海关运用刑事侦查阶段依法收集的证据，并无不当"，其中"并无不当"的表述明显是从合理性角度支持刑事证据向行政证据转化使用，即行政机关可以合理运用刑事证据收集认定的证据。最高法对金菱公司的上述主张并未予以直接回应，而是从侧面肯定了"刑事证据可以向行政证据转化"。针对刑事证据能否作为行政证据使用问题，"最高法行申4273号"行政裁决书给出的主要理由是"刑事侦查收集的报关单据、发票、保单、销售合同等，均属于原始证据、直接证据"，当然可以作为行政处罚的依据。显然，最高法从证据"三性"（即客观性、关联性、合法性）及证明力的角度肯定刑事证据在行政处罚中的使用资格，但最高法的行政裁决理由也存在一定"硬伤"，即并未明确刑事证据向行政证据转化使用的法律依据。尽管"金菱公司诉吴淞海关案"属于海关领域，但对生态环境保护、市场监管、税务稽查等领域"行刑衔接"中的证据反向转化也有一定的借鉴价值。

在理论研究层面，学界对"刑事证据能否向行政证据转化"众说纷纭。一些学者支持刑事证据向行政证据转化使用，主要原因是"刑事诉讼证明标准比行政处罚证明标准高以及司法机关获得证据的能力比行政机关强"①。因此，"依据刑事程序取得的证据效力会高于行政处罚需要的证明要求，从节约成本和证据及时取得的角度考虑，行政机关使用在刑事诉讼程序中收集的证据，只要达到法定的证据标准，行政机关就可以进行认定和处罚"②。对于上述主张及理由，也有学者质疑，认为"简单地说犯罪事实需要的证明标准高于行政违法事实的证明标准是存在一定问题的"，"刑事司法与行政执法在执法主体、非法证据的排除、证明标准等方面都存在着明显不同，那么刑事司法程序中取得的证据是否还能如有些学者所主张的，可以直接适用于行政执法领域也就值得认真思考了"③。该观点及论证思路具有一定的启发价值，传统理论认为基于"刑事证据

---

① 张红：《行政处罚与刑罚处罚的双向衔接》，《中国法律评论》2020年第5期。

② 王春霞：《依据刑事程序取得的证据效力要高于证券行政处罚需要的证明要求》，《人民法院报》2021年2月11日第6版。

③ 练育强：《"刑事—行政"案件移送要件研究》，《国家检察官学院学报》2021年第4期。

证明标准高于行政证据"理由证成刑事证据可以直接转化的观点值得商榷，刑事证据在收集取证的各项环节都要严于行政证据，但这并不意味着刑事证据的证明力必然强于行政证据。事实上，证据证明力受证据种类、证据来源、取证程序、是否有其他证据佐证等多重因素的叠加影响，不能以不同执法程序中的证据类型来衡量证据的证明力。为促进刑事证据向行政证据的有序转化使用，应当在明确两类证据种类异同及其证明力的基础上，再探寻符合法律规定且行之有效的证据转化路径。

由上可见，现有立法、司法判例和理论学说对"刑事证据能否向行政证据转化"问题的回应存在巨大争议，充分说明了该证据转化使用问题在"行刑双向衔接"中的重要性以及当前解决此问题的紧迫性。诚如学者所言，证据衔接是行刑衔接中"最为要害的问题"，也是"技术上、理论上最大的衔接障碍"[①]。鉴于当前学术界和实务界对刑事证据向行政证据转化问题的认知分歧，以及推进生态环境"行刑反向衔接"的现实需要，有必要在理论上阐明刑事证据向环境行政证据转化的可行性和必要性，充分证成刑事证据向环境行政证据转化，同时梳理刑事证据转化的困境及其背后的原因，进而从制度上构建完善的证据反向转化及审查机制，以有效回应争议，统一认识，输出方案，力促刑事证据向环境行政证据有序转化。

四　证据转化审查机制不健全

在生态环境"行刑衔接"之证据转化机制建设中，生态环境部门和刑事司法机关如何审查证据转化是一个极为重要的问题。由于生态环境"行刑衔接"中的证据转化分为证据正向转化和证据反向转化两种类型，因此无论是哪种类型的证据转化，都需要事先进行审查。一般而言，证据正向转化的审查主体为刑事司法机关，证据反向转化的审查主体为生态环境部门。2018年《刑事诉讼法》第54条第2款尽管规定部分行政证据可以转化，但"均只是确认了其证据资格"[②]。生态环境部门收集的证据要想进入刑事司法领域并最终成为定案的依据，还需要经过刑事司法机关的

[①] 赵旭光：《生态环境执法与刑事司法衔接中的证据问题及解决》，《证据科学》2017年第5期。

[②] 陈瑞华：《刑事证据法学》（第二版），北京大学出版社2014年版，第410页。

程序审查。正所谓"程序的一切布置都是为了限制恣意、专断和过度的裁量"①，证据转化审查程序的设置即是为避免环境行政证据无序转化为刑事证据，进而影响刑事司法审判的公平公正。除此之外，对证据转化进行审查也是排除非法证据的应然之义，有助于防止生态环境部门采用非法定手段、非法定程序获得的证据进入刑事司法领域。目前，我国直接或间接规定证据转化审查的规范依据主要包括：《公安机关办理刑事案件程序规定》、《人民检察院刑事诉讼规则（试行）》、《最高人民法院关于适用〈中华人民共和国刑事诉讼法〉的解释》、2017年《工作办法》。具体规定如表4-1所示：

表4-1　　　　　　　　证据转化审查之相关规范依据

立法名称	立法层级	条文	审查主体	审查内容
《公安机关办理刑事案件程序规定》	部门规章	第56条第3款	公安机关	证据必须经过查证属实
《人民检察院刑事诉讼规则（试行）》	司法解释	第64条第3款	检察机关	经人民检察院审查符合法定要求
《最高人民法院关于适用〈中华人民共和国刑事诉讼法〉的解释》	司法解释	第65条第1款	人民法院	经法庭查证属实，且收集程序符合有关法律、行政法规规定
2017年《工作办法》	部门规章	第21条	人民法院	经法庭查证属实，且收集程序符合有关法律、行政法规规定

分析表4-1发现，无论是司法解释还是行政规章均对证据转化审查作了相应规定。譬如《公安机关办理刑事案件程序规定》第56条第3款规定"证据必须经过查证属实，才能作为定案的根据"，《最高人民法院关于适用〈中华人民共和国刑事诉讼法〉的解释》第65条第1款规定"经法庭查证属实，且收集程序符合有关法律、行政法规规定"。仔细考察以上规定，发现现行立法规定的证据转化审查规则不仅语焉不详，而且部分规则之间存在抵牾之处。首先，《公安机关办理刑事案件程序规定》虽然要求"查证属实"，但究竟如何审查行政执法证据？审查时坚持何种标准？现行立法均未明晰。再者，《最高人民法院关于适用〈中华人民共和国刑事诉讼法〉的解释》要求"收集程序符合有关法律规定"，究竟何

---

① 季卫东：《法治秩序的建构》，中国政法大学出版社1999年版，第57页。

谓"符合有关法律规定"？凡此种种，都表明相关法律法规在关键性问题上或是避而不谈，或是语焉不详，由此使得相关规定在司法实践中被束之高阁、缺乏可操作性。① 其次，《公安机关办理刑事案件程序规定》《人民检察院刑事诉讼规则（试行）》与《最高人民法院关于适用〈中华人民共和国刑事诉讼法〉的解释》分别规定的证据转化审查主体分别为公安机关、检察机关、人民法院，但谁才是证据转化审查的适格主体？

由于相关立法的粗糙，证据转化存在极大的不确定性，而"不确定性是刑事司法的梦魇"②。为消除证据转化的不确定性以及防止非法证据无序进入刑事司法领域，明晰与细化既有相关证据转化条款无疑成为必由之路。在生态环境"行刑衔接"过程中，证据转化审查是排除非法证据的重要方式，也是促进证据有效转化的有力保障，但现行立法规定的粗疏与模糊，使得证据审查在实践中难以得到有效操作。有鉴于此，如何明确证据转化中的事实审查规则与法律审查规则，构建统一的证据审查机制，是生态环境"行刑衔接"中证据转化机制建设不得不思考的重要问题。

第三节 生态环境"行刑衔接"中证据转化机制的健全

一 取证主体外延之适度扩张

基于环境犯罪的行政从属性，生态环境部门、生态环境部门委托的组织以及法律法规授权的环境行政执法组织往往先于刑事司法机关发现涉罪案件或犯罪线索，收集和保存证据往往是其职责所在。根据2018年《刑事诉讼法》第54条第2款的规定，唯有行政执法机关收集的证据才能作为刑事证据使用，但问题在于，行政执法机关委托的组织与法律法规授权的组织是否属于行政执法机关？学界对此问题存在较大争议。若将这一问题放到具体的生态环境"行刑衔接"实践中，就会发现更多的实践难题，

---

① 宋维彬：《行政证据与刑事证据衔接机制研究——以新〈刑事诉讼法〉第52条第2款为分析重点》，《时代法学》2014年第3期。

② Werner Z. Hirsch, "Reducing Law's Uncertainty and Complexity", *UCLA Law Review*, Vol. 21, No. 5, 1974, p. 1233.

主要表现在：第一，环境监察机构（譬如环境监察大队、环保督察机构）是否具有取证资格，即收集的证据能否转化为刑事证据？第二，环境监测机构是否具有取证资格？第三，环境职务犯罪调查取证中的纪检机关与行政监察机关是否具有取证资格？由于学界对上述问题缺乏足够关注，本书试图结合学界既有观点与法律规范予以回应。

第一，环境监察机构的取证资格。环境监察机构，是指监督环境法律法规执行、开展现场监督检查、查处环境违法行为的机构。根据不同的级别，国家分别设置了环境监察局、省级环境监察总队（分局）、地市级环境监察支队、县级环境监察大队、乡级环境监察所，同时考虑到环境问题的跨区域性，先后建立了华东、华南、西北、西南、东北、华北环境保护督查中心，共同构成了我国的环境监察体系。关于环境监察机构的职权行使，2023年7月1日实施的《生态环境行政处罚办法》11条第2款规定："经法律、行政法规、地方性法规授权的环境监察机构在授权范围内实施环境行政处罚，适用本办法关于环境保护主管部门的规定"，第12条第1款进一步规定："生态环境保护主管部门可以在其法定职权范围内委托环境监察机构实施行政处罚。受委托的环境监察机构在委托范围内，以委托其处罚的环境保护主管部门名义实施行政处罚"。分析以上条款发现，环境监察机构可成为法律法规授权的组织或生态环境部门委托的组织，因此在取证资格上应"等同于"生态环境部门。不过，也有学者认为，环境监察机构不是适格的取证主体，理由在于："《刑事诉讼法》对取证资格作了严格限定，若将环境监察机构视为取证主体，可能会引发制度的'排异性'。"① 本书认为，以上观点各有一定道理，但若立足于生态环境"行刑衔接"之现实需要，宜将环境监察机构"等同于"广义上的生态环境部门，赋予其调查取证资格，如此才能更好地调查取证并打击环境违法犯罪。

第二，环境监测机构的取证资格。2007年《环境监测管理办法》第9条规定："县级以上环境保护部门按照环境监测的代表性分别负责组织建设国家级、省级、市级、县级环境监测网，并分别委托所属环境监测机构负责运行。"据此可见，环境监测机构应属生态环境部门设立的事业组

---

① 赵旭光：《环境执法与刑事司法衔接中的取证资格问题》，《湘潭大学学报》（哲学社会科学版）2017年第5期。

织，并接受生态环境部门的统一监督管理。在实践中，生态环境部门常委托环境监测机构记录、收集与保存环境污染数据，因此环境监测机构收集的监测数据具有刑事证据能力，理应可以在刑事诉讼中使用。事实上，环境监测机构的取证资格在 2016 年"两高"《解释》中亦得到了确认，该解释第 12 条第 1 款规定"环境保护行政主管部门及其所属监测机构在行政执法过程中收集的监测数据，在刑事诉讼中可以作为证据使用"，可见环境监测机构具有取证资格，其收集的环境监测数据可以转化为刑事证据。值得一提的是，2023 年"两高"《解释》第 14 条对环境监测机构收集证据的刑事证据资格予以了再次确认。由此足见，环境监测机构收集认定的各类环境行政证据可以转化为刑事证据。

  第三，纪检机关与行政监察机关的取证资格。在环境执法实践中，纪检监察机关是查处涉嫌环境职务犯罪案件的牵头和协调部门，其查处职务犯罪案件中收集的资料往往成为检察机关查处环境职务犯罪案件或线索的重要来源。但问题来了：纪检机关和行政监察机关在查办案件中收集的证据材料能否在刑事诉讼中作为证据使用？针对这个问题，学界主要有"肯定说"和"否定说"两种对立观点。"肯定说"肯定了纪检机关和监察机关的取证资格及其收集证据的证明力，主要理由在于：第一，从功能价值的视角来分析，纪检机关收集的证据符合我国查办案件体制的要求，不同于非法证据，故可以用于刑事诉讼；① 第二，纪检机关和监察部门实际上是合署办公，"两块牌子一套人马"，从行政权行使的角度看，可视为监察部门的行政机关在行使职权，所以其收集的实物证据可以作为刑事证据使用。② "否定说"则认为，纪检机关和监察机关并非法定的取证主体，其从事的纪检与监察活动与诉讼活动可谓大异其趣。③ 总体上看，"肯定说"和"否定说"各有道理，但从《人民检察院刑事诉讼规则（试行）》的规定看，无疑肯定了纪检监察机关的取证资格，该诉讼规则第 64 条第 4 款规定"根据法律、法规赋予职责查处行政违法、违纪案件

---

  ① 参见孙康《行政证据与刑事证据的衔接与转化》，《学习论坛》2012 年第 3 期。

  ② 参见陈光中主编《〈中华人民共和国刑事诉讼法〉修改条文释义与点评》，人民法院出版社 2012 年版，第 62 页。

  ③ "否定说"的主要依据有：一是纪检监察证据并不属于法定的证据种类；二是纪检监察主体不是法定的取证主体；三是纪检监察活动与刑事诉讼活动大相径庭。参见应琦《论纪检监察证据在刑事诉讼中的属性》，《江西社会科学》2017 年第 1 期。

的组织属于本条规定的行政机关"，该条款中的"行政机关"与《刑事诉讼法》第 54 条规定的"行政机关"在意涵上完全等同。因此，单纯从《人民检察院刑事诉讼规则（试行）》的相关规定看，立法者已然承认纪检机关和监察机关在生态环境"行刑衔接"中的取证资格。

本书认为，纪检机关与监察机关均不属于生态环境"行刑衔接"中行政证据的取证主体，当然也不属于 2018 年《刑事诉讼法》第 54 条规定的"行政机关"。关于纪检机关的性质，其在本质上应属于党内监督机关，负责加强党风建设、组织协调反腐败等工作。2017 年 10 月 24 日通过的《中国共产党章程》第 46 条规定："党的各级纪律检查委员会是党内监督专责机关，主要任务是：维护党的章程和其他党内法规，检查党的路线、方针、政策和决议的执行情况，协助党的委员会推进全面从严治党、加强党风建设和组织协调反腐败工作。"因此，纪检机关在性质上既不是国家行政机关，也不是法律法规授权的组织或行政机关委托的组织。关于监察机关，其也不属于"行政机关"的范畴。2018 年 3 月 20 日，十三届全国人大一次会议表决通过了《监察法》。随着该法的出台，我国国家权力架构由过去的"一府两院"变为"一府一委两院"，其中的"一委"即监察委员会。据此而言，监察委员会并不是 2018 年《刑事诉讼法》第 54 条规定的"行政机关"，而是独立行使监察权的监察机关。监察机关在查办环境职务犯罪中收集的证据，不能依据 2018 年《刑事诉讼法》第 54 条的规定转化为刑事证据。但现实中，纪检机关与监察机关需要向检察机关移送证据时，该如何移送呢？移送后的证据能否转化呢？就纪检机关而言，可依循中共中央纪律检查委员会、最高法、最高检、公安部联合颁布的《关于纪律检查机关与法院、检察院、公安机关在查处案件过程中互相提供有关案件材料的通知》（1989）第 1 条[①]的规定移送证

[①] 1989 年《关于纪律检查机关与法院、检察院、公安机关在查处案件过程中互相提供有关案件材料的通知》第 1 条规定："由县级以上纪律检查机关或党委（党组）立案检查的案件，在检查过程中，发现需由法院、检察院、公安机关依法查处的违法犯罪案件，或在党纪处理之后，还需追究刑事责任的，应按照公、检、法之间案件管辖的分工，与所在地的公、检、法机关取得联系，把立案材料（正在检查的案件，提供主要证据；已处理的案件，提供处分决定、调查报告、主要证据和本人交待材料）移送法院、检察院、公安机关。"

据；就监察机关而言，可依循 2018 年《监察法》第 45 条①的规定移送证据。

基于以上分析，生态环境"行刑衔接"中的取证主体既包含生态环境部门，也包含法律法规授权的组织以及生态环境部门委托的组织，进一步而言，环境监察机构与环境监测机构均具有取证资格，二者收集的各类行政证据可以转化为刑事证据，因此，它们毫无疑问属于生态环境"行刑衔接"中的适格取证主体，生态环境部门应当加强对环境监察机构与环境监测机构收集的证据之使用。应当注意的是，纪检机关和监察机关则不是生态环境"行刑衔接"中的适格取证主体，也不属于 2018 年《刑事诉讼法》第 54 条规定的"行政机关"范畴。申言之，纪检机关属于党内监督机关，而监察机关在"一府一委两院"的权力架构下已成为与行政机关平行的监察机关。正因如此，纪检机关和监察机关收集的证据不属于行政证据范畴，不能依据 2018 年《刑事诉讼法》第 54 条第 2 款的规定进行证据转化，但却可以依据《监察法》第 33 条第 1 款的规定将部分监察证据转化为刑事证据，实现监察执法与刑事司法的有序衔接。

二 明晰可以转化证据的种类与范围

从规范层面看，生态环境"行刑衔接"中可转化行政证据的范围呈现扩大趋势。2018 年《刑事诉讼法》第 54 条第 2 款仅规定"书证、物证、视听资料、电子数据"可以转化为刑事证据，2013 年"两高"《解释》将"环境监测数据"纳入可转化证据的范畴。随着 2017 年《工作办法》的出台，可转化证据的范围已囊括"检验报告、认定意见、鉴定意见、勘验笔录、检查笔录"。但应当注意的是，尚有两种重要证据（即证人证言和当事人陈述）尚未被纳入可转化证据的范围。毋庸讳言，以上两类言词证据在稳定性、客观性与证明能力上可能不如实物证据，但也是刑事司法机关认定犯罪事实的重要依据，对环境犯罪惩治起着重要作用。即便如此，现行立法对证人证言与当事人陈述采取"不转化为原则，转化为例外"模式，明显将上述两类证据排除在可转化证据之外。再者，

---

① 2018 年《监察法》第 45 条规定："监察机关根据监督、调查结果，依法作出如下处罚：……（四）对涉嫌职务犯罪的，监察机关经调查认为犯罪事实清楚，证据确实、充分的，制作起诉意见书，连同案卷材料、证据一并移送人民检察院依法审查、提起公诉。"

现行立法要求刑事司法机关重新收集证人证言与当事人陈述，不仅会耗费大量的刑事司法资源，还会影响环境犯罪案件移送与侦办效率，最终影响生态环境"行刑"的顺利衔接。因此，是否赋予所有言词证据之刑事证据资格，成了生态环境"行刑衔接"证据转化机制建设不容回避的问题。

事实上，判断证人证言与当事人陈述可否转化主要取决于对2018年《刑事诉讼法》第54条第2款中"等证据材料"的理解。在理论层面，对"等证据材料"的理解主要有"等外等""等内等""等于无"这三种代表性观点，具体主张及理由如下：

第一，"等外等"说认为，"等"字是指对所有行政证据的不完全列举，"等"字除了包含物证、书证、视听资料、电子数据这四种证据外，还包括其他的实物证据乃至言词证据。显然，"等外等"是对"等"字的最广义解读，尽管这意味着所有的证据形式都可以转化为刑事证据，但其能否作为定案的依据尚有待审查。① 从功能主义视角看，"等外等"赋予了大量行政证据的刑事证据能力，无疑有助于更好地打击行政犯罪，但这也存在巨大隐忧：若允许大量行政执法证据进入刑事司法领域，结果可能会损害刑事司法的公信力。第二，"等内等"说认为，"等"字意味着除物证、书证、视听资料、电子数据外，其他相类似的实物证据也可转化为刑事证据。"等内等"是对"等"字的狭义理解，该主张的理由在于："等"后内容一定要与"等"前的内容结合进行理解，"等"前列举的证据都有一个共同的特点，就是均属于实物证据，都具有较强的客观性、稳定性，不易受到办案人主观因素的影响，刑事司法机关可以直接调取。② 基于此，《刑事诉讼法》规定的"等"字不单是对上述四种证据的重申，还应包括所有的实物证据。第三，"等于无"说认为，"等"字意味着只有"物证、书证、视听资料、电子数据"这四种证据具有刑事证据能力，换言之，有且只有以上四种证据可以在刑事诉讼中使用。主张"等于无"说的理由在于：首先，根据汉语用语习惯，在列举完各种情形后一般加"等"字表示担忧有遗漏；其次，法定的证据种类是可以穷尽的，立法者只列举了以上四种而未提其他，至少说明立法者并未打算将其

---

① 参见杜磊《行政证据与刑事证据衔接规范研究——基于刑事诉讼法第52条第2款的分析》，《证据科学》2012年第6期。

② 参见陆建军、陈茹英《行政执法证据与刑事司法证据衔接须解决三个问题》，《人民检察》2014年第19期。

他的证据种类涵盖进来。①

毋庸讳言,以上主张及理由均有一定道理,也存在不足之处。"等外等"说属于对"等"字的扩大解释,是对"等"后面的证据的不完全列举,其主要考虑到证据种类的千差万别以及在适用过程的复杂性,不宜在立法上"一刀切"地限定可转化证据的范围,让刑事司法机关灵活适用证据转化条款,但扩大解释的不利后果是刑事司法机关在证据转化上拥有较大的裁量权,也可能导致刑事司法过程中大量充斥行政执法证据。"等内等"说属于对"等"字的狭义解释,由于"等"字之前的证据均属于实物证据,因此将"等"理解为实物证据的不完全列举也并无不妥。但不足之处在于,实物证据之外的一切证据均被排除在证据转化之外,这可能曲解了立法者的本意,现实中也可能影响案件移送与侦办。"等于无"说属于对"等"字的最狭义解释。从立法角度看,可转化证据的范围是可能完全列举的,之所以只列举了四项证据,主要原因在所列举的证据具有较强的客观性、稳定性、真实性与证明力,可以在刑事诉讼中使用。"等于无"说的缺陷在于,若只允许"物证、书证、视听资料、电子数据"转化为刑事证据,现实中极有可能弱化2018年《刑事诉讼法》第54条第2款的价值功能。原因在于,除了上述四类证据外,其他的实物证据与言词证据同样符合证据"三性",对犯罪事实具有较强的证明力。

本书认为,立足于生态环境"行刑衔接"以及打击环境犯罪之需要,应当坚持"等外等"说(即扩大解释),将证人证言与当事人陈述纳入可转化证据的范围。主要理由有:首先,证人证言与当事人陈述由生态环境部门及其"等同性"部门收集,尽管其本质上属于行政执法证据,但这些证据往往具备真实性、合法性、关联性属性,对环境违法犯罪事实具有一定的证明力。其次,将证人证言与当事人陈述纳入可转化证据的范围,可有效避免刑事司法资源的不必要浪费以及提升案件移送与侦办效率,这对推进生态环境"行刑衔接"大有裨益。最后,证人证言与当事人陈述是否可以转化,关键在于取证主体是否依照刑事诉讼规范收集以及上述证据是否具有证明环境犯罪事实的能力,若这些言

---

① 参见杜磊《行政证据与刑事证据衔接规范研究——基于刑事诉讼法第52条第2款的分析》,《证据科学》2012年第6期。

词证据符合刑事证据所要求的取证规范与证明力要件，则完全可以转化为刑事证据，而不必严格限制证人证言与当事人陈述的转化。诚如学者所言，"言词证据之证据能力，关键在于取证程序对客观性的保障，如果行政执法程序能够保障证人、当事人客观真实地进行陈述，则行政执法证据可以在刑事诉讼中使用"[1]。

事实上，允许证人证言和当事人陈述转化为刑事证据，也得到了部分地方省市的肯定。2018年1月15日，江苏省行政执法与刑事司法衔接工作联席会议办公室印发的《江苏省行政执法机关移送涉嫌犯罪案件程序规定（试行）》第18条规定："本规定所指证据，是指行政执法机关在行政执法过程中依法收集的全部证据，包括：（一）物证；（二）书证；（三）监测报告、检验报告、认定意见、鉴定意见；（四）勘验笔录、检查笔录、现场笔录；（五）视听资料、电子数据；（六）依法收集的其他证据。前款规定的证据由行政执法机关在移送涉嫌犯罪案件时作为证据材料向公安机关移交；当事人、利害关系人陈述、申辩以及证人证言作为案件有关材料一并移送。"根据该条款，只要是生态环境部门依据法定程序收集的证据，都可以转化为刑事证据使用。诚然，该条款是对"等"字的扩大解释，这意味着证据转化不应取决于证据种类，而是取决于可转化证据是否"依法"收集，取决于是否符合刑事取证规范以及是否具有刑事证明能力。在生态环境"行刑衔接"中，应当赋予生态环境部门"依法"收集的证人证言与当事人陈述之刑事证据资格，借此提升生态环境部门调查取证以及移送案件的积极性，最终实现生态环境"行刑"的有效衔接。

三 证据反向转化的证成与规则建构

首先，刑事证据向行政证据转化具有法理支撑。证明对象的重叠性和证据本身的客观关联性，决定刑事证据可以转化为行政证据使用。一方面，证明对象具有重叠性，使得犯罪与行政违法的"部分待证事实相同"[2]。尽管我国对行政违法与犯罪采取"二元立法模式"，但二者之间并

---

[1] 董坤、纵博：《论行政笔录在刑事诉讼中的使用》，《苏州大学学报》（哲学社会科学版）2015年第4期。

[2] 谢登科：《论行政执法证据在刑事诉讼中的使用——基于典型案例的实证分析》，《华东政法大学学报》2016年第4期。

未完全地泾渭分明，而是相互交叉、盘根错节的。① 在生态环境保护领域，环境违法与环境犯罪本质上均属于行政违法行为，二者在违法主体、违法情节和违法后果上并不存在"质"的差异，而仅仅是"量"的区别，这意味着环境犯罪与环境行政违法的部分待证事实重合。正因如此，刑事司法机关在侦查、审查或审判中收集的证据材料不仅可以用于证明刑事犯罪行为，也可以用于证明违法程度较低或社会危害性较小的环境行政违法行为，单纯从这一点上看，刑事证据向环境行政证据转化使用并无太大障碍。另外，证据本身具有客观关联性，不会因"行刑"之间的程序转换而减弱甚至失去证明力。换言之，"证据与待证事实之间的关联性是客观存在的，不以人的主观意志为转移"②。刑事证据向环境行政证据转化，主要存在于以下两种情形：一是司法机关自己侦查或审查时发现不构成犯罪或微罪不诉，但需要予以环境行政处罚，将案件移送生态环境部门；二是司法机关审查生态环境部门移送而来的案子时发现不构成犯罪或微罪不诉，但需要予以行政处罚的，将案件移回给生态环境部门。事实上，无论是刑事司法机关亲自侦查或审查收集的证据，还是接收生态环境部门移送而来的证据，这些证据均属于违法犯罪的证明材料，其证明力不会因"行刑"之间的程序转换而发生变化，也不会因证据使用主体的变化而变化。因此，刑事司法机关收集、认定或接收的各类刑事证据完全可以作为环境行政违法的证明资源。

其次，刑事证据向环境行政证据转化具备现实需求。证据收集的时效性和部分证据的不可复制性，决定了"行刑衔接"中迫切需要将刑事证据转化为环境行政证据使用，以有效追究行政违法责任。其一，证据收集具有明显的时效性，及时取证并有效固定、保存和移交，对有效打击违法犯罪至关重要。在"行刑反向衔接"中，若刑事司法机关将案件移送生态环境部门后，再由生态环境部门重新收集证据，"不仅可能因已时过境迁而丧失了取证的最佳时期，从而使得搜集证据变得不可能"③。有学者指出，"很多环境污染的案件，证据往往稍纵即逝，今天提取的污染样本

---

① 参见蒋云飞《环境行政证据向刑事证据转化：影响因素与完善路径》，《中南林业科技大学学报》（社会科学版）2020年第1期。
② 裴苍龄：《论证据的关联性》，《政治与法律》1992年第4期。
③ 王敏远、郭华：《行政执法与刑事司法衔接问题实证研究》，《国家检察官学院学报》2009年第1期。

与明天提取的样本可能差别巨大,甚至会影响到客观上是否还构成犯罪"①。退一步说,即使生态环境部门可以重新收集到部分易于保存、不易灭失的证据,但由于受自然环境或个人因素变化的影响,"那么再次取得形式上合法、实质上有效的证据就非常困难"②。其二,部分证据具有不可复制性和替代性,决定生态环境部门再难以重新收集。以视听资料为例,该类证据极具时效性,由于电子设备所保存数据具有一定期限,实践中这类证据往往需要及时提取、固定和保存,若生态环境部门错过最佳取证时期后再行收集,相关数据可能早已灭失。

最后,刑事证据与环境行政证据存在一定的相通性。刑事证据和行政证据无论从内在的证据属性上还是外在的证据形式上都具有极高的一致性,③故现实层面存在刑事证据向环境行政证据转化、过渡的操作可能。其一,刑事证据与环境行政证据的种类基本相似。2018 年《刑事诉讼法》第 50 条规定,刑事证据的种类包括八类,分别为:物证;书证;证人证言;被害人陈述;犯罪嫌疑人、被告人供述和辩解;鉴定意见;勘验、检查、辨认、侦查实验等笔录;视听资料、电子数据。2017 年《行政诉讼法》第 33 条规定,行政证据的种类同样为八类,分别为:书证;物证;视听资料;电子数据;证人证言;当事人的陈述;鉴定意见;勘验笔录、现场笔录。在生态环境保护领域,2023 年《生态环境行政处罚办法》第 26 条规定,生态环境行政处罚证据包括:书证;物证;视听资料;电子数据;证人证言;当事人的陈述;鉴定意见;勘验笔录、现场笔录八类。仔细对比发现,除笔录证据之外,刑事证据与环境行政证据在种类上基本相似,即都包含书证、物证、证人证言、视听资料、电子数据、鉴定意见等证据种类。其二,刑事证据与环境行政证据的审查程序相似。无论是刑事证据还是环境行政证据,都必须经过"查证属实",在确保证据真实可靠的基础上,才能作为定案的依据。其三,刑事证据与环境行政证据的内在属性相同。尽管两类证据在证据种类上有细微差别,在证明标准和排除规则上也有不同之处,

---

① 赵旭光:《环境执法与刑事司法衔接中的取证资格问题》,《湘潭大学学报》(哲学社会科学版) 2017 年第 5 期。

② 侯艳芳:《中国环境资源犯罪的治理模式:当下选择与理性调适》,《法制与社会发展》2016 年第 5 期。

③ 参见董坤《行、刑衔接中的证据问题研究——以〈刑事诉讼法〉第 52 条第 2 款为分析文本》,《北方法学》2013 年第 4 期。

但其本质上均属于"可以用于证明案件事实的材料",且均具备证据本身固有的客观性、关联性和合法性。概言之,刑事证据与环境行政证据存在诸多相通之处,为两类证据的双向衔接转化创造了便利条件。

为消除刑事证据向环境行政证据转化的立法及实施障碍,亟须立足于畅通生态环境"行刑双向衔接"的规范目的,通过法律解释的方式肯定刑事证据向环境行政证据转化的资格,同时在制度层面明晰可转化刑事证据的种类范围和使用规则。

第一,肯定刑事证据的可转化资格。立法肯定刑事证据的可转化资格,是推进刑事证据向环境行政证据有序转化的前提条件。尽管国家立法暂未明确规定刑事证据转化,但也并未就此否认刑事证据可以作为环境行政证据使用的资格。相反,从法律解释角度看,2021年《行政处罚法》一定程度上承认乃至肯定了刑事证据的可转化资格。2021年《行政处罚法》第27条第1款明确规定"行刑双向衔接程序",第2款则规定"行政处罚实施机关与司法机关之间应当加强协调配合……加强证据材料移交、接收衔接"。通过对以上两个条款的文义解释和目的解释,发现刑事证据向环境行政证据转化使用具有一定的法律依据。从文义解释角度看,2021年《行政处罚法》明显肯定了刑事证据向环境行政证据转化的资格。文义解释是法律解释的首选方法,盖因"法律条文的文字是表明立法意图最好的方式"[①]。从法条中的字义看,2021年《行政处罚法》第27条第2款规定"行政处罚实施机关与司法机关之间应当加强证据材料移交、接收衔接",其中"证据材料移交"既包含行政机关向司法机关移交的证据材料,也包含司法机关向行政机关移交的证据材料,"移交、接收衔接"既包含行政证据向刑事证据的移交、接收衔接,也包含刑事证据向行政证据的移交、接收衔接。由于2021年《行政处罚法》第27条第1款已经明确了"行刑双向衔接"的大前提,因此上述解释符合"加强证据材料移交、接收衔接"的字面意义,并未超出该规定的最自然和常用含义。可见,2021年《行政处罚法》第27条中的"加强证据材料移交、接收衔接"意味着行政证据与刑事证据衔接是双向的、相互的,刑事证据向环境行政证据转化自不待言。

[①] 《法理学》编写组:《法理学》(第二版),人民出版社、高等教育出版社2020年版,第183页。

从目的解释的角度看，立法者明显意在肯定刑事证据的可转化资格。任何法律都是人类意志的表现，其背后都存在立法者意欲实现的目的。① 2021年《行政处罚法》亦不例外。该法第27条第1款首先明确了"行刑双向衔接"的大前提和大方向，在此基础上，又在第2款中新增"行政处罚实施机关与司法机关应当加强证据材料移交、接收衔接"的内容。从逻辑上看，第2款中规定的内容无疑建立在第1款规定的基础之上，也就是说，"证据移交、接收衔接"应当建立在"行刑双向衔接"基础之上，立法者明显意在通过"证据移交、接收衔接"来推进"行刑双向衔接"。详言之，由于证据衔接是"行刑衔接"的核心内容，故"行刑双向衔接"目的的实现必然要求行政证据与刑事证据双向衔接转化，此乃立法者的真实意图所在。由此可见，刑事证据可以向环境行政证据转化符合2021年《行政处罚法》第27条的立法意图。

第二，明晰可转化刑事证据的种类范围。虽然刑事证据具有作为行政证据使用的资格，但是否意味着所有的刑事证据都可转化为行政证据？从公安部、海关总署出台的规章看，其并未明确可转化刑事证据的具体种类。2018年《公安机关办理行政案件程序规定》第33条和2021年《海关办理行政处罚案件程序规定》第21条均规定"刑事案件办理过程中收集的证据材料均可转化"。与前述规章规定所不同，2008年《海关总署关于海关行政处罚若干执法问题的意见》（署法发〔2008〕484号）第1条明确规定"刑事侦查阶段调取的物证、书证、证人证言（询问笔录）、鉴定结论、视听资料等证据材料可以转化为行政证据使用"，对可转化刑事证据的种类进行了界定。仔细考察，上述条款中的六种可转化刑事证据既包含实物证据也包含言词证据，并以"等证据材料"字作最后限定。从规范的角度看，"等证据材料"属于不确定概念或模糊概念，"等"字究竟是"等内等"还是"等于无"，在证据转化实践中可能存在较大争议。值得一提的是，在"金菱公司诉吴淞海关案"中，最高法和上海市高级人民法院仅仅肯定了刑事侦查中的实物证据可以向行政证据转化。

为推进刑事证据向环境行政证据有序转化，统一操作程序，必须明确可转化刑事证据的种类范围。立足于畅通生态环境"行刑双向衔接"的规范目的，所有经司法机关依法收集、认定和接收的刑事证据，均可转化

---

① 付子堂主编：《法理学进阶》（第五版），法律出版社2016年版，第171页。

为行政证据使用。主要原因有二：一是无论是 2021 年《行政处罚法》还是公安部、海关总署出台的规章，均规定的是"证据材料"而非"证据"的衔接转化，这意味着所有的刑事证据材料都有作为行政证据的资格。从学理上看，"证据需具备法定的证据形式，而证据材料则不需要"①。申言之，证据材料可以作为行政证据使用不等于直接将其作为定案的依据，只是表明其可以作为行政证据的资格，能否转化使用取决于行政机关的仔细审查，行政机关应当从司法机关移交而来的刑事证据材料中仔细筛选和审查，提取那些形式合法、内容上有效的证据作为定案依据。二是刑事证据能否转化根本上取决于其证据能力，而非证据形式。以实物证据、言词证据等外在形式来认定刑事证据能否转化的思路既不可取，也不可靠，而应当根据证据"三性"及证明力来认定其能否转化。原因在于，有些刑事证据如检查、辨认笔录本身就兼具实物证据和言词证据双重属性，若一味根据其外在形式来判定其是否具有转化能力，行政机关在证据认定时难免面临争议和困惑，毕竟行政机关很难从外观上准确认定哪些证据属于实物证据，哪些属于言词证据。基于此，为畅通生态环境"行刑反向衔接"渠道，不应对可转化刑事证据的种类范围作出严格限制，同时淡化证据形式对刑事证据转化的限制。

第三，明晰可转化证据的使用规则。肯定所有刑事证据可以转化为环境行政证据，仅仅意味着刑事证据具备可转化的资格。在生态环境"行刑反向衔接"实践中，生态环境部门为提高办案效率，极可能将本应重新收集的言词证据或需要补正的瑕疵实物证据直接混入行政执法程序来认定案情，给生态环境部门执法带来较大风险。为避免大量的刑事证据无序进入行政执法领域，应当对刑事证据的使用方式进行控制。详言之，亟须通过制度设计明确各类刑事证据在行政执法中的使用规则。首先，实物证据"核实使用"规则。所谓核实，即审核属实，核实使用是一种程序简便、效率较高的证据使用方式，之所以对实物证据采用"核实使用"规则，主要原因有二，一是"实物证据具有较强的客观性，不易失实"②，通过对实物证据的"核实使用"，有助于降低行政机关的取证成本、节约执法资源。二是契合行政执法对效率的目标追求。行政执法旨在维护社

---

① 高通：《行政执法与刑事司法衔接中的证据转化——对〈刑事诉讼法〉（2012 年）第 52 条第 2 款的分析》，《证据科学》2012 年第 6 期。

② 陈光中主编：《证据法学》，法律出版社 2011 年版，第 210 页。

管理秩序，往往以行政效率作为追求目标，而"核实"的程序简便、效率较高，正好契合行政机关的执法需求。其次，言词证据"有限使用"规则。"有限使用"意味着一般情况下，行政机关不能直接使用言词证据，需要重新制作和收集。主要原因在于，刑事证据中的言词证据主要包括被害人陈述、犯罪嫌疑人、被告人供述辩解和证人证言，其证据种类与行政证据中的言词证据种类并不完全匹配，且"言词证据的收集具有可重复性、可再生性的特点"①，行政机关重新收集具有可操作性。在特殊情况下，如涉嫌犯罪案件的涉案人员路途遥远、死亡、失踪或者丧失作证能力，无法重复收集且有其他证据相印证的，行政机关可以将其作为证据使用。最后，鉴定意见"补强使用"规则。鉴定意见是指鉴定人就案件的某些专门性问题，运用其专门知识或技能，进行科学缜密的研究鉴别后作出的书面意见。② 由于司法鉴定意见和行政鉴定意见分属两个不同证据体系，且鉴定意见的证据能力受鉴定机构、鉴定人员、鉴定设备等因素影响较大，因此如何衔接转化应当谨慎对待。

2023年《解释》第16条对如何转化使用鉴定意见指明了方向，该条款规定"对案件所涉的环境污染专门性问题难以确定的，依据司法鉴定机构出具的鉴定意见，或者国务院环境保护主管部门、公安部门指定的机构出具的报告，结合其他证据作出认定"。根据此条款，"行刑衔接"中的鉴定意见不宜直接转化使用，而是需要结合其他证据进行综合认定，在有其他证据佐证或补强的情况下，"形成环环相扣、能够相互印证的证据链条"③，方可将司法鉴定意见转化为行政鉴定意见，此即鉴定意见的"补强使用"规则。

总之，刑事证据向环境行政证据转化是伴随生态环境"行刑反向衔接"机制建设而衍生出的重要理论和实践问题。由于现有立法和司法解释对可转化刑事证据的资格、种类、规则和审查程序均未予明确，刑事证据向环境行政证据转化在行政执法、司法适用中存在较大争议和困惑，严重影响了2021年《行政处罚法》中"行刑反向衔接"条款的贯彻落实，

---

① 黄世斌：《行政执法与刑事司法衔接中的证据转化问题初探——基于修正后的〈刑事诉讼法〉第52条第2款的思考》，《中国刑事法杂志》2012年第5期。
② 参见胡锡庆主编《刑事诉讼法学》，法律出版社2000年版，第207页。
③ 蒋云飞：《环境行政证据向刑事证据转化机制研究》，《重庆理工大学学报（社会科学）》2021年第7期。

也不利于行刑合力打击违法犯罪。因此，针对刑事证据向环境行政证据转化问题，亟须得到理论界和实务界的充分关注。本书仅仅对刑事证据向环境行政证据转化的可行性及其背后的隐忧作了相应分析和论证，同时结合现行立法和司法判例，对可转化刑事证据的资质、范围、规则和审查程序作了前瞻性研究，冀望丰富生态环境"行刑衔接"中的证据转化问题研究。鉴于证据衔接在生态环境"行刑衔接"中的重要作用，未来研究应当谨慎评估已有的"环境行政证据向刑事证据转化"程序和规则能否适用于"刑事证据向环境行政证据转化"之中，如不能适用，应尽快建立符合畅通生态环境"行刑反向衔接"规范目的的证据转化程序，同时还需对刑事证据向环境行政证据转化的具体规则和审查程序进行精细化分析和解读，有效促进证据双向衔接转化。

四 健全证据转化审查的标准与程序

法国著名政治思想家托克维尔在《旧制度与大革命》中曾指出："（总督）为了做到身在巴黎而能领导一切，洞悉一切，必须发明上千种审查手段。"① 同理，为了确保刑事司法机关能够洞悉证据转化，避免非法证据进入刑事司法领域，必须完善证据转化审查机制，尤其是明晰证据审查主体与审查标准。

首先，明确证据审查的主体。从现行立法看，目前公安机关、检察机关、人民法院均可作为证据审查的主体，但在生态环境"行刑衔接"之证据转化中，由于证据尚处在生态环境部门移送与公安机关或检察机关接收阶段，因此人民法院并不是此阶段的证据转化审查主体。正如《最高人民法院关于适用〈中华人民共和国刑事诉讼法〉的解释》第65条第1款②规定的那样，唯有进入庭审阶段，人民法院才能依职权对证据进行事实审查和法律审查，避免证据适用陷入"侦查中心主义"。基于此，生态环境"行刑衔接"之证据转化中的审查主体为公安机关与检察机关。与审查主体相对应的是，哪些可以成为刑事司法机关审查的主体？针对此问

---

① ［法］托克维尔：《旧制度与大革命》，冯棠译，商务印书馆2012年版，第104页。
② 2021年《最高人民法院关于适用〈中华人民共和国刑事诉讼法〉的解释》第75条第1款规定："行政机关在行政执法和查办案件过程中收集的物证、书证、视听资料、电子数据等证据材料，在刑事诉讼中可以作为证据使用；经法庭查证属实，且收集程序符合有关法律、行政法规规定的，可以作为定案的根据。"

题，刑事司法机关主要审查环境行政执法证据的收集主体是否属于适格主体，所依据的法律条文是2018年《刑事诉讼法》第54条和2020年《行政执法机关移送涉嫌犯罪案件的规定》第2条。据此而言，被审查的主体是生态环境部门、生态环境部门委托的组织以及法律法规授权的组织。

其次，构建证据转化之事实审查与法律审查规则。从大陆法系国家和地区的立法看，其并未明确规定证据转化审查规则，而仅仅粗略规定哪些证据被禁止使用。譬如，德国证据禁止理论将证据禁止分为证据收集禁止与证据使用禁止，前者是指某一证据因收集方式违法而被法官排除使用，后者是指证据收集方式并不违法，但是因为其他目的被法官排除使用。① 按照德国的证据禁止理论，证据转化审查需要审查证据的取证方式与使用目的，若其中之一不符合法律要求的，即禁止转化。对比而言，英美法系国家则是通过建立证据可采规则来判断证据是否可以转化。比如，英国在当事人主义诉讼模式下，哪些证据可以使用常常取决于双方当事人的态度，若证据涉及限制或侵犯公民基本权利的，则由法庭综合判断是否可采用。就我国而言，现行立法在规定证据转化时明显要求遵循事实审查和法律审查标准。所谓事实审查，即审查生态环境部门收集的证据是否被查证属实，是否具有真实性与客观性，法律审查则是指审查生态环境部门收集的证据是否符合取证规范以及是否具有证明力。在行政执法机关移送涉嫌犯罪案件的规定领域中，由于上述审查标准太过原则与模糊，以至于现实中无论是公安机关还是检察机关，均无法对证据转化进行有效审查。

德国证据禁止理论对完善我国的证据转化审查机制具有一定借鉴意义。申言之，公安机关与检察机关在审查环境行政执法证据的转化时考察证据收集方式是否符合刑事证据取证规范以及证据形式，若在取证规范上不符合刑事取证要求，则不能作为证据使用。另外，公安机关与检察机关在审查环境行政执法证据的转化时还应注重对证据目的的审查，即审查证据能否证明特定事实，若不能证明涉罪案件中的特定事实，那么意味着缺乏证明能力，不能作为刑事证据使用。值得一提的是，2017年《工作办法》也意识到取证规范的重要性，因此该办法第22条规定：

---

① 参见［德］克劳思·罗科信《刑事诉讼法》（第24版），吴丽琪译，法律出版社2003年版，第213页。

"环保部门或者公安机关依据《国家危险废物名录》或者组织专家研判等得出认定意见的,应当载明涉案单位名称、案由、涉案物品识别认定的理由,按照'经认定,……属于/不属于……危险废物,废物代码……'的格式出具结论,加盖公章。"事实上,随着环境行政执法证据与刑事证据在取证规范上逐渐接轨(即行政执法证据取证应严格按照刑事证据取证规范进行),证据双向转化咨询机制更为完善,此时刑事司法机关可不必费时费力进行审查,证据转化也不再是生态环境"行刑衔接"中的难题。

与证据正向转化审查类似,为避免非法刑事证据进入环境行政执法领域,应当健全证据反向转化审查机制。毋庸讳言,证据审查是"行刑反向衔接"中行政机关的法定职责,是避免非法或瑕疵证据进入行政执法领域的一道关键"防火墙"。2021年《行政处罚法》第46条第2、3款新增规定"证据必须经查证属实,方可作为认定案件事实的根据。以非法手段取得的证据,不得作为认定案件事实的根据",其中"查证属实""避免非法证据"之规定即要求"行刑反向衔接"中的行政机关应当积极履行证据转化审查职责,有效排除那些严重违反法定程序、违反法律强制性规定而取得的刑事证据材料。本书认为,建立健全刑事证据向环境行政证据转化审查机制,应当着重明确证据反向转化审查的主体、内容和标准。

首先,证据反向转化审查主体应当"分类认定"。若案件是由某一特定环境行政机关移送,那么刑事司法机关将案件移回该特定环境行政机关后,毫无疑问该环境行政机关是证据反向转化的审查主体。若案件是由刑事司法机关自身发现的,那么问题来了:司法机关如何准确认定该移送哪一"环境行政机关"?2021年《行政处罚法》第27条第1款仅模糊规定"有关行政机关",这难免给刑事司法机关移送带来困惑,也影响后续的证据反向转化的审查。以噪声污染"行刑"交叉案件为例,根据2022年新实施的《噪声污染防治法》第6条的规定,除生态环境部门外,各级公安、交通、铁路、民航、港务等机构均可在各自职责范围内对噪声污染防治实施监管。故针对此类"行刑"交叉案件,刑事司法机关移送案件就不是一个简单的程序问题,还涉及各部门专业职责的判断,同理证据转化审查主体的认定,也显得更为复杂。其次,证据反向转化审查的内容应当包含证据形式与证据"三性"。环境行政机关应当审查刑事证据收集是否符合行政证据的外在形式、取证规范,以及"整个保管链条是否完整"①。除了形式审查之外,环境行政机关还要对刑事证据的"三性"及其证明力进行实质审查,科学审查和评估证据能否证明特定事实。最后,证据反向转化审查的标准应当兼采"行政非法证据排除、刑事非法证据排除双重标准,以行政非法证据排除标准为主"。生态环境"行刑反向衔接"中的可转化刑事证据,既需要满足刑事非法证据排除规则,也需要满足行政非法证据排除规则。由于转化而来的证据要作为环境行政机关的定案依据,因此在证据反向转化审查时,必须优先采取行政非法证据排除规则,将非法证据排除在外。

---

① 董坤:《论行刑衔接中行政执法证据的使用》,《武汉大学学报》(哲学社会科学版) 2015 年第 1 期。

第五章　生态环境"行刑衔接"中的检察监督机制

第一节　生态环境"行刑衔接"中的检察监督机制概述

一　检察监督机制的法律依据

从立法上分析，作为生态环境"行刑衔接"机制之保障的检察监督有较为充分的法律依据，主要表现在以下几个方面：

第一，宪法、法律依据。我国2018年《宪法》第134条规定："人民检察院是国家的法律监督机关。"第136条规定："人民检察院依照法律规定独立行使检察权，不受行政机关、社会团体和个人的干涉。"显然，以上两条款对检察机关的定位以及检察权的行使作了规定。另外，宪法还规定检察机关有权独立行使检察权，不受任何机关和团体之干涉，意味着在"一府一委两院"国家权力架构下，检察机关有权对"一府一委两院"独立行使法律监督权。可见，2018年《宪法》第134条与第136条为《人民检察院组织法》中检察机关行使职权提供了宪法依据，也是检察机关行使法律监督权的最高依据。在法律法规层面，检察机关行使职权的范围主要体现在2018年《人民检察院组织法》第20条之中。根据这一条款，检察机关行使职权的内容有审查批准逮捕权、公诉权、刑事案件侦查权、法律监督权。在生态环境"行刑衔接"过程中，检察机关可行使包括刑事案件侦查权、法律监督权等职权。

第二，司法解释依据及规范性文件。2001年最高检出台的《人民检察院办理行政执法机关移送涉嫌犯罪案件的规定》第12条规定："检察机关发现行政执法机关应当移送的涉嫌犯罪案件而不移送的，可以提出检察意见。"此外，该规定第 11 条、第 13 条等条款亦规定了检察机关的移送监督职权。从立法位阶看，《人民检察院办理行政执法机关移送涉嫌犯罪案件的规定》属于司法解释，因此对检察机关依法行使职权具有一定拘束力与普遍适用效力。除了以上司法解释外，2007 年《若干规定》与 2017 年《工作办法》的相关条文对检察机关行使职权的范围及方式作了较为明确的规定，在此不再赘述。从立法位阶看，以上两项规定均属于规范性文件，对检察机关依法行使权力的拘束力有限。但毋庸讳言，生态环境"行刑衔接"中的检察监督在宪法、法律、行政法规、司法解释以及规范性文件中均可找寻到相应依据，为检察机关行使权力奠定了坚实基础。

二 检察监督机制的基本内容

执法监督是有效实现环境法律目标的关键举措，检察监督则是执法监督的重要手段。本书所称的检察监督机制，是指生态环境"行刑衔接"中检察机关实施检察监督的内容、功能与工作原理。归纳而言，生态环境"行刑衔接"中的检察监督机制主要包含检察机关对生态环境部门移送案件的监督、对公安机关立案的监督、提供专业咨询意见以及与监察机关的办案衔接。

第一，对生态环境部门移送案件的监督。从案件移送的基本流程看，首先进入检察机关监督视野的是生态环境部门对涉嫌环境犯罪案件的移送。所谓移送监督，即检察机关对生态环境部门就其发现的涉罪案件或线索是否移送以及何时移送公安机关展开的监督，其目标在于防止有案不移、有案不究与以罚代刑。移送监督是生态环境"行刑衔接"中检察监督的核心内容，但目前却面临监督无据的尴尬，换言之，从宪法和法律的相关规定看，其并未赋予检察机关对生态环境部门移送案件的监督权。尽管 2018 年《宪法》第 134 条将检察机关定位为国家的法律监督机关，但我们不能就此推导出检察机关是一个全面监督国家法律实施的机关，事实上，其也没有能力去"统揽法律监督权"[1]。从 2018 年《人民检察院组织法》第 20 条的规定看，该条款也并未规定检察机关移送监督职能，以至于检察机关在实施移送监督过程中常面临于法无据的现实尴尬。

尽管检察机关的移送监督之合法性存疑，但是生态环境"行刑衔接"

---

[1] 韩大元：《关于检察机关性质的宪法文本解读》，《人民检察》2005 年第 13 期。

实践中迫切需要检察机关行使移送监督职权。从近些年最高检制定的相关规范性文件以及各级检察机关督促生态环境部门移送案件情况看，检察机关在生态环境"行刑衔接"中（尤其是案件移送中）发挥着极为重要的监督作用。有鉴于此，本书拟立足于2001年《人民检察院办理行政执法机关移送涉嫌犯罪案件的规定》、2004年《关于加强行政执法机关与公安机关、人民检察院工作联系的意见》、2017年《工作办法》等规范依据，对移送监督的启动条件、实施方式以及拘束力等方面作简要分析。

关于检察监督的启动方式，主要有两种：一是单位、个人或群众的检举，《关于加强行政执法机关与公安机关、人民检察院工作联系的意见》第3条作了规定；① 二是检察机关发现生态环境部门不依法移送而主动介入，2017年《工作办法》第14条作了相应规定②。关于移送监督的方式，根据相关法律法规、司法解释以及规范性文件的规定，主要有检察意见、查询案件、查阅案卷、说明不立案的理由、提前介入等，其中检察意见、提前介入是检察机关对生态环境部门移送的常见监督方式。关于移送监督的效力，主要表现在：一是原则规定生态环境部门应当接受检察机关的监督；二是生态环境部门仍不移送的，检察机关应书面通知公安机关立案。但总体上看，移送监督方式刚性不足，难以有效督促生态环境部门依法移送案件，究其根本原因在于：移送监督机制缺乏强有力的责任保障，对生态环境部门的拘束力太弱。

第二，对公安机关立案的监督。所谓立案监督，是指检察机关针对公安机关就生态环境部门移送的涉罪案件是否接收及立案所进行的监督，其目的在于促使公安机关依法立案并将其移送至检察机关。相较于移送监督，检察机关对公安机关的立案监督则具有明确的法律依据。《人民检察院组织法》第20条第3项规定："对于公安机关侦查的案件，进行审查，

---

① 2004年《关于加强行政执法机关与公安机关、人民检察院工作联系的意见》第3条规定："对于行政执法机关不移送涉嫌犯罪案件，有关单位、个人举报或者群众反映强烈的，人民检察院可以向行政执法机关查询案件情况；经协商同意，还可以派员查阅有关案卷材料，行政执法机关应予配合。"

② 2017年《工作办法》第14条规定："人民检察院发现环保部门不移送涉嫌环境犯罪案件的，可以派员查询、调阅有关案件材料，认为涉嫌环境犯罪应当移送的，应当提出建议移送的检察意见。环保部门应当自收到检察意见后3日内将案件移送公安机关，并将执行情况通知人民检察院。"

决定是否逮捕、起诉或者免予起诉；对于公安机关的侦查活动是否合法，实行监督。"据此可见，立案监督是生态环境"行刑衔接"中检察机关的一项重要职能。从具体实践角度看，检察机关的立案监督对加强案件移送乃至实现生态环境"行刑衔接"发挥着重要作用。有学者指出："2014年3月至10月，全国检察机关共监督行政执法机关移送涉嫌环境资源犯罪案件1505件1804人，监督公安机关立案侦查环境资源犯罪案件1479件1795人。2015年3月至8月，监督行政机关移送涉嫌环境资源犯罪案件1216件1518人；监督公安机关立案侦查环境资源犯罪案件1159件1408人。较之专项行动之前同比明显增加，这印证了环境资源犯罪之立案监督的必要与大有可为。"①

为此，应当立足于相关行政法规、司法解释、部门规章以及规范性文件来分析生态环境"行刑衔接"中检察机关的立案监督职能，重点在于分析立案监督的启动、方式与效果。关于立案监督的启动，主要有生态环境部门"建议启动"与检察机关"自主启动"两种：其一，生态环境部门建议检察机关立案监督。其主要依据是，2017年《工作办法》第12条规定："环保部门对公安机关逾期未作出是否立案决定以及对不予立案决定、复议决定、立案后撤销案件决定有异议的，应当建议人民检察院进行立案监督。人民检察院应当受理并进行审查。"事实上，无论是生态环境部门"建议启动"立案监督还是检察机关"自主启动"立案监督，均可对公安机关的立案活动形成一定压力。其二，检察机关主动实施立案监督。其主要依据是，2017年《工作办法》第15条规定："人民检察院发现公安机关可能存在应当立案而不立案或者逾期未作出是否立案决定的，应当启动立案监督程序。"关于立案监督的方式，主要有要求说明理由、提供检察意见等。关于检察监督的效力，《人民检察院办理行政执法机关移送涉嫌犯罪案件的规定》第10条第3款规定："若人民检察院认为公安机关不立案理由不能成立，应当通知公安机关在收到《通知立案书》后十五日内决定立案，并将立案决定书送达人民检察院。"据此可见，检察机关立案监督对公安机关的拘束力较弱，检察机关进行立案监督后，若公安机关仍不立案或迟延立案的，检察机关常常无计可施，无法通过其他

---

① 侯艳芳：《中国环境资源犯罪的治理模式：当下选择与理性调适》，《法制与社会发展》2016年第5期。

的强制方式督促公安机关立案。

第三,提供专业咨询意见。毋庸讳言,对生态环境部门的立案监督、对公安机关的移送监督以及接收涉嫌职务犯罪的案件或线索均属于生态环境"行刑衔接"中检察机关的重要职能,但以上三项职能是否涵括了所有检察监督职能?检察机关还可针对生态环境部门的咨询提出建议,即生态环境部门对移送标准、立案标准、证据收集与保存问题难以把握时,可向检察机关提出咨询,检察机关应当认真研究并及时回复,可见提供咨询意见也是检察监督的内容之一。《关于在行政执法中及时移送涉嫌犯罪案件的意见》第10条规定"行政执法机关对案情复杂、疑难,性质难以认定的案件,可以向公安机关、人民检察院咨询,公安机关、人民检察院应当认真研究,在7日以内回复意见",首次规定了检察机关之提供咨询意见职能。在此基础上,2017年《工作办法》第24条明确提出建立双向咨询制度,该条款规定"环保部门对重大疑难复杂案件,可以就刑事案件立案追诉标准、证据的固定和保全等问题咨询公安机关、人民检察院;公安机关、人民检察院可以就案件办理中的专业性问题咨询环保部门。受咨询的机关应当认真研究,及时答复;书面咨询的,应当在7日内书面答复"。以上两条款赋予了检察机关之提供咨询意见职能。但是,提供咨询意见并不属于2018年《人民检察院组织法》第20条规定的检察机关之五项职能范畴,因此检察机关提供咨询意见的合法性值得怀疑。从实践需要角度看,由于案件定性与证据收集及转化并非生态环境部门之专长,而检察机关在这些方面则具有天然优势,因此现实中亟须检察机关提供专业咨询意见。所以,生态环境"行刑衔接"中检察机关行使职权时应打破《人民检察院组织法》的限制,即不限于立案监督权,还应当立足于现实需要行使移案监督权,并针对生态环境部门的咨询积极提供意见,充分发挥其作为法律监督机关之功能。

第四,加强与监察机关的办案衔接。随着国家监察体制改革,检察机关职务犯罪侦查权转隶监察机关,意味着监察机关负责对涉嫌职务违法和职务犯罪进行调查,需要追究刑事责任的必须移交检察机关提起公诉。国家监察体制改革对生态环境"行刑衔接"中的检察机关职权行使造成了一定影响,即检察机关即便在监督中发现生态环境部门公职人员涉嫌违法犯罪,也不能直接进行侦查,而需将案件线索移交监察机关,由监察机关对涉嫌职务违法或职务犯罪的行为进行全面调查。为有效打击生态环境领域的职务违法犯罪行为，检察机关需要加强与监察机关的办案衔接，在涉嫌职务违法犯罪案件或线索移交、证据转化使用等方面加强合作，更好地推进"行刑衔接"。在规范层面，2021年10月11日，最高检发布的《关于推进行政执法与刑事司法衔接工作的规定》第2条明确规定："人民检察院开展行政执法与刑事司法衔接工作，应当严格依法、准确及时，加强与监察机关、公安机关、司法行政机关和行政执法机关的协调配合，确保行政执法与刑事司法有效衔接。"在此基础上，第12条又规定："人民检察院发现行政执法人员涉嫌职务违法、犯罪的，应当将案件线索移送监察机关处理。"根据以上两个条款可知，生态环境"行刑衔接"中的检察机关职权不限于对生态环境部门移送案件的监督、对公安机关立案的监督、提供专业咨询意见，还包含与监察机关的办案衔接。

第二节 生态环境"行刑衔接"中检察监督的现实困境

一 移案监督缺乏法律授权

移送监督属于行政执法检察监督的类型之一，也是"行刑衔接"中检察监督的重要内容。对于检察机关而言，实施检察监督既是一项职责，也是一项职权。在实践中，检察监督能否取得预期效果，不仅取决于检察机关是否切实履行监督职责，还取决于检察监督依据的来源是否合法。若无宪法或法律授权，那么检察机关实施移送监督的合法性将存在疑问，现实中也难以取得预期的监督效果。从宪法和法律层面看，我国现行《宪法》与《人民检察院组织法》并未授予检察机关移送监督权。

目前，检察机关对生态环境部门移送案件进行监督的主要依据是2020年国务院修订的《行政执法机关移送涉嫌犯罪案件的规定》与2001年最高检出台的《人民检察院办理行政执法机关移送涉嫌犯罪案件的规定》，前者属于行政法规，后者属于司法解释。具体而言，2020年《行政执法机关移送涉嫌犯罪案件的规定》第14条第1款规定"行政执法机关移送涉嫌犯罪案件，应当接受人民检察院和监察机关依法实施的监督"，该条款赋予了检察机关的移送监督职权；《人民检察院办理行政执法机关移送涉嫌犯罪案件的规定》则全面规定了检察机关对行政机关移送的监督职责。因此，从行政法规与司法解释角度看，检察机关对生态环境部门移送案件进行监督有充分的法律依据。但我们是否就可以认为检察机关对生态环境部门移送实施监督就有合法性基础呢？答案可能并非如此。

2023年《立法法》第72条第2款规定："行政法规可以就下列事项作出规定：（一）执行法律的规定需要制定行政法规的事项；（二）宪法第89条规定的国务院行政管理权的事项。"目前，我国尚未制定生态环境"行刑衔接"法律（最高依据为行政法规），因此《行政执法机关移送涉嫌犯罪案件的规定》规定的检察机关移送监督不属于为执行"法律"规定需要而制定的。那么，《行政执法机关移送涉嫌犯罪案件的规定》是否属于《立法法》第72条第2款规定的后一种情形呢？显然也不属于，在"一府一委两院"的国家权力结构下，检察监督职权不属于国务院行政管理权的事项。从法律保留原则上看，根据2023年《立法法》第11条、第12条的规定，检察监督职权只能由法律作出规定，该法第11条规定"人民检察院的产生、组织和职权职能事项只能制定法律"，第12条则进一步规定"第11条规定的事项尚未制定法律的，国务院可根据需要制定行政法规，但有关犯罪和刑罚、对公民政治权利的剥夺和限制人身自由的强制措施和处罚、司法制度等事项除外"。根据以上两个条款可见，检察机关的监督职权应属于2023年《立法法》第12条中"有关犯罪和刑罚或司法制度"的范畴。这足以说明，《行政执法机关移送涉嫌犯罪案件的规定》与《人民检察院办理行政执法机关移送涉嫌犯罪案件的规定》不能直接规定检察机关的监督职权，故此检察机关行使移案监督权的合法性非常值得怀疑。

尽管移送监督的合法性存在疑问，但是否意味着检察机关无权对生态环境部门的移送行为展开监督呢？当然也不能简单地下结论。《行政执法机关移送涉嫌犯罪案件的规定》《人民检察院办理行政执法机关移送涉嫌犯罪案件的规定》以及部分规范性文件均明确规定了检察机关的移送监督职权，且现实中也需要检察机关对生态环境部门的移送行为实施监督，以有效监督和规范行政权的行使。因此，尽管移送监督欠缺宪法和法律依据，但符合规范行政权行使的现实需要。不可否认的是，由于缺乏宪法和法律的明确授权，检察机关在对生态环境部门移送行为的监督中往往采取保守和谨慎态度，难以积极、主动与有效地实施监督。正如章剑生所担忧的那样："检察监督那种消极、被动的、羞羞答答的运作状况已引起社会民众的不满。"① 基于此，如何消除检察机关实施移送监督的合法性疑问以及如何强化检察机关的移送监督职能，是生态环境"行刑衔接"机制建设中不得不正视的问题。

二　检察监督信息渠道不畅

环境犯罪的特殊性在于"往往没有明确、直接的被害人，同时环境犯罪行为和危害具有隐蔽性，甚至危害结果的产生需要相当长时间方能表现出来"②。因此能够进入检察监督视野的主要集中于以下几类案件：一是有明确、直接被害人的案件；二是对生态环境危害较大或引发群体性事件的案件；三是重大、疑难、复杂以及具有较大社会影响的案件。除此之外的其他案件，若非基于当事人的举报或反映，则很难进入检察机关的视野，申言之，由于环境犯罪案件的隐蔽性以及生态环境部门执法的非完全公开性，检察监督程序很难被启动，很难对生态环境部门移送以及公安机关立案展开强有力的监督。究其主要原因在于：检察机关对生态环境部门查办案件与公安机关受理信息缺乏掌控，对于哪些环境案件应当移送而未移送底数不清、情况不明，对于哪些应当移送而未移送的案件线索无从得知，以至于"检察机关无法真正介入和监督"③。

高质量的信息共享与交互是有效监督的基础。生态环境"行刑衔接"机制本质上是一项双向互动机制，互动的前提就在于各部门充分掌握案件移送和追诉信息。目前，针对涉罪案件信息共享的方式有二：一是线上共享信息，即在"行刑衔接"信息共享平台上了解和掌握环境案件信息，检察机关可以据此实施法律监督；二是线下共享信息，即生态环境部门与公检法部门定期召开联席会议，对案件进行共同会商。然而，以上两种信息共享方式在实践运行中都面临不少问题，以至于检察机关难以有效掌握

---

① 章剑生：《论影响实现行政诉讼价值目标的法律机制及其对策》，《法律科学》1996 年第 2 期。

② 赵红艳：《环境犯罪定罪分析与思考》，人民出版社 2013 年版，第 28 页。

③ 有学者分析指出："行政执法机关对发现的可能涉嫌犯罪的行政违法案件行政处罚信息不公开、情况不通报、文书不备案，检察机关对行政执法领域涉嫌犯罪案件的介入和监督缺乏信息来源，对于是否有应当移送的案件线索而未移交无从得知，从而无法真正介入和监督。"参见吴云、方海明《法律监督视野下行政执法与刑事司法相衔接的制度完善》，《政治与法律》2011 年第 7 期。

实施检察监督的信息。首先,"行刑衔接"信息共享平台的功能被逐步弱化。以重庆市为例,在2018年之前,各级生态环境部门均重视在"行刑衔接"信息共享平台上录入案件信息,检察院可以通过平台信息实现精准监督,但近些年来,生态环境部门和公安机关在平台上录入的信息越来越少,选择性录入信息、迟延录入信息、不规范录入信息甚至不录入信息的现象普遍存在,导致检察院无法获知环境违法犯罪案件的相关信息。其次,常态性联席会议制度未建立,案件会商渠道不畅。联席会议制度是联席会议成员获取案件信息的重要渠道。目前,生态环境"行刑衔接"联席会议并未实现制度化、常态化,成员单位往往遇到疑难复杂的案件时才召开联席会议。一般情况下,牵头单位或成员单位不会定期召开联席会议分析案情和通报线索,使得生态环境"行刑衔接"遇到的问题无法得到及时、有效化解。需要特别注意的是,由于案件信息共享和交互不顺畅,公安机关事先掌握的无须追究刑事责任但需要追究行政责任的案件信息也难以移交到生态环境部门手中。由于案件"行刑反向衔接"渠道阻塞,进而导致生态环境"行刑衔接"机制运转不畅,检察机关也难以实施精准监督。以上问题或缺陷均可能制约检察监督的有效开展,因此如何确保检察机关及时、准确地获取生态环境"行刑衔接"中的案件信息,是生态环境"行刑衔接"机制建设必须解决的重要问题。

三 检察监督手段缺乏刚性

检察机关行使法律监督权的手段或方式是多元的,这些方式主要包括查询案件、查阅案卷、检察建议、检察意见、要求说明不立案理由、通知立案等。在生态环境"行刑衔接"机制中,检察意见、要求说明不立案理由与提前介入是检察机关行使法律监督权的最常见方式。

第一,检察意见。所谓检察意见,"通常是指检察机关在办案中对于与案件处理直接相关的事项向相关部门提出的法律监督意见"[1]。单纯从定义上看,检察意见实质上是一种不具有强制拘束力的法律监督意见,该意见具有指导性、非强制性特征。准确理解检察意见,还需厘清其与检察建议的异同。毫无疑问,检察意见与检察建议均是检察机关行使法律监督

---

[1] 印仕柏主编:《行政执法与刑事司法衔接实务大全》,湘潭大学出版社2013年版,第848页。

权的具体方式和手段,均具有非强制性特征,但是二者之间还是存在细微差别。从文义上看,检察意见与检察建议的区别在于"意见"与"建议"之差异,所谓"意见"即"对事物的一定看法或想法"[①];"建议"是指"向人提出自己的主张"[②]。相较于"意见","建议"的提出者更带有使他人遵从自己想法的意思。从适用条件上看,检察意见往往适用于涉罪案件移送与承接过程中,申言之,若行政执法机关该移不移或公安机关该接不接的,检察机关可提出检察意见;检察建议则往往适用于检察机关对移送而来的案件审查后,若发现这些案件不涉嫌犯罪、不需要追究刑事责任的或需要追究其他性质法律责任的,可以提出检察建议。由此可见,检察意见更多适用于涉罪案件的交接过程中,主要针对的是行政机关与公安机关。

作为检察监督的一种重要方式,检察意见在相关司法解释、规范性文件中得到了相应规定,这些规定也明晰了检察意见的适用范围、适用程序等。就适用范围而言,《人民检察院办理行政执法机关移送涉嫌犯罪案件的规定》第12条规定:"各级人民检察院在如下四种情形下可以提出检察意见:(一)检察机关发现行政执法机关应当移送的涉嫌犯罪案件而不移送的;(二)有关单位和个人举报的行政执法机关应当移送的涉嫌犯罪案件而不移送的;(三)隐匿、销毁涉案物品或者私分涉案财物的;(四)以行政处罚代替刑事追究而不移送的。"第13条第2款进一步规定:"各级人民检察院对公安机关不接受行政执法机关移送的涉嫌犯罪案件,或者逾期不作出立案或者不予立案决定,在检察机关依法实施立案监督后,仍不接受或者不作出决定的,可以向公安机关提出检察意见。"就适用程序而言,《关于加强行政执法机关与公安机关、人民检察院工作联系的意见》第3条第2款规定:"必要时,人民检察院应当向行政执法机关提出检察意见,建议其按照管辖规定向公安机关移送涉嫌犯罪案件,行政执法机关应当反馈落实情况。"除此之外,2017年《工作办法》第14条也规定:"人民检察院发现环保部门不移送涉嫌环境犯罪案件的,可以

[①] 夏征农、陈至立主编:《辞海》(第六版),上海辞书出版社2009年版,第2723页;中国社会科学院语言研究所词典编辑室编:《现代汉语词典》(第6版),商务印书馆2012年版,第1545页。

[②] 中国社会科学院语言研究所词典编辑室编:《现代汉语词典》(第6版),商务印书馆2012年版,第638页。

派员查询、调阅有关案件材料,认为涉嫌环境犯罪应当移送的,应当提出建议移送的检察意见。环保部门应当自收到检察意见后 3 日内将案件移送公安机关,并将执行情况通知人民检察院。"

通过对以上条款的分析,不难发现,检察机关在多种情况下可以主动向生态环境部门与公安机关提出检察意见,其目的在于督促生态环境部门移送案件与公安机关立案侦查。但需要思考的问题是,检察意见能否对生态环境部门与公安机关形成足够的拘束力?若生态环境部门与公安机关不接受检察机关提出的检察意见,有何救济措施?针对第一个问题,检察意见仅仅是一种非强制性的法律监督意见,因此实践中生态环境部门与公安机关很可能不接受检察机关提出的检察意见;针对第二个问题,从既有规范性文件看,若生态环境部门与公安机关不接受检察意见,或对检察意见不理睬,检察机关往往无计可施,毕竟行政机关违反检察意见无须承担相应的法律责任。概言之,由于检察意见属于非强制性的检察监督意见,其监督刚性存在严重不足,因此很难对生态环境部门移送与公安机关立案形成强有力约束。

第二,要求说明不立案理由。所谓要求说明不立案理由,即公安机关针对生态环境部门移送而来的案件不予立案或撤销案件的,检察机关可要求公安机关说明不立案的理由。从适用对象上看,要求说明不立案理由是一种专门针对公安机关的检察监督方式,而检察意见则适用于生态环境部门与公安机关。关于要求说明不立案理由的适用条件,根据《人民检察院办理行政执法机关移送涉嫌犯罪案件的规定》第 10 条的规定,在三种情况下,人民检察院应当要求公安机关在收到人民检察院《要求说明不立案理由通知书》后 7 日内将关于不立案理由的说明书面答复检察机关。这三种情况是:第一,人民检察院认为公安机关对应当立案侦查的案件而不立案侦查的;第二,被害人认为公安机关对应当立案侦查的案件而不立案侦查,向人民检察院提出的;第三,移送涉嫌犯罪案件的行政执法机关对公安机关不予立案决定或者不予立案的复议决定有异议,建议人民检察院依法进行立案监督的。通过对以上条款的分析,要求说明不立案理由主要针对的是公安机关应当立案而不立案之情形,该检察监督方式具有明显的纠错性,也有助于督促公安机关依法立案侦查。

相较于检察意见,要求说明不立案理由具有一定的强制性,对公安机关也具有一定的拘束力,但实际工作中同样存在刚性不足问题,难以对公安机关形成强有力威慑。2018年《刑事诉讼法》第113条规定:"人民检察院认为公安机关对应当立案侦查的案件而不立案侦查的,或者被害人认为公安机关对应当立案侦查的案件而不立案侦查,向人民检察院提出的,人民检察院应当要求公安机关说明不立案的理由。人民检察院认为公安机关不立案理由不能成立的,应当通知公安机关立案,公安机关接到通知后应当立案。"根据该条款,若检察机关认为公安机关说明的不立案理由不成立,可通知公安机关立案,此时公安机关负有立案义务,这体现了检察机关对公安机关的监督制约,实现检察权对公安侦查权的制衡。但令人担忧的是,若公安机关在检察机关通知立案后仍不立案或迟延立案的,检察机关是否有其他的保障性措施督促其立案?从现有立法和司法实践看,要求说明不立案理由在立法上明显缺乏责任保障,现实中公安机关拒绝说明不立案理由或拒不服从检察机关的建议也不鲜见。归根结底,要求说明不立案理由作为一种具有纠错性质的检察监督方式,由于缺乏对公安机关的足够拘束,因此难免无法实现其预期效果。

四 提前介入界限较为模糊

检察机关提前介入最早可追溯于20世纪80年代,根据1988年最高检、公安部联合颁布的《关于加强检察、公安机关相互联系的通知》,检察机关针对公安机关立案侦查的重大、疑难、危害严重、具有重大社会影响的刑事案件,可应公安机关之邀请或自身认为有必要,指派人员参与公安机关的侦查、收集证据等活动。2002年最高检召开的"全国刑事检察工作会议"明确提出了"坚持、巩固和完善'适时介入侦查、引导侦查取证、强化侦查监督'"等改革措施,进一步完善检察机关提前介入制度。显而易见,此时检察机关提前介入意在引导公安机关的侦查取证,且只能将监督触角"前移"至公安机关侦查阶段。由于检察机关提前介入公安机关侦查卓有成效,2007年《若干规定》再度延伸了检察机关提前介入的触角,冀望通过强化检察监督以解决生态环境领域的"行刑衔接"不畅问题。2007年《若干规定》第12条第3款规定"公安机关、人民检察院对环境保护行政主管部门正在办理的涉嫌环境犯罪的案件要求提前介入调查和侦查或者要求参加案件讨论的,环境保护行政主管部门应当给予支持和配合",这也标志着检察机关可"提前"介入至行政执法阶段,相较于提前介入公安机关侦查更进一步,使得环境行政执法完全暴露在检察机关的法律监督之下，实现检察监督权对环境行政权的强有力监督。

本书所称的检察机关提前介入，是指检察机关提前介入到环境行政执法过程中，将检察触角"前移"至生态环境部门行政执法与案件查办阶段，其实质是检察监督权在环境行政执法领域的必要延伸。从字面意义上看，提前介入中的"提前"应是指检察机关介入到生态环境部门移送案件之前，而非公安机关立案侦查之前。按照正常的环境污染犯罪案件移送流程，首先是生态环境部门将涉罪案件移送公安机关，其次是公安机关依法受理、审查并决定是否立案，最后是检察机关接收公安机关移送而来的案件。提前介入意味着检察机关可介入到生态环境部门将案件移送公安机关之前的调查取证阶段，其根本目的在于，一是为有效震慑环境污染犯罪者，二是对生态环境部门移送以及公安机关立案形成强力约束。本质上看，提前介入属于检察机关实施检察监督的一种方式或手段，与传统的检察监督方式如派员查询、调阅案卷、检察意见、要求说明不立案理由以及支持起诉等相并列。但相较于传统较为被动、消极的检察监督方式，提前介入方式显得更为积极、主动，检察机关基于自身法律监督职权主动深入到生态环境"行刑衔接"的监督之中，有助于实现对环境行政执法的同步和动态监督。在具体适用上，提前介入并非一种"单独化适用"的检察监督方式，也并非必须"优先适用"的检察监督方式，而是需要与检察意见等传统监督方式灵活配合才能发挥出最佳监督作用。

检察机关为何要提前介入，主要有以下缘由：第一，扩张检察监督权的行使范围，避免生态环境部门有案不移与以罚代刑。有学者分析指出："由于行政权力涉及范围的广泛性和运行过程的封闭性，检察权陷入难以出场的尴尬境地，也给行政执法机关提供了过大的自由裁量权，使其能够将涉罪案件进行行政化处理。"[①] 第二，检察机关提前介入，可有效引导调查取证与固定保存证据。有学者指出："有必要将检察机关的刑事立案监督权向前拓展。对可能涉及犯罪的案件，在相关职能部门调查处理的同时，应允许检察机关及时介入调查，重点实施监督。检察机关派员提前介入可以发挥其优势，引导行政执法机关围绕案件的定性进行收集、固定和

---

① 刘远、汪雷、赵玮：《行政执法与刑事执法衔接机制立法完善研究》，《政法论丛》2006年第5期。

保全证据,掌握犯罪线索,防止证据灭失"①。第三,检察机关提前介入,还可对环境污染犯罪背后的失职渎职者形成强有力威慑。在生态环境部门有案不移与以罚代刑依旧严峻的当下,检察机关亟须充分行使其法律监督权,将监督触角延伸至环境行政执法领域,以形成对生态环境部门移送案件的强力威慑,这对破解生态环境"行刑衔接"难题具有一定的促进作用,也有助于强化环境刑事司法保护。

尽管提前介入有助于充分发挥检察监督职能,但就目前而论,检察机关提前介入的限度极为模糊,难以实现提前介入之预期效果。从权力制衡的视角看,检察机关提前介入借由检察权的适度扩张来钳制行政权,但若不能明确检察权的行使边界,不仅可能无法发挥其应有功能,还可能阻碍行政权的正当行使,导致检察权与行政权无法相互制衡。考察现行规范依据,对检察机关提前介入的规定较模糊,部分规定之间还存在抵牾之处,与检察机关提前介入的实践需求存在较大差距。追本溯源,最早提出刑事司法机关提前介入的当属2006年《关于在行政执法中及时移送涉嫌犯罪案件的意见》,该意见第10条规定:"对有证据表明可能涉嫌犯罪的行为人可能逃匿或者销毁证据,需要公安机关参与、配合的,行政执法机关可以商请公安机关提前介入,公安机关可以派员介入。"随后不久,2007年《若干规定》第12条第3款规定:"公安机关、人民检察院对环境保护行政主管部门正在办理的涉嫌环境犯罪的案件要求提前介入调查和侦查或者要求参加案件讨论的,环境保护行政主管部门应当给予支持和配合。"

考察以上规范性文件,发现生态环境"行刑衔接"中检察机关提前介入的界限较为模糊,主要体现在以下方面:第一,检察机关提前介入的案件范围不清,具体而言,提前介入的案件范围究竟是重大、疑难、复杂、重大社会影响之类的环境污染犯罪案件还是普通环境污染犯罪案件,现有立法均未明晰,以至于现实中检察机关在提前介入时往往无所适从。第二,检察机关提前介入的方式不明,究竟是检察机关主动介入还是生态环境部门商请介入,抑或主动介入与商请介入皆可?现有立法的规定存在矛盾之处。详言之,2006年《关于在行政执法中及时移送涉嫌犯罪案件的意见》规定的是由行政执法机关商请检察机关提前介入,2007年《若

---

① 童敏:《从刑行交叉视角看待行政犯罪及其惩罚》,《安徽农业大学学报》(社会科学版)2010年第2期。

干规定》则规定的是检察机关主动提前介入，但实践中究竟该采取哪一种提前介入方式？第三，检察机关提前介入的时间节点模糊，检察机关究竟在什么时间节点介入？是否意味着案件移送前均可介入？第四，提前介入中的检察机关应如何定位？检察机关的职责边界是什么？如何与生态环境部门协作配合？以上问题若得不到解决，将严重限制生态环境"行刑衔接"中检察机关提前介入功能之发挥。

五　检察机关与监察机关办案衔接困难

2018 年 3 月 20 日，备受瞩目的《监察法》由十三届全国人大一次会议表决通过。2018 年《监察法》明确了监察机关的 3 项职责与 12 项措施。①《监察法》第 11 条第 2 项明确规定："监察委员会依照本法和有关法律规定对涉嫌贪污贿赂、滥用职权、权力寻租、利益输送、徇私枉法以及浪费国家资财等职务违法犯罪进行调查。"通过这一条款，我们不难看出，检察机关对职务犯罪的侦查权限被大大限缩，其中很大一部分被转移到监察机关手中，同时也意味着无论是监察机关还是检察机关均可对环境保护领域的职务犯罪实施调查（侦查）取证。需要注意的是，监察机关仅仅具备监察权，其发现环境职务犯罪线索并调查取证后，必须将调查结果移送检察机关，由检察机关提起公诉并追究职务犯罪者的刑事责任。但毋庸讳言，无论是检察机关还是监察机关，其共同目标之一均是为打击职务犯罪，有效追究行政执法领域职务犯罪者的刑事责任。

监察权与检察权的二元分野以及权力行使目标的一致性，决定了必须"建立监察委员会与司法机关的协调衔接机制"②。但就目前而言，由于相关立法的缺失，监察机关与检察机关在针对职务犯罪打击上缺乏行之有效的衔接机制。主要表现在：第一，监察机关移送职务犯罪案件的程序与标准模糊，难以与检察机关无缝对接。尽管《监察法》第 11 条第 3 项明确规定"监察委员会对涉嫌职务犯罪的，将调查结果移送人民检察院依法审查、提起公诉"，但究竟何谓"涉嫌职务犯罪"？有何判断标准？移送程序是什么？移送期限与受理期限是什么？现有立法均未明确规定，使得监察机关在移送案件（即调查结果）时缺乏明确、规范

---

① 监察机关的 3 项职责为：监督、调查与处置，12 项措施是：谈话、讯问、询问、查询、冻结、调取、查封、扣押、搜查、勘验检查、鉴定、留置。

② 龙宗智：《监察与司法协调衔接的法规范分析》，《政治与法律》2018 年第 1 期。

指引。第二，监察证据与刑事证据难以无缝衔接与转化。监察证据与刑事证据在收集主体、证据种类、证明标准与取证规范等方面均存在巨大差异，因此监察证据必须经过转化才能在刑事司法中使用，但目前以上两类证据的衔接与转化规则明显缺失。第三，监察机关作出的处罚决定与刑事处罚决定难以对接。按照2018年《监察法》第44条第3款的规定，"被留置人员涉嫌犯罪移送司法机关后，被依法判处管制、拘役和有期徒刑的，留置一日折抵管制二日，折抵拘役、有期徒刑一日"，但监察机关作出的政务处分如警告、记过、记大过、降级、撤职等如何与刑事责任保持衔接而不至于违背一事不再罚原则呢？针对此问题，现行立法也未予以正面回应。

在生态环境"行刑衔接"领域，检察监督功能的充分发挥有赖于检察机关与监察机关的协作配合，使二者形成打击环境保护领域职务犯罪的合力。正如韩大元所说的那样，"监察委员会在整合检察机关自侦权之后，不能仅满足于形式上的整合，还要处理好监察监督与法律监督之间的关系，才能发挥新机制的实效性"[①]。正基于此，生态环境"行刑衔接"中的检察监督机制建设必须协调好检察机关与监察机关的办案衔接关系，建立完善的衔接机制，如此才能更好地打击环境污染背后的职务犯罪行为。

第三节 生态环境"行刑衔接"中检察权性质之定位

一 检察权性质的理论争议

在生态环境"行刑衔接"机制中，检察机关应当积极行使检察监督权，以督促案件移送并有效打击环境犯罪。但疑惑的是，生态环境"行刑衔接"中检察机关行使权力的性质究竟是什么？换言之，生态环境"行刑衔接"中检察权的性质究竟是什么？毕竟，对于检察权性质的不同认定直接影响着生态环境"行刑衔接"中检察监督工作能否得到有效开展，因此必须合理界定生态环境"行刑衔接"中检察权的性质。

---

① 龙宗智：《监察与司法协调衔接的法规范分析》，《政治与法律》2018年第1期。

从宪法与法律规定看，现有立法并未明晰检察权的性质。按照 2018 年《宪法》第 134 条的规定，检察机关是国家的法律监督机关，这是检察机关在整个国家权力结构中的基本定位。单纯从文义的角度分析，检察机关作为法律监督机关，自然行使的是法律监督权，但 2018 年《宪法》第 136 条又明确规定"检察机关依法独立行使检察权"。如此前后不一的规定让人心生困惑：检察权与法律监督权是否属于同一个权力？若二者等同，那么立法者在遣词造句上为何不统一？若二者不能等同，那么检察权的性质究竟是什么？从法律层面看，2018 年《人民检察院组织法》第 20 条将检察权细分为七项职权，分别为：对刑事案件的侦查权、对刑事案件的审查及其批准逮捕权、公诉权或支持公诉权、提起公益诉讼权、对诉讼活动的法律监督权、对生效判决执行工作的监督权、对监狱和看守所执法活动的监督权。显而易见，检察机关行使权力的性质并不是单纯的检察权，还可能是侦查权与法律监督权。

从理论研究看，目前学界对检察权性质的认识，大致有四种不同的看法。第一，行政权说。该学说认为，检察权属于行政权，检察机关属于行政机关。① 主要理由有：首先，检察权不具有终局性、中立性、被动性、独立性的特征，而是具有明显的行政属性；② 其次，检察机关的组织活动原则是"检察一体制"，该原则"具有明显的上命下从的行政属性"③；再次，将检察权视为行政权"可整合有限的司法资源，提高诉讼效率"④。第二，司法权说。该学说认为，检察权属于司法权，检察机关属于司法机关。主要理由有：一方面，"检察权与审判权的'接近度'以及检察官与法官的'近似性'"⑤；另一方面，"将其定位为司法权有助于避免行政

---

① 陈卫东认为："检察权系行政权，检察机关系行政机关"；夏邦认为："检察机关不过是打着司法机关旗号的行政机关。"参见陈卫东《我国检察权的反思与重构——以公诉权为核心的分析》，《法学研究》2002 年第 2 期；夏邦、冰青《关于检察院体制存废的讨论》，《法学》1999 年第 7 期。

② 参见陈卫东《我国检察权的反思与重构——以公诉权为核心的分析》，《法学研究》2002 年第 2 期。

③ 龙宗智：《论检察权的性质与检察机关的改革》，《法学》1999 年第 10 期。

④ 彭勃：《检察权的性质与"检警一体化"理论试析》，《当代法学》2002 年第 8 期。

⑤ 龙宗智：《论检察权的性质与检察机关的改革》，《法学》1999 年第 10 期。

干预司法"①。第三，双重属性说。该学说认为，检察权兼具行政与司法双重属性。理由在于："检察权源于行政权，又与司法权结合，因此，说它是具有行政与司法双重特性的权力更符合实际。"② 第四，法律监督权说。该学说认为，检察权属于法律监督权。究其理由在于："法律监督是检察权的本质特点，司法属性和行政属性都只是检察权的兼有特征和局部特征。任何对检察权性质的全面把握，都必须立足于法律监督，兼顾司法性和行政性"③，且"监督性是检察权与生俱来的品格，将检察权定位为法律监督具有'国际合理性'与'本土合理性'"④。

以上学者对检察权性质的不同定位均各有其道理，之所以得出相左的结论，仅仅是因为分析视角不一样而已。行政权说立足于检察机关的组织体制视角，将检察权界定为具有"上命下从"属性的行政权更为合理；司法权说立足于检察机关的司法功能视角，将其界定为司法权有助于制衡行政权；双重属性说则是对行政权说与司法权说的折中；法律监督权说立足于监督视角，既是对行政权的监督，亦是对司法权的监督。由于观察视角不一，因此检察权也为世人展现出不同样貌。正如学者所言："在阐释检察机关的权力来源时，我们可以概括称之为'检察权'；在讨论检察机关的独立性时，我们应当称之为'司法权'；而在研究检察机关的功能及其与行政机关、审判机关的关系时，我们应当称之为'法律监督机关'。"⑤尽管检察权的性质呈现多重样貌，但在生态环境"行刑衔接"中，检察机关应该扮演何种角色？检察权又应该如何定位？这些问题是生态环境"行刑衔接"机制构建与完善中不得不回应的理论问题。在德国，检察官被认为是法治国家的栋梁，检察机关在国家权力体系中扮演监督者角色。就我国而言，检察机关同样被赋予法律监督机关角色，但其行使权力的性质究竟是什么，无论是现行立法还是理论研究都未给出明确答案，也正因如此，检察机关在生态环境"行刑衔接"实践中处于较为尴尬的

---

① 倪培兴：《论司法权的概念与检察机关的定位——兼评侦检一体化模式》（下），《人民检察》2000年第4期。
② 孙谦、刘立宪主编：《检察理论研究综述（1989—1999）》，中国检察出版社2000年版，第22页。
③ 谢鹏程：《论检察权的性质》，《法学》2000年第2期。
④ 叶建丰：《法律监督权：检察权的合理定位》，《河北法学》2004年第3期。
⑤ 谢佑平、燕星宇：《我国检察权性质的复合式解读》，《人民检察》2012年第9期。

地位，以至于检察机关难以发挥其应有的检察职能。

二 生态环境"行刑衔接"中检察权性质之应然定位

如前所述，检察权性质在学理上主要存在行政权说、司法权说、行政与司法双重属性权说与法律监督权说四种观点。之所以有如此之多不同的理论学说和见解，既是当前人民检察院职责多样性的体现，也是在司法体制改革的大背景下人民检察院在国家政治体制中的定位的理论探索。① 但在生态环境"行刑衔接"机制中，检察机关究竟扮演何种角色？其行使检察权的性质究竟是什么？无论是现有立法还是理论研究都未给予明确回应，使得检察机关在生态环境"行刑衔接"监督中难以发挥其应有作用。以上四种学说均是学者立足于检察机关作为公诉机关，再从不同视角进行观察而得出的结论。但在生态环境"行刑衔接"中，检察机关并不是公诉机关，而是国家的法律监督机关，主要负责对生态环境部门是否依法移送案件与公安机关是否依法立案的监督。有鉴于此，亟须立足于生态环境"行刑衔接"中检察机关的具体职责来揭示检察权的性质。

前文已述，生态环境"行刑衔接"中的检察机关主要行使三项职责：对生态环境部门的移送监督、对公安机关的立案监督以及提供专业咨询意见。立足于以上三项检察监督职责，若将检察权定位为行政权，那么检察机关应属于"上命下从"的行政执法机关，此时如何去监督同样作为行政执法机关的生态环境部门的移送行为，这显然缺乏法律依据；若将检察权定位为司法权，那么检察机关应属于具有居中、裁判属性的司法机关，此时生态环境"行刑衔接"中的检察机关主动行使移送监督职能（尤其是提前介入案件侦办）显然与其司法机关的身份不相吻合，有悖于司法机关的居中裁判属性；若将检察权定位为兼具行政权与司法权双重属性的权力，那么无论检察机关行使行政权还是行使司法权均无法推导出其具有监督生态环境部门移送与公安机关立案之职责的结论。因此，为充分发挥检察机关在生态环境"行刑衔接"中的移送监督、立案监督、提供专业咨询等检察职能，应当将检察权定位为法律监督权，将检察机关回归到国家法律监督机关的宪法定位。

---

① 参见练育强《完善行政执法与刑事司法衔接机制之反思》，法律出版社 2017 年版，第 172 页。

之所以将生态环境"行刑衔接"中的检察权定位为法律监督权，主要有三方面的理由：第一，从检察机关的宪法定位看，其属于国家的法律监督机关，因此唯有检察机关的监督才能称为法律监督，作为法律实施者的生态环境部门与公安机关均可成为检察机关实施法律监督的对象。第二，从检察机关的监督方式看，其明显带有法律监督属性。检察机关对生态环境部门的移送监督与对公安机关的立案监督毫无疑问属于法律监督的范畴，但检察机关对有关刑事案件所行使的侦查权是否属于法律监督呢？有学者亦给出了肯定答案，认为，"检察机关的侦查权具有法律监督的性质，因为它是为发现和证实运用国家权力执行法律的过程中存在的违法行为之目的服务的，是附属于维护国家法律统一正确实施的法律监督权的一种手段"①。再者，检察机关在生态环境"行刑衔接"中提供专业咨询意见也是为督促案件移送与引导取证，在某种意义上也是在监督生态环境部门实施法律。第三，从检察机关的监督功能看，主要为规范生态环境部门依法行使行政权与公安机关行使司法权，从而实现行政权、司法权、检察权之间的相互制衡。事实上，生态环境"行刑衔接"机制建设就是国家从权力的运行机制上合理划定各项权力的边界，通过引入检察监督来制衡行政权与司法权，保证国家法律的统一实施。

由上可见，生态环境"行刑衔接"中的检察权宜定位为法律监督权，检察机关应定位为法律监督机关。需要特别注意的是，将检察权定位为法律监督权并非否定其不具有行政权属性，也并非弱化其司法权特征，而是指"法律监督才是检察权的本质特点，司法属性和行政属性都只是检察权的兼有特征和局部特征"②。因此，未来在完善生态环境"行刑衔接"机制过程中，应当立足于检察权属法律监督权这一学说的基础上，在法律层面明确赋予检察机关对生态环境部门的移送监督权并建立相应的配套保障制度，譬如检察机关提前介入制度、经费支持与技术保障制度、联席会议制度、案件咨询制度等，如此才能提升检察机关实施法律监督的主动性与积极性，才能更好地监督生态环境部门移送与公安机关立案。

---

① 张智辉：《法律监督三辨析》，《中国法学》2003年第5期。
② 谢鹏程：《论检察的性质》，《法学》2000年第2期。

第四节 基于"检察权属于法律监督权说"重塑检察监督机制

一 法律赋予检察机关之移案监督权

移送监督是生态环境"行刑衔接"中检察机关实施监督的重要内容，其监督对象是负有移送案件义务的各级生态环境部门。由于我国 2018 年《宪法》第 134 条与 2018 年《人民检察院组织法》第 1 条将检察机关定位为法律监督机关，使得不少学者将检察监督理解为一般监督，即"人民检察院依据宪法的规定，对社会生活的管理者及社会运行过程中的一切法律活动，进行监督检查、制约和惩戒的行为。其监督的内容和范围十分广泛，凡是进入法律活动，包括行政、民事、经济和刑事法律活动，均属检察监督的范围"①。根据 2018 年《宪法》第 134 条、2018 年《人民检察院组织法》第 1 条的规定，检察机关属于国家的法律监督机关，在此情况下，检察机关当然有权对生态环境部门的移送案件行为实施法律监督。本书认为，尽管宪法和法律将检察机关定位为国家的法律监督机关，但无论从检察监督历史演变还是从监督的现实可能性看，均不宜将检察监督定位为一般监督。

从检察监督的历史演变看，检察监督已从全面监督（即一般监督）变为有限监督。1953 年，中央明确提出，检察机关的职责是监督"所有国民包括国家工作人员的违法犯罪案件"②，此即一般监督权。随后不久，检察机关的一般监督权被宪法所确认。我国 1954 年《宪法》第 81 条规定："中华人民共和国最高人民检察院对于国务院所属各部门、地方各级国家机关、国家机关工作人员和公民是否遵守法律，行使检察权。地方各级人民检察院和专门人民检察院，依照法律规定的范围行使检察权。"该条款明确规定"对于国务院所属各部门、地方各级国家机关、国家机关工作人员和公民是否遵守法律，行使检察权"，故成为检察机关实

---

① 宋巍生：《关于检察监督的思考》，《中国刑事法杂志》2000 年第 S1 期。
② 王桂五：《王桂五论检察》，中国检察出版社 2008 年版，第 389 页。

施一般监督的最高依据。另外，1954年《人民检察院组织法》第4条第1项①对检察机关对国家机关的全面监督职责予以重申，因此该条款与《宪法》第82条也被视为"一般监督"条款。然而，1982年《宪法》和1979年《人民检察院组织法》对检察机关的监督职权作了重大修改，即删除了1954年《宪法》与1954年《人民检察院组织法》中的"一般监督"条款。检察监督的范围随之发生重大变化：从原先的一般监督、全面监督变为有限监督（即对重大刑事案件的检察权、对职务犯罪的立案侦查、对公安机关的立案监督、提起公诉、对法院裁判的监督、对裁判执行的监督），使检察机关摘掉"法律监督机关这顶沉重的帽子"②。值得注意的是，2018年《宪法》第134条延续了1982年《宪法》中关于检察机关角色定位的规定；2018年《人民检察院组织法》也基本上承袭了1979年《人民检察院组织法》中检察机关职能职责的规定，检察机关只需承担"有限监督"职责。

从监督可能性看，检察机关基本不可能对生态环境部门的移送实施全面监督。"一府一委两院"是国家权力的运行架构，所谓"一府"即中央人民政府，由国务院行使职权，国务院下设生态环境部、自然资源部、财政部、交通运输部等多个部门，其直属部门包括海关总署、国家税务总局、国家林业和草原局等部门，这些在行政执法过程中均可能涉及涉罪案件移送。作为法律监督机关的检察机关要想对以上部门实施全面监督，既不现实也不可能，究其根源在于：检察机关的主要职责在于公诉，现实中根本不具备足够的人手、设备、财力等条件对行政执法行为展开监督。因此，1979年《人民检察院组织法》大大限缩了检察机关的职权范围也是有一定道理的，这样的立法并不是无意为之，而是受检察机关之监督能力所限。但立法者未曾预想到的是，20世纪90年代以来行政执法中的有案不移、以罚代刑等问题频频凸显且愈演愈烈，为解决上述问题，才颁布2001年《行政执法机关移送涉嫌犯罪案件的规定》、2001年《人民检察院办理行政执法机关移送涉嫌犯罪案件的规定》、2004年《关于加强行政执法机关与公安机关、人民检察院工作联系的意见》等司法解释或规范

---

① 1954年《人民检察院组织法》第4条第（一）项规定："对于地方国家机关的决议、命令和措施是否合法，国家机关工作人员和公民是否遵守法律，实施监督。"

② 蔡定剑：《司法改革中检察职能的转变》，《政治与法律》1999年第1期。

性文件。但是，这些规范依据要么属于行政法规，要么属于司法解释，要么属于部门规章，要么属于规范性文件，其立法层级较低且缺乏普遍约束力。再者，上述规范依据赋予检察机关的移送监督权显然违背了法律保留原则，这导致检察机关在对生态环境部门实施监督过程中常常"有心无力"。正如学者所言，"检察院不是不想监督，而实在是没有监督的法律依据，不能越权行使监督权"[①]。

概言之，由于检察监督并非一般监督且检察监督并无明确的法律授权，故检察机关对生态环境部门移送的监督存在脱法嫌疑，其后果在于，直接弱化了检察机关的监督效果，难以在生态环境"行刑衔接"中发挥应有监督职能。本书认为，目前不宜将检察监督定位为一般监督，因为检察机关受人、财、物、技术等因素所限，无法对数量繁多、复杂多变的行政执法机关实施全方位的法律监督。正因如此，1979年《人民检察院组织法》将"一般监督"条款完全删除，但是完全删除该条款又有些矫枉过正、过犹不及，其结果直接导致检察机关无权对行政机关的执法行为（如生态环境部门移送案件）实施监督。为平衡检察机关的监督能力与监督权限，可适当扩大检察机关的监督职权，赋予其监督行政机关移送案件职权。按照公权法定原理以及法律保留原则，检察机关的职权只能由全国人大及其常委会制定的法律规定。因此，解决检察机关移送监督欠缺法律依据的最好办法是，修改2018年《人民检察院组织法》第20条的规定，将检察机关对行政执法机关的移送监督纳入检察权的范畴，直接赋予检察机关移送监督权。唯有如此，检察机关对生态环境部门移送监督才有充分的法律依据，才能增强检察机关的监督效果。

二 拓宽检察监督信息渠道

检察机关实施法律监督的基本条件是充分掌握生态环境部门不依法移送以及公安机关不依法立案的信息，但由于环境行政执法的相对封闭性与环境污染隐蔽性，多数检察机关对生态环境部门执法情况和公安机关的受理情况难以准确掌握，对于哪些案件应当移送而未移送的底数不清，导致检察机关在生态环境"行刑衔接"监督中常处于"耳目失聪"的尴尬处

---

① 刘远、王大海主编：《行政执法与刑事执法衔接机制论要》，中国检察出版社2006年版，第56页。

境。为确保检察机关"耳聪目明"并实现对环境犯罪案件移送与侦办的全过程监督,必须拓宽检察机关获取案件信息的渠道,使其全面掌控案件移交与侦办信息。

第一,完善信息共享平台并强化管理。案件信息共享和互动是提升生态环境"行刑衔接"实际效果的重要抓手。为实现涉罪案件的有效移送、承接和立案追诉,亟须确保生态环境部门、公安机关、检察机关和人民法院对涉罪案件信息的有效共享、交互。为实现这一目标,应当注重大数据和技术手段,打造全新的"行刑衔接"信息共享平台,同时加强对平台的运行和管理。详言之,一是循序渐进将地方各级生态环境部门联入现有的"行刑衔接"信息共享平台,实现信息共享平台的扩容,由平台统筹和规范案件信息录入,避免环境案件信息的重复录入、多头录入。二是完善"行刑衔接"信息共享平台工作规范。信息录入是确保"行刑衔接"信息共享平台正常运行和发挥作用的关键举措,地方各级生态环境部门要切实加强信息的准确录入和及时录入,明确生态环境部门、公安机关和检察机关的权限和信息录入要求,即规范信息录入的内容、方式、时限以及错误信息修改等,实现信息录入、信息修改的规范化和制度化。在相关责任追究上,对于不及时、不全面录入信息的责任者,应当根据后果严重程度追究相关直接责任人和主管人员的行政纪律责任乃至刑事责任。三是加强信息共享平台运营管理。各级政府全面负责对信息共享平台软硬件建设及运行的协调沟通,加强对信息共享平台软件维护,对联网单位不及时录入信息、不录入信息、选择性录入信息等行为进行监督和考核。应当注意,为实现环境违法犯罪案件信息的充分共享,还应当健全联席会议、线索通报等配套制度,借此增强检察机关的监督能力以及提升生态环境部门移送的积极性、主动性。

第二,健全联席会议机制。除了信息共享平台外,联席会议也是检察机关获取案件信息的重要渠道。所谓联席会议,即生态环境部门、公安机关、检察机关等部门以定期或不定期形式共同召开的关于案情通报、会商重大案件以及提出解决方案的会议。建立联席会议机制有助于充分发挥各职能部门的优势,加强信息互通和工作协作,形成打击环境违法犯罪的合力,但目前联席会议由谁牵头是实践中面临的最大问题。在地方省市的实践探索中,有些规定由生态环境部门牵头,有些规定由检察机关牵头,有些规定由公安机关牵头,对此尚未形成一致做法。本书认为,联席会议由生态环境部门牵头较为妥当，主要理由在于：生态环境部门处于行政执法与案件查办的"第一线"，其不仅掌握"第一手"案件资料，而且所掌握的资料最为全面，由生态环境部门充当召集人可实现环境案件信息的全面互通与共享。对比而言，公安机关与检察机关主要职责分别在于侦查取证与提起公诉或监督，很难在其履行职责过程中发现环境案件信息。基于此，由生态环境部门作为环保联席会议的牵头部门最为妥当。

第三，健全线索通报制度。环境犯罪线索是检察机关实施法律监督的重要信息来源，检察机关往往可以通过案件线索"顺藤摸瓜"，来发现线索背后的环境污染犯罪与环境职务犯罪。健全线索通报制度的重心在于：一方面，畅通线索通报渠道，申言之，无论是公民个人还是生态环境部门均可通过电话、传真、信件、网络等方式向公安机关或检察机关提供涉嫌环境犯罪的线索；另一方面，在生态环境、公安、检察三部门之间设立联络员，一旦生态环境部门发现涉嫌环境污染犯罪或环境职务犯罪的线索，可通过联络员分别向公安机关与检察机关移送案件线索。刑事司法机关在获得案件线索时，应当对线索展开甄别与排除，若案件线索属实或可能属实的，则应依法立案侦查。由此可见，案件线索为检察机关实施监督提供了重要信息来源，完善线索通报制度有助于进一步强化检察机关对生态环境部门移送与公安机关立案的监督力度。

第四，完善案件移送的协商互助与信息通报机制。一是构建案件移送的协商互助机制。生态环境"行刑衔接"工作横跨行政与司法两大领域，涉及案件定性、法律适用、证据收集、证据效力等诸多疑难复杂问题，任何一个参与部门都不可能单独应对所有问题，因此需要各个部门发挥自身专长，实现优势互补。通过各个部门的协同配合与互助，发挥各自的专业优势，可以有效破解制约涉罪案件移送的障碍，也是拓宽检察机关实施监督的信息渠道。首先，建立涉罪案件移送前的会商咨询机制。生态环境部门在移送涉罪案件之前，如果对法律适用、案件定性、证据效力等问题"吃不准"的，可以通过电话咨询或书面咨询的方式寻求帮助，因案件时限等因素导致情况紧急的，可以采取专题会商方式即时开展案件咨询，避免涉罪案件移送不了或证据不合格。其次，构建涉罪案件移送的协作配合机制。在涉罪案件移送时，生态环境部门应当加强与公安机关、检察机关的协调和研究，共同分析个案、研究证据材料的收集和固定，提出问题的解决方案，进而依法有效追究环境违法犯罪者的法律责任。二是建立涉罪案件移送后的信息反馈机制。信息反馈是确保生态环境部门与司法机关协同配合的重要方式，是实现生态环境"行刑衔接"的必然要求。建立一套沟通便捷、配合顺畅、运转高效的涉罪案件移送后的信息反馈机制，有效避免检察机关对案件追诉"知情难"。在具体路径上，应当重点明确涉罪案件移送后信息反馈的责任主体、反馈时间、反馈形式以及不及时有效反馈（或不反馈）的后果。检察机关通过信息反馈机制的运行，可有效掌握涉嫌环境违法犯罪信息，进而对生态环境部门和公安机关进行有效监督。

除此之外，还可利用先进技术开发环保联动执法系统，提高生态环境"行刑衔接"的效率。有学者认为，应当"开发基于 Android 平台和 SOA 架构的环保移动执法系统。利用该系统，提高了环境执法监督管理能力，解决了有限的环境管理资源下各种环境行政执法问题。开发这一系统的优势在于有助于整合环境案件移送与承接数据，实现资源共享"[①]。由此可见，在网络科技日新月异的当下，可充分借助网络技术载体或科技手段来实现检察机关对生态环境"行刑衔接"信息全过程把控，借由此举来增强检察机关的监督能力。

三　强化违反检察监督的法律责任

检察意见与要求说明不立案理由是检察机关对生态环境部门移送与公安机关立案实施检察监督的主要方式。关于检察意见，《刑事诉讼法》第177条、《人民检察院办理行政执法机关移送涉嫌犯罪案件的规定》第12条与第13条、《关于加强行政执法机关与公安机关、人民检察院工作联系的意见》第3项、2017年《工作办法》第14条均对检察意见的适用作了明确规定，但检察意见的适用明显存在立法位阶偏低与缺乏相应责任保障之缺陷。在立法位阶上，规定检察意见的规范依据大多属于规范性文件，并不具备普遍约束力，尽管2018年《刑事诉讼法》第177条规定"检察机关可对需要行政处罚、行政处分或者没收违法所得的案件提出检察意见"，但该检察意见并不适用于对行政执法机关移送的监督之中。除此之外，检察意见缺乏相应的责任保障，若生态环境部门和公安机关拒不

[①] Ya Qiong Wang and Ying Jiong Zhao, "Design and Development of the Environmental Protection Mobile Enforcement System", *Advanced Materials Research*, Vol. 937, No. 5, May 2014, p. 526.

遵从检察意见，检察机关往往也无可奈何。除了检察意见外，要求说明不立案理由的适用同样存在上述问题，这主要体现在：若公安机关拒不说明不立案理由或迟延说明不立案理由的，此时检察机关也无法有效追究公安机关的相应责任。

解决以上问题的关键在于，就检察意见而言：第一，提升检察意见的立法位阶，将"检察机关可对行政执法机关移送与公安机关立案提出检察意见"写入《刑事诉讼法》中，使检察意见的适用具有充分法律依据；第二，明确违反检察意见的法律后果，譬如检察机关提出两次检察意见后，生态环境部门或公安机关仍不遵守的，可建议相关部门追究行政责任或廉政责任，进一步强化检察意见的规制效果。就要求说明不立案理由而言，建议在《刑事诉讼法》中明确公安机关不依法说明理由的法律责任，具体可作如下设计：若公安机关拒不说明或怠于说明不立案的理由且情节严重的，检察机关可视情况建议相关部门（如监察机关）对公安机关追究行政责任甚至廉政责任。"理性经济人"假设认为，"每个人都能够通过成本—收益比较或趋利避害原则来对其所面临的一切机会和目标及实现目标的手段进行优化选择"①。根据"理性经济人"假设，生态环境部门和公安机关违反检察意见或要求说明不立案理由将付出高昂成本，在"两弊相衡取其轻，两利相权取其重"的心理驱动下，生态环境部门与公安机关很可能遵守检察意见和说明不立案的理由。所以，强化生态环境"行刑衔接"中检察监督的效果，必须提升违反检察意见和要求说明不立案理由的法律后果。

四 明晰检察机关提前介入的范围与边界

检察机关提前介入的本质是检察权对行政权的监督制衡，旨在通过检察权的提前介入来有效钳制行政权与司法权，最终实现行政权、司法权与检察权的合理分工与相互制衡。自 2007 年《若干规定》颁行起，检察机关提前介入环境犯罪案件已得到地方省市的广泛实践。从当前的实践探索看，江苏省已先行一步，其创新使用了提前介入的方式以推进生态环境"行刑衔接"的检察监督工作。2013 年《江苏省关于依法办理环境保护案

---

① 李树：《经济理性与法律效率——法经济学的基本理论逻辑》，《南京社会科学》2010 年第 8 期。

件若干问题的实施意见》第 11 项规定"人民检察院应当及时介入重大环境污染事故的调查处理，严肃查办严重环境污染案件和责任事故背后的渎职犯罪案件，以及在环境保护监管执法过程中的贪污贿赂等职务犯罪案件"，明确将查办职务犯罪作为检察机关提前介入的首要目标，有效贯彻了"治污先治渎职"策略。2018 年江苏省人民检察院与上海市、浙江省、安徽省等地人民检察院共同签署了《关于建立长三角区域生态环境保护司法协作机制的意见》，该意见要求建立长三角重大环境污染案件提前介入机制，旨在统一生态环境司法尺度和证据标准，进一步强化长三角区域生态环境"行刑衔接"的检察监督。

从实践层面看，检察机关提前介入环境案件调查取证亦积累了相当丰硕的经验。在最高检挂牌督办的 2014 年"腾格里沙漠污染案"中，内蒙古、宁夏、甘肃三地检察机关迅速介入案件，"并迅速开展调查、引导取证、依法批捕与提起公诉，才避免了关键证据的灭失与地方政府的干预"[1]。正是由于检察机关提前介入调查并引导取证，该起严重污染环境案才得以被迅速告破，相关责任人员的刑事责任也得以被依法追究。"腾格里沙漠污染案"的启示在于，检察机关应基于法律监督职责积极介入环境污染案件，以引导调查取证、督促案件移送与查办渎职犯罪，避免生态环境部门在部门保护主义与地方保护主义的影响下选择有案不移或以罚代刑。无独有偶，在 2015 年"安徽池州环境污染案"中，安徽省检察机关亦选择提前介入案件展开法律监督，并"建议环保部门多点、多方位采集内外环境的水土样本，同时建议公安机关和环保部门进行现场勘查、固定证据"[2]，最终案件调查、侦、诉、审才得以顺利推进。"安徽池州环境污染案"的启示在于，检察意见应当伴着检察机关提前介入或以更高级的检察机关作后盾才能发挥其对生态环境部门的拘束力。基于此，建立与完善检察机关提前介入制度已成为生态环境"行刑衔接"机制建设的重要内容。

然而，由于相关立法的缺失以及相关规定的模糊性，检察机关提前介入过程中面临诸多困境，譬如检察机关提前介入的案件范围如何？提前介

---

[1] 蒋云飞:《论环境行政执法与刑事司法衔接中检察监督之完善——以最高检挂牌督办 4 起腾格里沙漠污染环境案为例》，《环境保护》2016 年第 7 期。

[2] 新华社:《最高检督办安徽池州环境污染案》，http://www.gov.cn/xinwen/2015-08/03/content_2907954.htm，2024 年 1 月 12 日。

入的方式是什么？提前介入的边界是什么？本书认为，亟须通过确立"依法、适时、适度"介入原则、明晰提前介入的案件范围、采取"商请介入与主动介入双启动模式"等方式来构建检察机关提前介入制度，以期进一步强化生态环境"行刑衔接"的法律监督。

第一，确立"依法、适时、适度"介入原则。检察机关提前介入生态环境"行刑衔接"实质上是检察权在行政执法领域的必要延伸，旨在监督行政权的规范行使。检察机关提前介入并不意味着检察机关有权随时随地介入，申言之，检察机关在提前介入时应当恪守检察监督职责，即"只能是业务上的指导与监督而不是代替环境行政执法机关的执法"①，不能超越检察权的行使边界，亦不能以检察权替代行政权。检察权的本质内容是监督，以制衡权力为价值追求，而行政权的本质内容是判断，以行政效率为价值目标，二者各司其职，不可相互替代或僭越。诚如学者所言，"行政检察监督要遵守行政权运行规律，尊重行政机关的专业性和优先判断权，检察监督不能代行行政权"②。可见，检察机关提前介入环境犯罪案件必须遵循一定的原则，确保检察机关在宪法和法律授权的权域范围内活动，在此基础上充分发挥检察权对行政权的监督优势。

本书认为，检察机关提前介入应当遵循依法、适时、适度原则，努力做到"参与而不干预、参谋而不代替、指导而不包办"③。其一，依法介入原则。所谓依法介入，是指检察机关应当按照 2018 年《宪法》第 134 条所赋予的重要职责与神圣使命介入对生态环境"行刑衔接"的监督。在具体操作程序上，2007 年《若干规定》第 12 条④与 2017 年《工作办法》第 31 条⑤为检察机关提前介入提供了相对明确的规范依据与规则指

---

① 曾粤兴、张勇：《论我国环境刑法与环境行政法之间的协调与衔接》，《河南财经政法大学学报》2013 年第 6 期。

② 刘艺：《构建行政检察监督机制的意义、方法和重点》，《人民检察》2016 年第 16 期。

③ 邓思清：《检察权研究》，北京大学出版社 2007 年版，第 402 页。

④ 2007 年《若干规定》第 12 条第 2、3 款规定："对环境保护行政主管部门正在办理的涉嫌环境犯罪的案件，必要时，环境保护行政主管部门可以邀请公安机关、人民检察院派员参加相关调查工作。公安机关、人民检察院对环境保护行政主管部门正在办理的涉嫌环境犯罪的案件要求提前介入调查和侦查或者要求参加案件讨论的，环境保护行政主管部门应当给予支持和配合。"

⑤ 2017 年《工作办法》第 31 条规定："环保部门、公安机关和人民检察院应当加强对重大案件的联合督办工作，适时对重大案件进行联合挂牌督办，督促案件办理。"据此规定，联合挂牌督办已成为检察机关提前介入的重要方式。

引。检察机关唯有基于宪法赋予的法律监督职责以及 2007 年《若干规定》和 2017 年《工作办法》规定的程序规则介入环境犯罪案件，积极引导取证与督促案件移送，才能发挥检察监督的最大效能。其二，适时介入原则。所谓适时介入，是指检察机关提前介入应当正合时宜或正当其时，而不是随时、随地与随意地介入。适时介入主要表现在，检察机关提前介入时应当瞄准介入生态环境"行刑衔接"的时机，找准检察权制衡行政权及司法权的契机，及时引导生态环境部门调查取证，而非选择"一刀切"地随意介入。其三，适度介入原则。检察机关提前介入环境犯罪案件是有一定限度的，即不能超越自身权限实施立案侦查、逮捕与起诉，不能干预生态环境部门的正常调查取证行为，也不能替代生态环境部门或公安机关作出是否移送及立案的决定，避免检察权凌驾于行政权和司法权之上。重庆在此方面作了较好的示范，2014 年《重庆市关于检察机关提前介入引导取证工作办法（试行）》明确规定"提前介入的检察官必须严格遵守办案纪律和规定，不得未经批准介入侦查活动、不得对案件处理结果发表意见"，借此确保检察权的规范与适度行使。

第二，明晰提前介入的案件范围。检察机关提前介入并不意味着检察机关可以基于宪法赋予的法律监督权介入所有的环境污染犯罪案件，毕竟检察机关没有能力去"统揽法律监督权"[①]。申言之，由于受人手、物力、财力等现实条件所限，检察机关不可能对所有环境犯罪案件的交接展开全方位监督，也并不是所有的环境犯罪案件都需要检察机关的监督。为提升检察监督的精准性，应当严格限定检察机关提前介入的案件范围。关于提前介入的案件范围，2007 年《若干规定》第 12 条仅规定"必要时可邀请检察机关介入"，但究竟何谓"必要"，无论是学者还是立法者均未给出明确答案。令人赞叹的是，部分地方省市在其颁布的规范性文件中对提前介入的案件范围作了明确规定（参见表 5-1），为国家层面生态环境"行刑衔接"中检察机关提前介入制度的构建积累了有益经验。关于提前介入的案件范围，2013 年《江苏省关于依法办理环境保护案件若干问题的实施意见》规定的是"社会影响大、群众反映强烈的环境污染犯罪案件"，2015 年《云南省关于加强协作配合依法打击环境违法犯罪行为的实施意见》规定的是"重特大、社会影响较

---

① 韩大元：《关于检察机关性质的宪法文本解读》，《人民检察》2005 年第 13 期。

大的环境污染犯罪案件"；2014年《重庆市关于加强打击破坏环境资源和危害食品药品安全犯罪协作配合的会议纪要》规定的是"重大、复杂和敏感的环境污染犯罪案件"。

表 5-1　江苏、云南、重庆等地检察机关提前介入制度之比对

地区	提前介入的规范依据	审查内容
江苏省	2013年《江苏省关于依法办理环境保护案件若干问题的实施意见》	社会影响大、群众反映强烈的环境污染犯罪案件
云南省	2015年《云南省关于加强协作配合依法打击环境违法犯罪行为的实施意见》	重特大、社会影响较大的环境污染犯罪案件
重庆市	2014年《重庆市关于加强打击破坏环境资源和危害食品药品安全犯罪协作配合的会议纪要》、2014年《关于检察机关提前介入引导取证工作办法（试行）》	重大、复杂、敏感的环境污染犯罪案件

尽管江苏、云南、重庆三地对提前介入案件范围的规定有细微差别，但是均肯定将"重大、复杂、敏感以及社会影响较大的环境污染犯罪案件"作为检察机关提前介入的主要范围。之所以作出如上限定，主要缘由应该还在于检察机关内部用于检察监督的资源较为有限，唯有将有限的司法资源用在"重大、复杂、敏感以及社会影响较大的环境污染犯罪案件"上，才能最大限度地发挥检察机关对生态环境"行刑衔接"的监督效果，也才能更好地回应社会公众对强化环境司法保护的诉求。因此，在构建生态环境"行刑衔接"检察机关提前介入制度时，可充分借鉴地方的成熟经验，将提前介入的案件范围限定为"重大、疑难、敏感、社会影响较大的环境犯罪案件"。但问题也随之而来，究竟何谓"重大、疑难、敏感、社会影响较大的环境犯罪案件"？有何判断标准？现行立法对此均未予以明确。本书认为，检察机关可通过发布指导性案例并结合办案经验的方式来认定何谓"重大、疑难、敏感、社会影响较大的环境犯罪案件"，为检察机关提前介入环境犯罪案件提供可靠指引。

第三，优化检察机关提前介入的启动方式。关于检察机关提前介入的方式，学界主要存在三种观点。第一，检察机关主动介入模式，即检察机关享有提前介入的主动权。有学者指出，"为了充分发挥检察机关对案件定性、证据把握的优势，对于行政执法机关查处可能涉嫌犯罪的案件，检

察机关认为有必要时可以主动派员提前介入"①,"对关系到重大生命财产安全的领域,检察机关要积极提前介入,指导环境保护主管部门和公安机关对现场取样的废物进行检测、出具检测结果,督促刑事立案"②。第二,生态环境部门商请介入模式,即检察机关能否提前介入取决于生态环境部门是否邀请。第三,"生态环境部门商请介入为主,检察机关主动介入为辅"③模式。主要理由在于,检察机关受人力、财力、物力、技术等因素所限,不宜"一刀切"地主动介入环境犯罪案件,而应当有选择性地介入。

在地方实践层面,部分省市启动提前介入程序的做法也各有不同。江苏省采取的是检察机关主动介入,云南省采取的是检察机关依法介入,重庆市采取的是生态环境部门商请介入,但究竟哪一种介入方式最为适宜呢?对比而言,生态环境部门商请介入与检察机关主动介入各有利弊,生态环境部门商请介入的优势在于生态环境部门掌握案件信息,商请检察机关介入的直接目的是要解决生态环境部门在案件调查取证中所遇到的案件定性与证据收集难题,此时检察机关提前介入的效率可能更高,但不足的是,生态环境部门拥有是否决定检察机关介入的权力,这显然不符合检察权与行政权相互制衡之要义;检察机关主动介入可有效提升检察机关的监督效果,但由于信息获取、人手、财力等方面的不足,现实中检察机关很难主动介入环境犯罪案件,同时还可能存在检察权越界之嫌。本书认为,为发挥检察机关提前介入的真正功效,应当既允许生态环境部门商请介入,又允许检察机关主动介入,如此安排的优势在于:首先,商请介入可真正解决生态环境部门执法过程中遇到的案件定性难、证据收集难、证据转化难等问题;其次,若生态环境部门有隐瞒案情、以罚代刑之嫌疑,检察机关可通过主动介入予以纠正并督促其及时移送案件,最为重要的是,检察机关主动介入可有效打击环境污染犯罪背后的职务犯罪行为,可对环境监管失职渎职者形成强大震慑力。

---

① 周佑勇、刘艳红:《行政执法与刑事司法相衔接的程序机制研究》,《东南大学学报》(哲学社会科学版)2008年第1期。

② 侯艳芳:《中国环境资源犯罪的治理模式:当下选择与理性调适》,《法制与社会发展》2016年第5期。

③ 蒋云飞:《论生态文明视域下的环境"两法"衔接机制》,《西南政法大学学报》2018年第1期。

五　建立健全检察机关与监察机关办案衔接机制

2018年《监察法》的出台大大强化监察机关的反腐监察功能，也剥离了检察机关的职务犯罪侦查权。但无论监察机关的反腐功能如何得到强化、监察机关的调查权与处置权如何强而有力，要想有效追究环境污染背后的职务犯罪行为，监察机关必须与检察机关协同配合，将调查结果移送检察机关审查起诉，并经过法院审判来追究职务犯罪者的刑事责任。目前看来，监察机关与检察机关之间并未建立完善的办案协作机制，导致监察机关难以将调查结果移送检察机关，监察机关收集的证据也难以在刑事司法中使用。正因如此，2018年1月24日在北京召开的全国检察长会议上，与会代表明确提出"建立健全检察机关与监察委的协调衔接机制"[①]。构建检察机关与监察机关办案衔接机制可从以下几方面着手：

第一，明晰监察机关移送调查结果的程序、标准与时限。目前监察机关向检察机关调查结果的主要依据有：1988年最高检与监察部联合下发的《关于检察机关和监察机关在查处案件工作中协作配合的暂行规定》、1989年中纪委、最高院、最高检、公安部联合下发的《关于纪律检查机关与法院、检察院、公安机关在查处案件过程中互相提供有关案件材料的通知》、2011年最高院、最高检、公安部、监察部、国务院法制办等部门共同制定的《关于加强行政执法与刑事司法相衔接的意见》。客观而言，以上规范依据均属于规范性文件，法律位阶较低，缺乏普遍适用效力。尽管2018年《监察法》第45条第4项规定"对涉嫌职务犯罪的，监察机关经调查认为犯罪事实清楚，证据确实、充分的，制作起诉意见书，连同案卷材料、证据一并移送人民检察院依法审查、提起公诉"，但该项规定实在太过粗糙，监察机关究竟如何移送以及移送时限均未明晰，使得监察机关在移送时往往无所适从。未来立法可参酌2020年《行政执法机关移送涉嫌犯罪案件的规定》中"行政执法机关向刑事司法机关移送涉嫌犯罪案件或线索"的规定，明确监察机关向检察机关移送调查结果的条件、程序、标准、时限与救济等内容。

第二，构建监察证据与刑事证据的衔接与转化规则。监察证据由监察

[①] 新华网：《最高检：建立健全检察机关与监察委协调衔接机制》，http://www.xinhuanet.com/legal/2018-01/24/c_129798162.htm，2024年1月12日。

机关收集、固定与保存，是检察机关作出政务处分的重要依据，对环境职务犯罪的打击同样发挥着重要作用，因此必须构建监察证据与刑事证据的衔接与转化规则。从现有立法看，由于监察机关不是行政机关，因此监察证据转化不能直接适用2018年《刑事诉讼法》第54条第2款规定的行政执法证据转化规则。为确保监察证据能在刑事司法中使用，最简单和最可靠的方法是参照2018年《刑事诉讼法》第54条第2款规定，在立法上明确监察证据的转化范围、转化方式以及检察机关对证据的审查规则。具体而言，应当赋予监察证据的刑事证据资格，明确监察证据向刑事证据转化的规定。监察证据转化必须同时满足以下两项条件：一是监察机关在取证时必须依循刑事证据取证规范；二是必须经过检察机关的事实审查与法律审查，避免非法证据进入刑事司法领域。

第三，厘清监察处分（责任）与刑事责任聚合后的处断规则。2018年《监察法》第11条、第45条均规定检察机关有权对违法的公职人员作出警告、记过、记大过、降级、撤职、开除等政务处分，也可对涉嫌行贿犯罪或者共同职务犯罪的涉案人员采取留置措施。监察机关作出处罚后再移送检察机关追究刑事责任的，则可能形成监察责任与刑事责任聚合之情形。2018年《监察法》第44条规定了"留置一日折抵管制二日，折抵拘役、有期徒刑一日"，但先前作出的监察责任（或曰政务处分）如记过与刑事责任如何衔接才不至于违反一事不再罚原则呢？本书认为，一事不再罚原则指的是为了避免同一性质或种类的处罚，除了留置与管制、拘役、有期徒刑属于同性质的处罚外，其他的监察责任与刑事责任并不属于同一性质的处罚。所以，监察机关作出的留置与管制、拘役及有期徒刑聚合后可折抵，其他的监察责任（如警告、记过）与刑事责任可以聚合，二者不能进行折抵。

总之，构建检察机关与监察机关办案衔接机制是职务犯罪侦查权转隶大背景下的现实需要，也是发挥检察机关与监察机关合力打击职务犯罪的内在要求。在生态环境"行刑衔接"领域，监察机关对职务犯罪的打击将扮演越来越关键的角色，而要发挥监察机关对生态环境的保护功能，必须建立监察机关与检察机关的办案衔接机制，通过二者的相互配合来惩治环境污染背后的职务犯罪行为，借此更有效地打击环境违法犯罪。

第六章　结论与展望

一　主要结论

本书综合运用文献分析、规范分析、对比分析、实证分析等研究方法，既对生态环境"行刑衔接"机制作了"全景式"宏观研究，又对衔接中的微观问题作了精细化分析。在研究内容上，本书主要研究了生态环境"行刑衔接"机制的理论基础以及衔接中案件移送、证据转化、检察监督衍生的系列法律问题，尤其是探讨"行刑双向衔接"背景下亟须理论回应的案件反向移送、证据反向转化问题；在研究目的上，本书旨在厘清生态环境"行刑衔接"机制的内在机理以及从制度层面构建行之有效的衔接机制，助力精准打击环境违法犯罪。概言之，本书主要形成了以下结论：

第一，生态环境"行刑衔接"机制的意涵与构成。生态环境"行刑衔接"机制本质上是一项"行刑双向衔接"法律机制，既包含"行刑正向衔接"机制，又包含"行刑反向衔接"机制；在构成机制上，主要由案件移送机制、证据转化机制、检察监督机制和其他配套机制（如信息共享机制）构成，各项机制在生态环境"行刑衔接"中各司其职与协同运作，均旨在推进环境违法犯罪案件在行政执法与刑事司法领域的有序双向移转，从根本上解决"有案不移""以罚代刑""以刑代罚"等问题。

第二，权力制衡理论、行政犯罪理论、协同治理理论和整体性治理理论为生态环境"行刑衔接"机制构建奠定了理论基础。从权力运行视角看，生态环境"行刑衔接"问题的本质是行政权的恣意与监督权的缺位，衔接机制建设旨在厘清生态环境部门、公安机关、检察机关在案件移送中的权责边界与协作事项，确保行政权、司法权、检察权之间的相互协作与制衡。从责任追究视角看，生态环境"行刑衔接"的主要对象是环境行政犯罪案件，行政犯罪兼具行政违法与刑事违法双重属性，既要追究其行政责任又要追究刑事责任，生态环境"行刑衔接"机制为精准追究环境行政犯的双重违法责任提供了机制保障。从部门协同视角看，生态环境"行刑衔接"中的参与者主要包含生态环境、公安、检察、法院等部门，各职能部门唯有密切协作，才能发挥其打击环境违法犯罪的协同效应。从整体治理视角看，生态环境"行刑衔接"机制建设应当运用整体性、系统性思维，立足于精准打击环境违法犯罪这一共性目标，推进生态环境部门与刑事司法机关的资源整合和协同配合。

第三，案件移送是生态环境"行刑衔接"机制的核心内容。案件移送机制既包含生态环境部门向刑事司法机关移送涉嫌环境犯罪案件，亦包含刑事司法机关向生态环境部门移送不需要追究刑事责任但需要予以行政处罚的案件。生态环境"行刑衔接"中案件移送机制的完善路径在于，首先，厘清案件正向移送的适用原则，摒弃"刑事优先"原则与"行政优先"原则，将"同步协调"原则作为案件正向移送的基本原则。其次，调适生态环境部门移送与公安机关立案的标准，确保移送标准适度低于立案标准，即生态环境部门有合法证据证明涉嫌环境犯罪（不必查证属实）就可移送公安机关。最后，构建案件倒流机制（即反向移送机制），明确刑事司法机关向生态环境部门移送案件的标准和程序，尤其是构建案件反向移送监督程序，厘清案件反向移送的材料范围以及创设案件反向移送补正程序。

第四，证据转化是生态环境"行刑衔接"机制的关键所在。证据转化机制既包含环境行政证据向刑事证据转化，也包含刑事证据向环境行政证据转化。目前，生态环境"行刑衔接"中的证据转化面临诸多困境：一是可转化环境行政证据的范围模糊，尤其是生态环境部门收集的言词证据、生态环境部门与刑事司法机关联合执法收集的证据以及公安机关在环境犯罪初查中收集的证据之转化存疑；二是刑事证据向环境行政证据转化存在分歧；三是证据转化的审查机制不健全。基于此，首先应明晰可转化环境行政证据的种类与范围，即基于"等"字拓展解释路径，将"书证、物证、视听资料、电子数据"之外的实物证据和言词证据均纳入可转化证据的范畴，同时明晰联合执法证据、公安机关初查证据的性质与转化规则。其次，通过法律解释方式肯定刑事证据可以作为环境行政证据使用的资格，明确刑事证据转化的种类范围和使用规则。

第五，检察监督是生态环境"行刑衔接"机制的监督保障。检察机关在生态环境"行刑衔接"中的职责主要包含对生态环境部门移送案件的监督、对公安机关立案的监督、提供专业咨询意见以及与监察机关的办案衔接。健全生态环境"行刑衔接"中的检察监督机制，首要之义在于界清生态环境"行刑衔接"中检察权的性质，将其回归法律监督权的应然定位。在此基础上，一是在《人民检察院组织法》中规定对行政机关移案的监督职权，确保检察机关对生态环境部门移送的监督有法可依；二是通过完善信息共享平台并强化管理、健全联席会议机制、完善线索通报制度等方式确保检察机关在生态环境"行刑衔接"监督中"耳聪目明"；三是明晰检察机关提前介入的案件范围和边界，以增进检察监督的实际效果；四是构建检察机关与监察机关办案衔接机制，明确案件移送标准与程序，完善监察证据与刑事证据的衔接规则。

二 展望

2013年以来，学界对生态环境"行刑衔接"机制研究的热度不减，彰显出该研究具有较大的理论和实践需求。本书对生态环境"行刑衔接"机制的研究仅涉及了该机制的产生原因及背景、理论基础、现存困境以及如何完善等基本问题，对生态环境"行刑衔接"机制作了一个全景式的展示，但在研究上仍然存在诸多不足之处。比如由于外文资料收集困难，本书较少探讨并借鉴国外生态环境"行刑衔接"机制建设的经验教训；再比如，本书无法全面系统地收集环境犯罪案件移交、证据转化与检察监督实证资料，因此文中得出的部分结论可能并不十分精准。鉴于现有研究的不足，未来生态环境"行刑衔接"机制研究，可以着重从以下几个方面展开：

第一，反向衔接视角下生态环境"行刑衔接"机制的有效构建。2021年《行政处罚法》第27条新增规定"建立行刑双向衔接制度，完善案件移送、证据材料移交和接收机制"，为加强生态环境"行刑衔接"指明了方向，同时也带来了极大困惑：在"行刑双向衔接"视域下，刑事司法机关（含公检法）如何将需要予以行政处罚的案件移送生态环境部门？刑事司法机关收集的证据能否在环境行政执法中使用？检察机关如何在"行刑双向衔接"中实施精准监督？诸此问题亟待理论回应，如此才能有效搭建双向衔接桥梁、输出衔接方案、形成良性机制，以合力打击环境违法犯罪。基于此，未来生态环境"行刑衔接"机制研究可重点分析刑事司法机关向生态环境部门移送案件的标准、程序和内容，以及对刑事证据转化为环境行政证据的正当性进行翔实论证，同时对证据反向转化审查机制的构建路径进行探索性研究。

第二，实证分析视角下生态环境"行刑衔接"机制的实效考察。现有研究大多注重对生态环境"行刑衔接"机制的理论分析，少有研究基于实证分析视角对衔接机制的运行效果进行系统考察，实证经验对衔接机制建构的"反哺"不够，故亟须采取实证分析方法对地方生态环境"行刑衔接"实例进行挖掘，提炼其成熟经验。为考察生态环境"行刑衔接"机制的运行效果，本书结合各地方省市生态环境部门移送涉罪案件以及刑事司法机关立案侦查的实证资料、典型案例，并运用大数据分析方式观察生态环境"行刑衔接"机制的实际运行效果，从中发现生态环境"行刑衔接"过程中可能面临的重点与难点问题以及现行立法的不足，但仍有一些问题未能有效回答。譬如案件移送的最大阻力是什么？证据收集与转换究竟难在何处？检察机关如何更有效地对生态环境部门展开法律监督？如何发挥检察机关提前介入的功能？如何利用信息共享平台移送案件？这些问题均需要借助实证资料展开分析。

第三，生态环境"行刑衔接"机制中的权力协作与运行机理。生态环境"行刑衔接"涉及环境行政权、公安侦查权、检察权、监察权、审判权等权力，不同权力之间如何在不越界、相制衡的基础上展开合作与对话，仍是生态环境"行刑衔接"机制研究亟须回应的理论难题。目前，生态环境"行刑衔接"常被学者认为是生态环境部门移送案件时行使的行政权与公安机关及人民检察院立案侦查时行使的司法权的衔接配合，将监察权、审判权排除在外，故未能全面、准确揭示生态环境"行刑衔接"中的权力协作和运行机制，亟须进一步深入探讨。另外，检察权性质在学理上存在行政权说、司法权说、双重属性权说、法律监督权说论争，未来如何立足"法律监督权说"来强化生态环境"行刑双向衔接"的检察监督机制，也值得深入探究。

第四，生态环境"行刑衔接"机制的环境法典化回应。目前，我国可用于规范生态环境"行刑衔接"机制的法律法规以及规范性文件不可谓不多，但"可用""好用""能用"的法律法规并不多，因此如何实现这些立法从"量"到"质"的转变具有重要的现实意义。本书对生态环境"行刑衔接"机制的研究侧重于程序衔接（如案件移送程序、证据转化程序、检察监督程序等），对如何加强"行刑衔接"立法的分析却着墨甚少。未来生态环境"行刑衔接"机制研究应当着眼于"行刑衔接"立法分析，探究如何通过立法完善来提升生态环境"行刑衔接"机制的实际运行效果。更重要的是，思考如何在环境法典编纂、《行政处罚法》《刑事诉讼法》《人民检察院组织法》等法律法规中回应生态环境"行刑双向衔接"问题，促进相关法律的更新与优化。

参考文献

（一）著作类

陈瑞华：《刑事证据法学》（第二版），北京大学出版社2014年版。

陈光中主编：《〈中华人民共和国刑事诉讼法〉修改条文释义与点评》，人民法院出版社2012年版。

陈光中主编：《证据法学》，法律出版社2011年版。

陈国庆：《检察制度原理》，法律出版社2009年版。

陈慈阳：《环境法总论》（修订三版），元照出版公司2011年版。

《法理学》编写组：《法理学》（第二版），人民出版社、高等教育出版社2020年版。

付子堂主编：《法理学进阶》（第五版），法律出版社2016年版。

邓思清：《检察权研究》，北京大学出版社2007年版。

何海波：《法学论文写作》，北京大学出版社2014年版。

苏力：《制度是如何形成的》（增订版），北京大学出版社2007年版。

朴光洙、刘定慧、马品懿编著：《环境法与环境执法》，中国环境科学出版社2002年版。

刘艳红、周佑勇：《行政刑法的一般理论》，北京大学出版社2008年版。

刘远、王大海主编：《行政执法与刑事执法衔接机制论要》，中国检察出版社2006年版。

林山田：《经济犯罪与经济刑法》（修订三版），三民书局1981年版。

季卫东：《法治秩序的建构》，中国政法大学出版社1999年版。

夏征农、陈至立主编：《辞海》（第六版），上海辞书出版社2009年版。

练育强：《完善行政执法与刑事司法衔接机制之反思》，法律出版社

2017年版。

姜明安主编:《行政法与行政诉讼法》(第七版),北京大学出版社、高等教育出版社2019年版。

胡锡庆主编:《刑事诉讼法学》,法律出版社2000年版。

黄河:《行政刑法比较研究》,中国方正出版社2001年版。

李晓明:《行政刑法新论》,法律出版社2014年版。

费孝通:《乡土中国》(修订本),上海世纪出版集团2013年版。

《商君书》,石磊译注,中华书局2009年版。

孙谦、刘立宪主编:《检察理论研究综述(1989—1999)》,中国检察出版社2000年版。

徐平:《环境刑法研究》,中国法制出版社2007年版。

王灿发主编:《中国环境行政执法手册》,中国人民大学出版社2008年版。

王桂五:《王桂五论检察》,中国检察出版社2008年版。

习近平:《习近平谈治国理政》(第三卷),外文出版社2020年版。

杨永华主编:《行政执法和刑事司法衔接的理论与实践》,中国检察出版社2013年版。

杨敦先、曹子丹主编:《改革开放与刑法发展》,中国检察出版社1993年版。

印仕柏主编:《行政执法与刑事司法衔接实务大全》,湘潭大学出版社2013年版。

周佑勇:《行政法基本原则研究》(第二版),法律出版社2019年版。

张恒山:《义务先定论》,山东人民出版社1999年版。

张乃根:《西方法哲学史纲》(第四版),中国政法大学出版社1993年版。

张明楷:《刑法的基础观念》,中国检察出版社1995年版。

赵红艳:《环境犯罪定罪分析与思考》,人民出版社2013年版。

郑昆山:《环境刑法之基础理论》,五南图书出版公司1998年版。

中共中央文献研究室编:《十八大以来重要文献选编》(上),中央文献出版社2014年版。

中共中央文献研究室编:《习近平关于全面深化改革论述摘编》,中央文献出版社2014年版。

中共中央文献研究室编:《习近平关于协调推进"四个全面"战略布局论述摘编》,中央文献出版社 2015 年版。

中国社会科学院语言研究所词典编辑室编:《现代汉语词典》(第 6 版),商务印书馆 2012 年版。

[德]赫尔曼·哈肯:《协同学——大自然构成的奥秘》,凌复华译,上海世纪出版集团 2005 年版。

[德]克劳思·罗科信:《刑事诉讼法》(第 24 版),吴丽琪译,法律出版社 2003 年版。

[英]休谟:《人性论》(节选本),关文运译,商务印书馆 2001 年版。

[英]休谟:《人性论》(下册),关文运译,商务印书馆 1980 年版。

[英]霍布斯:《利维坦》,黎思复、黎廷弼译,商务印书馆 1985 年版。

[英]洛克:《政府论》(下篇),叶启芳、瞿菊农译,商务印书馆 1964 年版。

[英]亨利·萨姆奈·梅因:《古代法》,高敏、瞿慧虹译,中国社会科学出版社 2009 年版。

[英]达尔文:《物种起源》,周建人、叶笃庄、方宗熙译,商务印书馆 1995 年版。

[英]亚当·斯密:《国富论》,郭大力、王亚南译,商务印书馆 2015 年版。

[英]哈特:《法律的概念》(第二版),许家馨、李冠宜译,法律出版社 2011 年版。

[法]托克维尔:《论美国的民主》(上卷),董果良译,商务印书馆 1989 年版。

[法]托克维尔:《旧制度与大革命》,冯棠译,商务印书馆 2012 年版。

[法]孟德斯鸠:《论法的精神》,许明龙译,商务印书馆 2016 年版。

[美]汉密尔顿、杰伊、麦迪逊:《联邦党人文集》,程逢如、在汉、舒逊译,商务印书馆 1980 年版。

[美]E.博登海默:《法理学:法律哲学与法律方法》,邓正来译,中国政法大学出版社 1999 年版。

［美］蕾切尔·卡森：《寂静的春天》，吕瑞兰、李长生译，上海译文出版社 2011 年版。

［美］凯斯·R. 孙斯坦：《风险与理性——安全、法律及环境》，师帅译，中国政法大学出版社 2005 年版。

［美］斯蒂芬·戈德史密斯、威廉·D. 埃格斯：《网络化治理：公共部门的新形态》，孙迎春译，北京大学出版社 2008 年版。

［美］霍贝尔：《原始人的法：法律的动态比较研究》（修订译本），严存生等译，法律出版社 2012 年版。

［美］本杰明·N. 卡多佐：《法律的成长》，李红勃、李璐怡译，北京大学出版社 2014 年版。

［古希腊］亚里士多德：《政治学》，吴寿彭译，商务印书馆 1965 年版。

（二）论文类

白建军：《论法律实证分析》，《中国法学》2000 年第 4 期。

蔡定剑：《司法改革中检察职能的转变》，《政治与法律》1999 年第 1 期。

曹姣星：《生态环境协同治理的行为逻辑与实现机理》，《环境与可持续发展》2015 年第 2 期。

陈兴良：《论行政处罚与刑罚处罚的关系》，《中国法学》1992 年第 4 期。

陈卫东：《我国检察权的反思与重构——以公诉权为核心的分析》，《法学研究》2002 年第 2 期。

高铭暄、孙晓：《行政犯罪与行政违法行为的界分》，《人民检察》2008 年第 15 期。

高通：《行政执法与刑事司法衔接中的证据转化——对〈刑事诉讼法〉（2012 年）第 52 条第 2 款的分析》，《证据科学》2012 年第 6 期。

董邦俊：《论我国环境行政执法与刑事司法之衔接》，《中国地质大学学报》（社会科学版）2013 年第 6 期。

董邦俊：《环境法与环境刑法衔接问题思考》，《法学论坛》2014 年第 2 期。

董坤、纵博：《论行政笔录在刑事诉讼中的使用》，《苏州大学学报》

（哲学社会科学版）2015 年第 4 期。

董坤：《行、刑衔接中的证据问题研究——以〈刑事诉讼法〉第 52 条第 2 款为分析文本》，《北方法学》2013 年第 4 期。

杜磊：《行政证据与刑事证据衔接规范研究——基于刑事诉讼法第 52 条第 2 款的分析》，《证据科学》2012 年第 6 期。

郭泰和：《行政证据与刑事证据的程序衔接问题研究——〈刑事诉讼法〉（2012 年）第 52 条第 2 款的思考》，《证据科学》2012 年第 6 期。

蒋兰香：《论行刑衔接刑事优先原则及其在环保领域的适用与例外》，《时代法学》2020 年第 4 期。

蒋云飞：《论环境行政执法与刑事司法衔接中检察监督之完善——以最高检挂牌督办 4 起腾格里沙漠污染环境案为例》，《环境保护》2016 年第 7 期。

蒋云飞：《论生态文明视域下的环境"两法"衔接机制》，《西南政法大学学报》2018 年第 1 期。

蒋云飞：《环境行政执法与刑事司法衔接研究之检视》，《河南财经政法大学学报》2017 年第 6 期。

蒋云飞：《环境行政证据向刑事证据转化：影响因素与完善路径》，《中南林业科技大学学报》（社会科学版）2020 年第 1 期。

蒋云飞：《生态环境保护行政执法与刑事司法衔接机制实证研究》，《中南林业科技大学学报》（社会科学版）2021 年第 2 期。

蒋云飞：《环境行政证据向刑事证据转化机制研究》，《重庆理工大学学报（社会科学）》2021 年第 7 期。

蒋云飞、向立：《刑事证据向行政证据转化的理论分析与制度建构》，《重庆理工大学学报（社会科学）》2022 年第 11 期。

康慧强：《我国环境行政执法与刑事司法衔接的困境与出路》，《郑州大学学报》（哲学社会科学版）2017 年第 1 期。

黄娟：《行政委托内涵之重述》，《政治与法律》2016 年第 10 期。

黄世斌：《行政执法与刑事司法衔接中的证据转化问题初探——基于修正后的〈刑事诉讼法〉第 52 条第 2 款的思考》，《中国刑事法杂志》2012 年第 5 期。

沈晓军：《我国环境行政执法与刑事司法衔接机制研究——以行为主体的利益选择为视角》，《河南财经政法大学学报》2017 年第 2 期。

吕敬美、苏喆：《两法衔接难题：宜地方人大立法分类破解——以环保行政执法与刑事司法衔接为例的分析》，《河北法学》2016 年第 10 期。

刘远：《行政执法与刑事司法衔接机制研究》，《法学论坛》2009 年第 1 期。

刘艺：《构建行政检察监督机制的意义、方法和重点》，《人民检察》2016 年第 16 期。

刘建伟：《习近平的协同治理思想》，《武汉理工大学学报》（社会科学版）2018 年第 1 期。

刘晓莉、孔艳：《草原行政执法与刑事司法衔接问题的若干思考》，《当代法学》2010 年第 4 期。

刘俊杰：《要正确认识和评价西方国家权力制衡理论》，《中共福建省委党校学报》2013 年第 12 期。

刘远、汪雷、赵玮：《行政执法与刑事执法衔接机制立法完善研究》，《政法论丛》2006 年第 5 期。

刘超：《习近平法治思想的生态文明法治理论之法理创新》，《法学论坛》2021 年第 2 期。

刘超：《昆明环保警察制度的借鉴与思考》，《环境保护》2011 年第 21 期。

刘福谦：《行政执法与刑事司法衔接工作的几个问题》，《国家检察官学院学报》2012 年第 1 期。

柳忠卫、滕孝海：《论贪污贿赂犯罪初查证据的转化》，《中国刑事法杂志》2009 年第 4 期。

李晓明：《行政犯罪的确立基础：行政不法与刑事不法》，《法学杂志》2005 年第 2 期。

李汉卿：《协同治理理论探析》，《理论月刊》2014 年第 1 期。

李礼、孙翊锋：《生态环境协同治理的应然逻辑、政治博弈与实现机制》，《湘潭大学学报》（哲学社会科学版）2016 年第 5 期。

李文青、王成、刘海滨：《国内外环保警察制度现状及启示》，《环境保护》2014 年第 10 期。

李清宇、蔡秉坤：《我国环境行政执法与司法衔接研究》，《甘肃社会科学》2012 年第 3 期。

李东阳：《行政执法与刑事司法衔接运行程序的再思考》，《北京警察学院学报》2013年第2期。

陆建军、陈茹英：《行政执法证据与刑事司法证据衔接须解决三个问题》，《人民检察》2014年第19期。

林建华、余莉霞：《西方权力制衡理论的历史溯源》，《黑龙江社会科学》2008年第2期。

练育强：《行刑衔接中的行政执法边界研究》，《中国法学》2016年第2期。

练育强：《行刑衔接视野下的一事不再罚原则反思》，《政治与法律》2017年第3期。

练育强：《"两法"衔接视野下检察权性质的定位》，《探索与争鸣》2014年第2期。

练育强：《"刑事—行政"案件移送要件研究》，《国家检察官学院学报》2021年第4期。

练育强：《"两法"衔接视野下的刑事优先原则反思》，《探索与争鸣》2015年第11期。

裴苍龄：《论证据的关联性》，《政治与法律》1992年第4期。

仝其宪：《环境安全"两法"有效衔接之构建》，《中南林业科技大学学报》（社会科学版）2018年第4期。

侯艳芳：《中国环境资源犯罪的治理模式：当下选择与理性调适》，《法制与社会发展》2016年第5期。

元明：《行政执法与刑事司法相衔接的理论与实践》，《人民检察》2011年第12期。

周佑勇、刘艳红：《行政刑法性质的科学定位（上）——从行政法与刑法的双重视野考察》，《法学评论》2002年第2期。

周佑勇：《行政执法与刑事司法的双向衔接研究——以食品安全案件移送为视角》，《中国刑事法杂志》2022年第4期。

周佑勇、刘艳红：《论行政处罚与刑罚处罚的适用衔接》，《法律科学》1997年第2期。

周佑勇、刘艳红：《行政执法与刑事司法相衔接的程序机制研究》，《东南大学学报》（哲学社会科学版）2008年第1期。

周兆进：《环境行政执法与刑事司法衔接的法律省思》，《法学论坛》2020年第1期。

周腾：《行政执法与刑事执法相衔接工作机制初探》，《广西政法管理干部学院学报》2005年第2期。

龙宗智：《初查所获证据的采信原则——以渎职侵权犯罪案件初查为中心》，《人民检察》2009年第13期。

龙宗智：《取证主体合法性若干问题研究》，《法学研究》2007年第3期。

龙宗智：《监察与司法协调衔接的法规范分析》，《政治与法律》2018年第1期。

龙宗智：《论检察权的性质与检察机关的改革》，《法学》1999年第10期。

熊光清：《中国网络社会多中心协同治理模式探索》，《哈尔滨工业大学学报》（社会科学版）2017年第6期。

夏志强：《公共危机治理多元主体的功能耦合机制探析》，《中国行政管理》2009年第5期。

夏红莉：《从"管理"走向"治理"：政府与社会关系的重构》，《安徽行政学院学报》2014年第2期。

夏邦、冰青：《关于检察院体制存废的讨论》，《法学》1999年第7期。

何水：《协同治理及其在中国的实现——基于社会资本理论的分析》，《西南大学学报》（社会科学版）2008年第3期。

唐绍均、蒋云飞：《论环境保护"三同时"义务的履行障碍与相对豁免》，《现代法学》2018年第2期。

唐绍均、蒋云飞：《环境行政代履行制度：优势、困境与完善》，《中州学刊》2016年第1期。

韩兆柱、翟文康：《西方公共治理前沿理论的比较研究》，《教学与研究》2018年第2期。

韩大元：《关于检察机关性质的宪法文本解读》，《人民检察》2005年第13期。

彭勃：《检察权的性质与"检警一体化"理论试析》，《当代法学》2002年第8期。

翁士洪：《整体性治理模式的兴起——整体性治理在英国政府治理中的理论与实践》，《上海行政学院学报》2010年第2期。

胡佳：《迈向整体性治理：政府改革的整体性策略及在中国的适用性》，《南京社会科学》2010年第5期。

吕忠梅：《建立"绿色发展"的法律机制：长江大保护的"中医"方案》，《中国人口·资源与环境》2019年第10期。

吕忠梅：《习近平法治思想的生态文明法治理论》，《中国法学》2021年第1期。

倪培兴：《论司法权的概念与检察机关的定位——兼评侦检一体化模式》（下），《人民检察》2000年第4期。

四川省人民检察院"两法"衔接课题组、郭彦：《促进行政执法与刑事司法有效衔接须由全国人大常委会立法解决》，《中国检察官》2011年第21期。

尤陈俊：《作为问题的"问题意识"——从法学论文写作中的命题缺失现象切入》，《探索与争鸣》2017年第5期。

谢微、张锐昕：《整体性治理的理论基础及其实现策略》，《上海行政学院学报》2017年第6期。

谢治东：《行政执法与刑事司法衔接机制中若干问题理论探究》，《浙江社会科学》2011年第4期。

谢晖：《论规范分析方法》，《中国法学》2009年第2期。

谢登科：《论行政执法证据在刑事诉讼中的使用——基于典型案例的实证分析》，《华东政法大学学报》2016年第4期。

谢鹏程：《论检察权的性质》，《法学》2000年第2期。

谢佑平、燕星宇：《我国检察权性质的复合式解读》，《人民检察》2012年第9期。

田宏杰：《行政犯罪的归责程序及其证据转化——兼及行刑衔接的程序设计》，《北京大学学报》（哲学社会科学版）2014年第2期。

田宏杰：《行政优于刑事：行刑衔接的机制构建》，《人民司法》2010年第1期。

张智辉：《刑法改革的价值取向》，《中国法学》2002年第6期。

张智辉：《法律监督三辨析》，《中国法学》2003年第5期。

张伟珂：《论行政执法与刑事司法衔接立法：现状、趋势与框架》，《公安学研究》2020年第6期。

张彩荣、母光栋：《浅析行政执法与刑事司法衔接中的证据转换》，

《中国检察官》2006 年第 12 期。

张晗:《行政执法与刑事司法衔接之证据转化制度研究——以〈刑事诉讼法〉第 52 条第 2 款为切入点》,《法学杂志》2015 年第 4 期。

张红、刘航:《执法资源有限视角下的行刑衔接程序问题研究》,《行政管理改革》2019 年第 2 期。

张红:《行政处罚与刑罚处罚的双向衔接》,《中国法律评论》2020 年第 5 期。

张明楷:《行政刑法辨析》,《中国社会科学》1995 年第 3 期。

汪劲:《方法就是世界——金瑞林教授的治学观》,《中国审判》2008 年第 12 期。

王名、蔡志鸿、王春婷:《社会共治:多元主体共同治理的实践探索与制度创新》,《中国行政管理》2014 年第 12 期。

王敏远、郭华:《行政执法与刑事司法衔接问题实证研究》,《国家检察官学院学报》2009 年第 1 期。

王树义、冯汝:《我国环境刑事司法的困境及其对策》,《法学评论》2014 年第 3 期。

王国琦:《俄罗斯环境警察》,《人民公安》2007 年第 19 期。

曾粤兴、周兆进:《论环境行政执法与刑事司法的衔接》,《青海社会科学》2015 年第 1 期。

曾粤兴、张勇:《论我国环境刑法与环境行政法之间的协调与衔接》,《河南财经政法大学学报》2013 年第 6 期。

曾文革、陈娟丽:《国外环保警察及启示》,《环境保护》2010 年第 21 期。

宋维彬:《行政证据与刑事证据衔接机制研究——以新〈刑事诉讼法〉第 52 条第 2 款为分析重点》,《时代法学》2014 年第 3 期。

宋巍生:《关于检察监督的思考》,《中国刑事法杂志》2000 年第 S1 期。

孙康:《行政证据与刑事证据的衔接与转化》,《学习论坛》2012 年第 3 期。

应琦:《论纪检监察证据在刑事诉讼中的属性》,《江西社会科学》2017 年第 1 期。

章剑生:《论影响实现行政诉讼价值目标的法律机制及其对策》,《法律科学》1996 年第 2 期。

吴云、方海明：《法律监督视野下行政执法与刑事司法相衔接的制度完善》，《政治与法律》2011 年第 7 期。

吴家明、朱远军：《环境刑事司法之现状分析与对策》，《人民司法》2014 年第 21 期。

童敏：《从刑行交叉视角看待行政犯罪及其惩罚》，《安徽农业大学学报》（社会科学版）2010 年第 2 期。

甄贞、申飞飞：《行政执法与刑事司法衔接机制刍议》，《人民检察》2011 年第 15 期。

闻志强：《"两法衔接"之功能与价值分析——基于法治中国建设全局视野下的考察》，《西南交通大学学报》（社会科学版）2016 年第 1 期。

万尚庆：《论行政执法证据在刑事诉讼中的使用——以道路交通违法行为为视角》，《法学杂志》2015 年第 5 期。

万毅：《证据"转化"规则批判》，《政治与法律》2011 年第 1 期。

叶建丰：《法律监督权：检察权的合理定位》，《河北法学》2004 年第 3 期。

杨宗辉：《论我国侦查权的性质——驳"行政权本质说"》，《法学》2005 年第 9 期。

赵旭光：《"两法衔接"中的有效监督机制——从环境犯罪行政执法与刑事司法切入》，《政法论坛》2015 年第 6 期。

赵旭光：《环境执法与刑事司法衔接中的取证资格问题》，《湘潭大学学报》（哲学社会科学版）2017 年第 5 期。

赵旭光：《生态环境执法与刑事司法衔接中的证据问题及解决》，《证据科学》2017 年第 5 期。

赵星：《环境犯罪的行政从属性之批判》，《法学评论》2012 年第 5 期。

赵秉志、郑延谱：《中国行政刑法的立法缺憾与改进》，《河北法学》2006 年第 8 期。

赵微、郭芝：《我国海洋环境污染犯罪的刑事司法障碍及其对策》，《学习与探索》2006 年第 6 期。

（三）外文文献类

Judson W. Starr, "Turbulent Times at Justice and EPA: the Origins of

Environmental Criminal Prosecutions and the Word that Remains", *George Washington Law Reeview*, Vol. 59, No. 4, 1991.

Michael Faure and Gunter Heine, "Criminal Enforcement of Environmental Law in the European Union", *European Environmental Law Review*, Vol. 16, No. 12, 2007.

Michael Faure and Katarina Svatikova, "Criminal or Administrative Law to Protect the Environment? Evidence from Western Europe", *Journal of Environmental Law*, Vol. 24, No. 2, 2012.

Jale Tosun, "Environmental Monitoring and Enforcement in Europe: A Review of Empirical Research", *Environmental Policy and Governance*, Vol. 22, No. 6, 2012.

Cao Hongjun, Shao Haohao and Cai Xuesen, "Analysis of Environmental Law Enforcement Mechanism Bsaed on Economic Principle", *Earth and Environmental Science*, Vol. 94, No. 1, 2017.

Rob White, "Environmental Law Enforcement: the Importance of Global Networks and Collaborative Practices", *Australasian Policing*, Vol. 3, No. 1, 2011.

Perri 6, D. Leat, K. Seltzer and G. Stoker, *Towards Holistic Governance, The New Reform Agenda*, Basingstoke, UK: Palgrave Maymillan, 2002.

Werner Z. Hirsch, "Reducing Law's Uncertainty and Complexity", *UCLA Law Reriew*, Vol. 21, No. 5, 1974.

Ya Qiong Wang and Ying Jiong Zhao, "Design and Development of the Environmental Protection Mobile Enforcement System", *Advanced Materials Research*, Vol. 937, No. 5, May 2014.

后　　记

　　本书是在作者博士学位论文的基础上修改完善而来。2011—2018 年，我进入重庆大学法学院攻读硕士、博士学位，师从唐绍均教授，从事环境资源保护法学研究。攻读博士学位期间，唐老师建议我立足于环境治理的现实需要，关注当前实践中普遍存在且迫切需要建章立制解决的环境行政执法与刑事司法衔接问题。因此，自 2015 年起至今，我便投入大量时间和精力，重点关注环境行政执法与刑事司法衔接机制问题，并将其作为博士学位论文选题予以深耕。2018 年博士毕业并入职重庆市委党校后，我继续从不同领域和视角对环境行政执法与刑事司法衔接问题进行了深入挖掘，先后获中国法学会、重庆市社科规划办、博士后基金、中央党校等课题单位的立项资助，形成了一系列研究成果，本书就是对以上研究成果的系统归纳和总结。

　　本书得以完成，最感谢我的导师唐绍均教授。唐老师将我引入环境与资源保护法学研究，对我的学术训练与论文写作倾注了大量时间和精力，常常告诫我做科研需"亲自尝梨，方知酸甜"。得益于唐老师的悉心栽培与精心"圈养"，我从"科研菜鸟"逐渐成长为轻车尚不熟路的"学术新司机"，尽管自己仍旧徘徊在博恩里科笔下的"法的门前"，但是却积攒了跨越"科研之门"并一探法律本色究竟的勇气和自信。对于唐老师的谆谆教诲与无私帮助，我始终心存感恩。如今我已成为硕士生导师，不禁感叹科研育人之不易，冀望将唐老师的教导理念薪火相传。感谢重庆大学法学院的陈德敏教授、黄锡生教授、秦鹏教授、宋宗宇教授、王江教授、杜辉教授、董正爱教授，他们从不同视角对本书的选题、架构、论证与研究方法提出了宝贵意见，让我从中获得了不少写作灵感与思想火花。感谢娄晓阳、闫帅锋、康慧强、王嘉琪、高磊、魏雨、许丹芸、朱思源等师兄弟妹对我书稿写作上的辛勤付出与无私帮助。感谢我的硕士研究生任文鑫、袁奎、唐艺嘉对本书校对所付出的努力。

最后感谢我的母亲易小妹女士、弟弟蒋云华先生、妻子余黎黎女士和女儿蒋安然。依稀记得，母亲常挂嘴边的"金银可被盗，知识盗不走"之训诫以及在我读博迷茫时给予的"四年毕不了业，五年六年毕业也可"之勉励。感谢胞弟蒋云华主动承担起大家庭的重担，让我心无旁骛地在川渝地区求学。感谢爱妻余黎黎女士给予的莫大支持、照顾和陪伴，稳定和温馨的家庭才让我潜心科研。感谢蒋安然小朋友，她的出现延展了我生命的长度，让我感觉人生更有意义、科研更有动力。